随机利率模型及相关衍生品定价

Nicolas Privault 著

韦 晓 译

南开大学出版社

天 津

图书在版编目(CIP)数据

随机利率模型及相关衍生品定价／（法）皮里沃
(Privault, N.)著；韦晓译. —天津：南开大学出版
社，2010.4
　　ISBN 978-7-310-03413-0

　　Ⅰ.①随… Ⅱ.①皮… ②韦… Ⅲ.①利息率－经济
模型 Ⅳ.①F830.48

中国版本图书馆 CIP 数据核字(2010)第 065472 号

版权所有　侵权必究

南开大学出版社出版发行
出版人：肖占鹏
地址：天津市南开区卫津路 94 号　邮政编码：300071
营销部电话：(022)23508339　23500755
营销部传真：(022)23508542　邮购部电话：(022)23502200

*

河北昌黎太阳红彩色印刷有限责任公司印刷
全国各地新华书店经销

*

2010 年 4 月第 1 版　2010 年 4 月第 1 次印刷
787×1092 毫米　16 开本　10.75 印张　2 插页　216 千字
定价：28.00 元

如遇图书印装质量问题，请与本社营销部联系调换，电话：(022)23507125

序 言

本书介绍了利率和债券市场的随机模型和相关衍生产品的定价，这是一个日益受人们关注的重要的专题，同时也是最近二十年来人们逐步深入研究的课题。本书主要针对高年级的本科生和初级阶段的研究生，并假设读者已掌握基本的概率知识。书中所考虑的利率模型是从短期利率模型到如Heath-Jarrow-Morton (HJM) 和Brace-Gatarek-Musiela (BGM)的远期利率模型，并给出相应模型校正的介绍。本书由浅到深地逐步介绍相关的概念和精确计算的推导，特别是对如利率上限和利率互换等相关衍生产品定价的介绍。

众所周知，根据利率的连续复利计算原则，一个以固定利率$r>0$计算利息的银行账户在$t>0$时的价值V_t为：

$$V_t = V_0 e^{rt} \qquad t \in \mathbb{R}_+$$

它可以改写为微分形式，即：

$$\frac{\mathrm{d}V_t}{V_t} = r\mathrm{d}t$$

然而在实际的金融世界里，由于利率可以是一个随时间随机变化的函数，所以往往要更为复杂。在利率随时间随机变化的情形下，价值V_t为：

$$V_t = V_0 \exp\left(\int_0^t r_s \mathrm{d}s\right)$$

其中，$(r_s)_{s\in\mathbb{R}_+}$是一个时间相依的随机过程。在此称为短期利率过程。这种被称为短期利率的利率类型可以用随机微分方程通过多种方式来建模。

短期利率模型仍不能满足交易机构的需要，这些交易机构往往要求能在当前时刻t达成一笔在未来时间区间$[T,S]$以利率$r(t,T,S)$, $t\leqslant T\leqslant S$贷款的协议。为了迎合这种需要现引入取决于三个时间指标的远期利率过程$r(t,T,S)$，这就增加了利率建模的另一层次的复杂程度。瞬时远期利率定义为$T\mapsto F(t,T):=r(t,T,T)$，它可以看做在固定的时刻$t$上的关于到期日$T$这一变量的函数。

从泛函分析的角度来看，远期利率过程$r(t,T,S)$具有特别意义，因为它们可重新解释为取值于二元函数空间上的过程$t\mapsto r(t,\cdot,\cdot)$。因此，远期利率建模很大程度上应用了取值于（无限维）函数空间上的随机过程，这与其他标准资产模型相比又增加了另一层次的技术难度。

本书前面两章介绍了随机微积分和关于股票期权的经典Black-Scholes定价理论。实际上，Black-Scholes公式是利率衍生产品定价的基本工具，特别是在BGM模型中它可以作为一个近似工具来使用。

第三章简要介绍了短期利率模型，第四章介绍了零息债券的定义和定价，零息债券可由短期利率过程直接构造并为构造远期利率过程打下了基础。

远期利率、瞬时利率及其应用函数空间（如Nelson-Siegel 和Svensson空间）的建模将在第五章进行介绍。对远期利率建模的随机模型Heath-Jarrow-Morton和相应的无套利条件将在第六章中介绍。

第七章介绍了远期测度的构造及其在利率衍生产品的定价中的应用，同时也给出其在债券期权定价中的应用。估计和拟合利率曲线中出现的问题将在第八章中给出，这一问题的解决将引出二元模型的介绍。

第九章和第十章分别介绍LIBOR市场和Brace-Gatarek-Musiela(BGM) 模型，并给出模型校正的要点。为了行文的简洁，本书介绍的方法仅限于一维布朗运动模型，更多关于利率建模理论的完整介绍，包括多元模型的介绍，请参考[Bjö04]、[BM06]、[JW01]、[CT06]、[Sch05]。

本书还包括两个附录，附录A是关于数学的准备工具，附录B是关于该领域未来的发展和展望。每章中附带练习的完整答案在本书的最后部分给出，部分练习是原创的，而另一部分是典型习题，出自[Kij03] 和[Øks03]。

最后需要指出的是，本书是我在给香港城市大学金融和精算数学理学硕士（MSMFAS）项目讲授随机利率模型课程的讲义的基础上成稿的，在此之前，我在法国国家信息与自动化研究院巴黎分所（INRIA Paris-Rocquencourt）的金融数学项目组（Project Mathfi）开始了对随机利率模型的研究。我非常感谢香港城市大学数学系给我提供了优越的工作环境和讲授这门新课程的机会，也非常感谢金融数学项目组在随机利率模型研究上给我的鼓励；同时也感谢MSMFAS项目的学生对讲义草稿的修正和建议。

Nicolas Privault
香港
2008年5月

中文版序言

本书是世界科技出版社于2008年首次出版的英文教材An Elementary Introduction to Stochastic Interest Rate Modeling的中文译本。本译本是英文版的修改和增订版本,包括了一些校正和新增的练习及其解答。感谢英国University of Reading的Ubbo Wieserma对本书第一版的认真阅读,使得本译本得到了很大的改进,同时也感谢香港城市大学的高明同学对本书中文翻译稿逐词逐句的阅读和修改,正是他提出的宝贵意见,使得本译本的行文更流畅易读。

另外,本译本是中国国家自然科学基金青年项目课题"基于随机分析的利率衍生产品的定价与对冲问题的研究"(项目号:10801139)的阶段性成果。

香港, Nicolas Privault
北京, 韦晓
2009年11月

目　录

序言
中文版序言

第一章　随机微积分的回顾 …………………………………… 1
  1.1　布朗运动 …………………………………………………… 1
  1.2　随机积分 …………………………………………………… 2
  1.3　平方变差 …………………………………………………… 7
  1.4　伊藤公式 …………………………………………………… 8
  1.5　练习 ……………………………………………………… 10

第二章　Black-Scholes定价理论的回顾 ……………………… 12
  2.1　看涨和看跌期权 …………………………………………… 12
  2.2　市场模型和投资组合 ……………………………………… 13
  2.3　偏微分方程方法 …………………………………………… 14
  2.4　Girsanov定理 ……………………………………………… 15
  2.5　鞅方法 ……………………………………………………… 18
  2.6　练习 ………………………………………………………… 23

第三章　短期利率模型 ………………………………………… 26
  3.1　均值回归模型 ……………………………………………… 26
  3.2　常数方差弹性（CEV）模型 ……………………………… 26
  3.3　时间相依模型 ……………………………………………… 27
  3.4　练习 ………………………………………………………… 27

第四章　零息债券的定价 ……………………………………… 29
  4.1　定义和基本性质 …………………………………………… 29
  4.2　无套利和马氏性 …………………………………………… 29
  4.3　无套利和鞅性 ……………………………………………… 31
  4.4　偏微分方程的解：概率方法 ……………………………… 32
  4.5　偏微分方程的解：分析方法 ……………………………… 34
  4.6　数值模拟 …………………………………………………… 35
  4.7　练习 ………………………………………………………… 37

第五章　远期利率模型 ………………………………………… 41
  5.1　远期合约 …………………………………………………… 41

5.2 瞬时远期利率 … 43
5.3 短期利率 … 45
5.4 远期利率的参数化 … 46
5.5 曲线估计 … 47
5.6 练习 … 48

第六章 Heath-Jarrow-Morton(HJM)模型 … 49
6.1 目标重述 … 49
6.2 远期Vasicek利率 … 51
6.3 远期即时利率的动态过程 … 54
6.4 HJM条件 … 55
6.5 短期利率的马氏性 … 58
6.6 Hull-White模型 … 59
6.7 练习 … 60

第七章 远期测度和衍生产品定价 … 61
7.1 远期测度 … 61
7.2 远期测度下的动态过程 … 63
7.3 衍生产品的定价 … 66
7.4 测度逆变换 … 70
7.5 练习 … 70

第八章 拟合曲线和双因子模型 … 73
8.1 曲线拟合 … 73
8.2 确定性函数变换 … 75
8.3 相关性问题 … 76
8.4 双因子模型 … 78
8.5 练习 … 84

第九章 LIBOR模型中利率上限和利率互换期权的定价 … 87
9.1 利率上限的定价 … 87
9.2 远期利率测度和期权结构 … 88
9.3 互换和互换期权 … 92
9.4 伦敦银行间同业拆借利率（LIBOR）模型 … 93
9.5 LIBOR市场中的互换率 … 95
9.6 远期互换测度 … 96
9.7 LIBOR模型中的互换期权定价 … 101
9.8 练习 … 103

目录

第十章 Brace-Gatarek-Musiela(BGM)模型 105
- 10.1 BGM模型 105
- 10.2 利率上限定价 107
- 10.3 互换期权定价 108
- 10.4 BGM模型的校正 112
- 10.5 练习 114

第十一章 附录A: 数学工具 116
- 11.1 可测性 116
- 11.2 协方差和相关性 116
- 11.3 高斯随机变量 117
- 11.4 条件期望 118
- 11.5 离散时间鞅 118
- 11.6 连续时间鞅 119
- 11.7 马氏过程 119

第十二章 附录B: 相关进展 122
- 12.1 无穷维分析 122
- 12.2 推广的利率模型 122
- 12.3 关于利率的奇异的和路径依赖的期权 123
- 12.4 敏感度分析和Malliavin计算 123
- 12.5 长寿和死亡率风险 123

第十三章 习题答案 124
- 13.1 第一章 124
- 13.2 第二章 125
- 13.3 第三章 128
- 13.4 第四章 130
- 13.5 第五章 137
- 13.6 第六章 139
- 13.7 第七章 139
- 13.8 第八章 149
- 13.9 第九章 153
- 13.10 第十章 156

参考文献 158

索引 161

第一章 随机微积分的回顾

由于布朗运动和随机积分是利率建模的关键工具，本书在此对这些知识进行了回顾。为了行文简洁，本书关于随机积分的介绍仅限于平方可积过程的随机积分。推荐读者查阅一些更高级文本，如[Pro05]可获得全面介绍。

1.1 布朗运动

设$(\Omega, \mathcal{F}, \mathbb{P})$是一个概率空间，对金融中的随机资产建模主要是基于随机过程，它是一族以时间区间I中的时刻为下标的随机变量$(X_t)_{t\in I}$。

首先来回忆布朗运动的定义，它是一个随机过程的最基本的例子。

定义1.1 标准布朗运动是一个随机过程$(B_t)_{t\in\mathbb{R}_+}$，它满足：

1. $B_0 = 0$几乎处处成立。

2. 样本轨道$t \mapsto B_t$是(几乎处处)连续的。

3. 对于任意的有限的时间序列$t_0 < t_1 < \cdots < t_n$, 增量

$$B_{t_1} - B_{t_0}, B_{t_2} - B_{t_1}, \cdots, B_{t_n} - B_{t_{n-1}}$$

是相互独立的。

4. 对任意时间点$0 \leqslant s < t$, $B_t - B_s$服从均值为0、方差为$t-s$的正态分布。

为了方便，有时将布朗运动看作在区间长为dt的无穷小时间区间内的随机游动，在时间区间$[t, t+dt]$内具有增量

$$\Delta B_t = \pm\sqrt{dt} \tag{1.1}$$

并有相等的概率$1/2$。

此后，用$(\mathcal{F}_u)_{u\in\mathbb{R}_+}$表示由$(B_t)_{t\in\mathbb{R}_+}$生成的信息流(即$\mathcal{F}$的一族递增的子$\sigma$-代数，参见附录A)，即：

$$\mathcal{F}_u = \sigma(B_s : 1 \leqslant s \leqslant u) \quad u \in \mathbb{R}_+$$

n维布朗运动可构造为：

$$(B_t^1, \cdots, B_t^n)_{t\in\mathbb{R}_+}$$

其中, $(B_t^1)_{t\in\mathbb{R}_+}, \cdots, (B_t^n)_{t\in\mathbb{R}_+}$是$(B_t)_{t\in\mathbb{R}_+}$的相互独立的复制。

图 1.1和图 1.2分别模拟了二维和三维的布朗运动，布朗在1827年发现的花粉颗粒运动实际上就是二维的布朗运动。

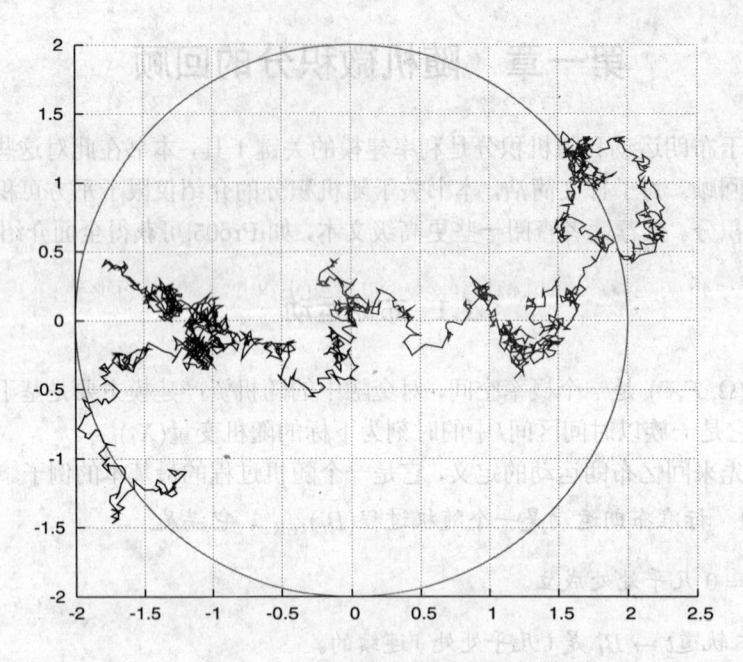

图 1.1 二维布朗运动的样本轨道

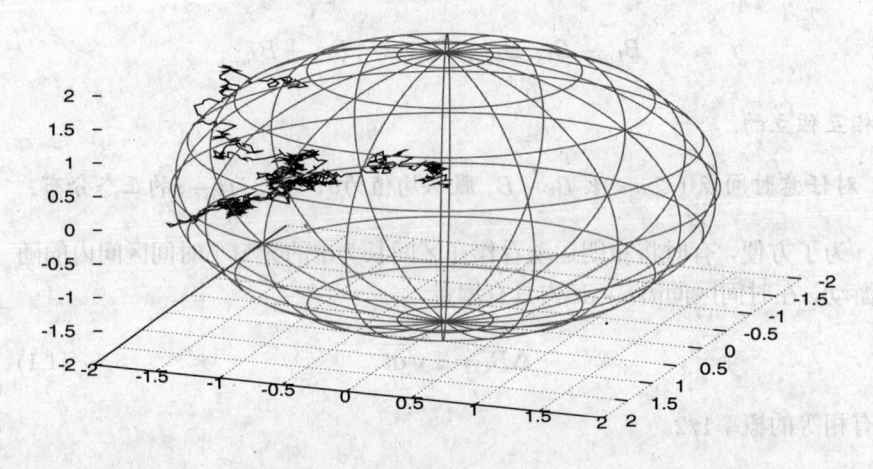

图 1.2 三维布朗运动的样本轨道

1.2 随机积分

本节构造了平方可积适应过程关于布朗运动的伊藤随机积分。随机积分在金融中主要用于模拟由（随机）风险资产驱动的投资组合的价值变化。

定义1.2 若所有的 $t \in \mathbb{R}_+$，X_t 是 $\mathcal{F}_t$-可测的，则称过程 $(X_t)_{t \in \mathbb{R}_+}$ 是 $\mathcal{F}_t$-适应的。

换句话说，如果 X_t 在时刻 t 的取值仅依赖于到时刻 t 为止的布朗运动路径中所包含的信息，那么 $(X_t)_{t \in \mathbb{R}_+}$ 是 $\mathcal{F}_t$-适应的。

第一章 随机微积分的回顾

定义1.3 设 $L^p(\Omega \times \mathbb{R}_+)$ 表示 p 可积过程的空间,即满足
$$\mathbb{E}\left[\int_0^\infty |u_t|^p \mathrm{d}t\right] < \infty$$
的随机过程 $u : \Omega \times \mathbb{R}_+ \to \mathbb{R}$ 的空间,又设 $L_{ad}^p(\Omega \times \mathbb{R}_+)$, $p \in [1, \infty]$, 表示 $L^p(\Omega \times \mathbb{R}_+)$ 中 $\mathcal{F}_t$-适应过程的空间。

关于布朗运动的随机积分的一个简单的定义应为如下的形式:
$$\int_0^\infty f(t)\mathrm{d}B_t = \int_0^\infty f(t)\frac{\mathrm{d}B_t}{\mathrm{d}t}\mathrm{d}t$$

但是布朗运动路径的不可微导致了定义的失败:
$$\frac{\mathrm{d}B_t}{\mathrm{d}t} = \frac{\pm\sqrt{\mathrm{d}t}}{\mathrm{d}t} = \pm\frac{1}{\sqrt{\mathrm{d}t}} \approx \pm\infty$$

取而代之,随机积分首先被构造为关于简单可料过程的积分。

定义1.4 设 $\mathcal{P}$ 表示为:
$$u_t = \sum_{i=1}^n F_i \mathbf{1}_{(t_{i-1}^n, t_i^n]}(t) \qquad t \in \mathbb{R}_+ \tag{1.2}$$

简单可料随机过程 $(u_t)_{t \in \mathbb{R}_+}$ 的空间,其中 $F_i \in L^2(\Omega, F_{t_{i-1}^n}, P)$ 是 $F_{t_{i-1}^n}$-可测的,其中, $i = 1, \cdots, n$。

容易验证简单可料随机过程的集合 $\mathcal{P}$ 构成一个线性空间,由[IW89]第22页和46页的引理1.1可知,对于任意的 $p \geq 1$,简单可料过程空间 $\mathcal{P}$ 在 $L_{ad}^p(\Omega \times \mathbb{R}_+)$ 中是稠密的。

命题1.1 定义在公式(1.2)的简单可料过程 $(u_t)_{t \in \mathbb{R}_+}$ 上的关于布朗运动 $(B_t)_{t \in \mathbb{R}_+}$ 的随机积分为:
$$\int_0^\infty u_t \mathrm{d}B_t := \sum_{i=1}^n F_i(B_{t_i} - B_{t_{i-1}}) \tag{1.3}$$

并可通过等距公式
$$\mathbb{E}\left[\int_0^\infty u_t \mathrm{d}B_t \int_0^\infty v_t \mathrm{d}B_t\right] = \mathbb{E}\left[\int_0^\infty u_t v_t \mathrm{d}t\right] \tag{1.4}$$

将该积分推广到定义在 $u \in L_{ad}^2(\Omega \times \mathbb{R}_+)$ 上。

证明: 先证明等距公式(1.4)对于简单可料过程 $u = \sum_{i=1}^n G_i \mathbf{1}_{(t_{i-1}, t_i)}$, $0 = t_0 < t_1 < \cdots < t_n$ 成立:
$$\mathbb{E}\left[\left(\int_0^\infty u_t dB_t\right)^2\right] = \mathbb{E}\left[\left(\sum_{i=1}^n G_i(B_{t_i} - B_{t_{i-1}})\right)^2\right]$$

$$
\begin{aligned}
&= \mathbb{E}\left[\sum_{i=1}^{n}|G_i|^2(B_{t_i}-B_{t_{i-1}})^2\right]\\
&\quad + 2\mathbb{E}\left[\sum_{1\leqslant i<j\leqslant n}G_iG_j(B_{t_i}-B_{t_{i-1}})(B_{t_j}-B_{t_{j-1}})\right]\\
&= \sum_{i=1}^{n}\mathbb{E}[\mathbb{E}[|G_i|^2(B_{t_i}-B_{t_{i-1}})^2|F_{t_{i-1}}]]\\
&\quad + 2\sum_{1\leqslant i<j\leqslant n}\mathbb{E}[\mathbb{E}[G_iG_j(B_{t_i}-B_{t_{i-1}})(B_{t_j}-B_{t_{j-1}})|F_{t_{j-1}}]]\\
&= \sum_{i=1}^{n}\mathbb{E}[|G_i|^2\mathbb{E}[(B_{t_i}-B_{t_{i-1}})^2|F_{t_{i-1}}]]\\
&\quad + 2\sum_{1\leqslant i<j\leqslant n}\mathbb{E}[G_iG_j(B_{t_i}-B_{t_{i-1}})\mathbb{E}[(B_{t_j}-B_{t_{j-1}})|F_{t_{j-1}}]]\\
&= \mathbb{E}\left[\sum_{i=1}^{n}|G_i|^2(t_i-t_{i-1})\right] = \mathbb{E}[\|u\|^2_{L^2(\mathbb{R}_+)}]
\end{aligned}
$$

应用等距公式(1.4)，随机积分算子可通过稠密性和Cauchy序列理论推广到$L^2_{ad}(\Omega\times\mathbb{R}_+)$上。 □

实际上随机积分(1.3)式将在后面的(2.9)式中用来表示投资组合的价值。
对于所有的$u\in L^2_{ad}(\Omega\times\mathbb{R}_+)$，积分区间$[a,b]$上的伊藤积分被定义为：

$$\int_a^b u_s\mathrm{d}B_s := \int_0^\infty \mathbf{1}_{[a,b]}(s)u_s\mathrm{d}B_s \qquad 0\leqslant a\leqslant b$$

并有关系式

$$\int_a^c u_s\mathrm{d}B_s = \int_a^b u_s\mathrm{d}B_s + \int_b^c u_s\mathrm{d}B_s \qquad 0\leqslant a\leqslant b\leqslant c$$

和

$$\int_a^b \mathrm{d}B_s = B_b - B_a \qquad 0\leqslant a\leqslant b$$

并且随机积分是一个线性算子，即：

$$\int_0^\infty (u_s+v_s)\mathrm{d}B_s = \int_0^\infty u_s\mathrm{d}B_s + \int_0^\infty v_s\mathrm{d}B_s \qquad u,v\in L^2_{ad}(\Omega\times\mathbb{R}_+)$$

下一命题展示了如何通过截断积分区间来计算随机积分的条件期望。

命题1.2 对于任意的$u\in L^2_{ad}(\Omega\times\mathbb{R}_+)$，有：

$$\mathbb{E}\left[\int_0^\infty u_s\mathrm{d}B_s\Big|\mathcal{F}_t\right] = \int_0^t u_s\mathrm{d}B_s \qquad t\in\mathbb{R}_+$$

特别地，$\int_0^t u_s\mathrm{d}B_s$ 是$\mathcal{F}_t$-可测的，其中$t\in\mathbb{R}_+$。

第一章 随机微积分的回顾

证明：设$u \in \mathcal{P}$具有形式$u = G\mathbf{1}_{(a,b]}$，其中G是有界且F_a-可测的。

(1) 若$0 \leqslant a \leqslant t$，有：

$$\begin{aligned}
\mathbb{E}\left[\int_0^\infty u_s \mathrm{d}B_s \Big| F_t\right] &= \mathbb{E}\left[G(B_b - B_a)|F_t\right] \\
&= G\mathbb{E}\left[(B_b - B_a)|F_t\right] \\
&= G\mathbb{E}\left[(B_b - B_t)|F_t\right] + G\mathbb{E}\left[(B_t - B_a)|F_t\right] \\
&= G(B_t - B_a) \\
&= \int_0^\infty \mathbf{1}_{[0,t]}(s) u_s \mathrm{d}B_s
\end{aligned}$$

(2) 若$0 \leqslant t \leqslant a$，对所有有界且$F_t$-可测的随机变量$F$，有：

$$\mathbb{E}\left[F \int_0^\infty u_s \mathrm{d}B_s\right] = \mathbb{E}[FG(B_b - B_a)] = 0$$

因此

$$\begin{aligned}
\mathbb{E}\left[\int_0^\infty u_s \mathrm{d}B_s \Big| F_t\right] &= \mathbb{E}[G(B_b - B_a)|F_t] \\
&= 0 \\
&= \int_0^\infty \mathbf{1}_{[0,t]}(s) u_s dB_s
\end{aligned}$$

由于在L^2空间上条件期望具有连续性，则有：

$$\begin{aligned}
&\mathbb{E}\left[\left(\int_0^t u_s \mathrm{d}B_s - \mathbb{E}\left[\int_0^\infty u_s \mathrm{d}B_s \Big| F_t\right]\right)^2\right] \\
&= \lim_{n \to \infty} \mathbb{E}\left[\left(\int_0^t u_s^n \mathrm{d}B_s - \mathbb{E}\left[\int_0^\infty u_s \mathrm{d}B_s \Big| F_t\right]\right)^2\right] \\
&= \lim_{n \to \infty} \mathbb{E}\left[\left(\mathbb{E}\left[\int_0^\infty u_s^n \mathrm{d}B_s - \int_0^\infty u_s \mathrm{d}B_s \Big| F_t\right]\right)^2\right] \\
&\leqslant \lim_{n \to \infty} \mathbb{E}\left[\mathbb{E}\left[\left(\int_0^\infty u_s^n \mathrm{d}B_s - \int_0^\infty u_s \mathrm{d}B_s\right)^2 \Big| F_t\right]\right] \\
&\leqslant \lim_{n \to \infty} \mathbb{E}\left[\left(\int_0^\infty (u_s^n - u_s) \mathrm{d}B_s\right)^2\right] \\
&= \lim_{n \to \infty} \mathbb{E}\left[\int_0^\infty |u_s^n - u_s|^2 ds\right] \\
&= 0
\end{aligned}$$

$\square$

此命题的结论可通过线性性和稠密性推广得到。

特别地，由于 $F_0 = \{\emptyset, \Omega\}$，伊藤积分是一个中心化的随机变量，即：

$$\mathbb{E}\left[\int_0^\infty u_s \mathrm{d}B_s\right] = 0 \tag{1.5}$$

下面是命题 1.2 的一个直接推论。

推论1.1 $u \in L_{ad}^2(\Omega \times \mathbb{R}_+)$ 的不定随机积分 $\left(\int_0^t u_s \mathrm{d}B_s\right)_{t \in \mathbb{R}_+}$ 是一个鞅，即：

$$\mathbb{E}\left[\int_0^t u_\tau \mathrm{d}B_\tau \Big| F_s\right] = \int_0^s u_\tau \mathrm{d}B_\tau \quad 0 \leqslant s \leqslant t$$

作为上述推论的一个直接结果，有：

$$\mathbb{E}\left[\int_t^\infty u_\tau \mathrm{d}B_\tau \Big| F_t\right] = 0 \quad \text{和} \quad \mathbb{E}\left[\int_0^t u_\tau \mathrm{d}B_\tau \Big| F_t\right] = \int_0^t u_\tau \mathrm{d}B_\tau \tag{1.6}$$

特别地，对于所有的 $u \in L_{ad}^2(\Omega \times \mathbb{R}_+)$，$\int_0^t u_\tau \mathrm{d}B_\tau$ 是 F_t-可测的。

本节最后介绍确定函数的随机积分具有高斯性这一命题。

命题1.3 设 $f \in L^2(\mathbb{R}_+)$，随机积分

$$\int_0^\infty f(t) \mathrm{d}B_t$$

是一个高斯型随机变量且均值为0，方差为：

$$\int_0^\infty |f(t)|^2 \mathrm{d}t$$

证明：由关系式

$$\mathrm{Var}(\alpha X) = \alpha^2 \mathrm{Var}(X)$$

（见附录 A），简单函数

$$f(t) = \sum_{k=1}^n a_k \mathbf{1}_{(t_k, t_{k-1}]}(t)$$

的随机积分

$$\int_0^\infty f(t) \mathrm{d}B_t := \sum_{k=1}^n a_k (B_{t_k} - B_{t_{k-1}})$$

服从中心化的高斯分布，且具有方差

$$\begin{aligned}
\mathrm{Var}\left[\int_0^\infty f(t) \mathrm{d}B_t\right] &= \sum_{k=1}^n a_k \mathrm{Var}[B_{t_k} - B_{t_{k-1}}] \\
&= \sum_{k=1}^n |a_k|^2 (t_k - t_{k-1}) \\
&= \sum_{k=1}^n |a_k|^2 \int_{t_{k-1}}^{t_k} \mathrm{d}t \\
&= \int_0^\infty |f(t)|^2 \mathrm{d}t
\end{aligned}$$

本命题的结论可通过 $L^2(\mathbb{R}_+)$ 空间简单函数的稠密性推广得到。 □

特别地，如果$f \in L^2(\mathbb{R}_+)$，伊藤等距公式(1.4) 表明：

$$\mathbb{E}\left[\left(\int_0^\infty f(t)\mathrm{d}B_t\right)^2\right] = \int_0^\infty |f(t)|^2 \mathrm{d}t$$

1.3 平方变差

本节将要介绍布朗运动的平方变差的概念。

定义1.5 将$(B_t)_{t\in\mathbb{R}_+}$的平方变差过程$([B,B]_t)_{t\in\mathbb{R}_+}$定义为：

$$[B,B]_t = B_t^2 - 2\int_0^t B_s \mathrm{d}B_s \quad t \in \mathbb{R}_+ \tag{1.7}$$

现在用

$$\pi^n = \{0 = t_0^n < t_1^n < \cdots < t_{n-1}^n < t_n^n = t\}$$

表示区间$[0,t]$的一族划分，使得当n趋于无穷时，

$$|\pi^n| := \max_{i=1,\cdots,n} |t_i^n - t_{i-1}^n|$$

极限为0。

命题1.4 命题

$$[B,B]_t = \lim_{n\to\infty} \sum_{i=1}^n (B_{t_i^n} - B_{t_{i-1}^n})^2 \quad t \geqslant 0$$

成立，其中极限存在于$L^2(\Omega)$且与所选的划分序列$(\pi^n)_{n\in\mathbb{N}}$无关。

证明： 作为随机积分定义(1.3)式的一个直接结果，有

$$B_s(B_t - B_s) = \int_s^t B_s \mathrm{d}B_\tau \quad 0 \leqslant s \leqslant t$$

成立，从而

$$\begin{aligned}
[B,B]_{t_i^n} - [B,B]_{t_{i-1}^n} &= B_{t_i^n}^2 - B_{t_{i-1}^n}^2 - 2\int_{t_{i-1}^n}^{t_i^n} B_s \mathrm{d}B_s \\
&= (B_{t_i^n} - B_{t_{i-1}^n})^2 + 2\int_{t_{i-1}^n}^{t_i^n} (B_{t_{i-1}^n} - B_s)\mathrm{d}B_s
\end{aligned}$$

因此

$$\begin{aligned}
& \mathbb{E}\left[\left([B,B]_t - \sum_{i=1}^n (B_{t_i^n} - B_{t_{i-1}^n})^2\right)^2\right] \\
&= \mathbb{E}\left[\left(\sum_{i=1}^n [B,B]_{t_i^n} - [B,B]_{t_{i-1}^n} - (B_{t_i^n} - B_{t_{i-1}^n})^2\right)^2\right]
\end{aligned}$$

$$
\begin{aligned}
&= 4\mathbb{E}\left[\left(\sum_{i=1}^{n}\int_{0}^{t}\mathbf{1}_{(t_{i-1}^{n},t_{i}^{n}]}(s)(B_s - B_{t_{i-1}^{n}})\mathrm{d}B_s\right)^2\right]\\
&= 4\mathbb{E}\left[\sum_{i=1}^{n}\int_{t_{i-1}^{n}}^{t_{i}^{n}}(B_s - B_{t_{i-1}^{n}})^2 \mathrm{d}s\right]\\
&= 4\mathbb{E}\left[\sum_{i=1}^{n}\int_{t_{i-1}^{n}}^{t_{i}^{n}}(s - t_{i-1}^{n})^2 \mathrm{d}s\right]\\
&\leqslant 4t|\pi^n|
\end{aligned}
$$

由布朗运动的不严格构造(1.1)式知道,可将布朗运动看作随机游动,那么下一个命题可以简单地解释为$(\Delta B_t)^2 = \mathrm{d}t$。

命题1.5 布朗运动$(B_t)_{t\in\mathbb{R}_+}$的平方变差是

$$[B,B]_t = t \qquad t \in \mathbb{R}_+$$

证明:(参见[Pro05], 定理 I-28),对于每一个划分有:

$$\{0 = t_0^n < \cdots < t_n^n = t\}$$

由布朗运动的独立增量性有:

$$
\begin{aligned}
&\mathbb{E}\left[\left(t - \sum_{i=1}^{n}(B_{t_i^n} - B_{t_{i-1}^n})^2\right)^2\right]\\
&= \mathbb{E}\left[\left(\sum_{i=1}^{n}(B_{t_i^n} - B_{t_{i-1}^n})^2 - (t_i^n - t_{i-1}^n)\right)^2\right]\\
&= \sum_{i=1}^{n}(t_i^n - t_{i-1}^n)^2 \mathbb{E}\left[\left(\frac{(B_{t_i^n} - B_{t_{i-1}^n})^2}{t_i^n - t_{i-1}^n} - 1\right)^2\right]\\
&= \mathbb{E}[(Z^2 - 1)^2]\sum_{i=0}^{n}(t_i^n - t_{i-1}^n)^2\\
&\leqslant t|\pi^n|\mathbb{E}[(Z^2 - 1)^2]
\end{aligned}
$$

其中Z是一个标准的高斯型随机变量。 □

1.4 伊藤公式

运用规则$(\mathrm{d}B_t)^2 = (\pm\sqrt{\mathrm{d}t})^2 = \mathrm{d}t$,泰勒公式可以不严格地写为:

$$\mathrm{d}f(B_t) = f'(B_t)\mathrm{d}B_t + \frac{1}{2}f''(B_t)(\mathrm{d}B_t)^2$$

第一章　随机微积分的回顾

$$= f'(B_t)\mathrm{d}B_t + \frac{1}{2}f''(B_t)\mathrm{d}t$$

伊藤公式给出了上述结果对过程X_t，即

$$X_t = X_0 + \int_0^t u_s \mathrm{d}B_s + \int_0^t v_s \mathrm{d}s \qquad t \in \mathbb{R}_+$$

的推广，其中u_t, v_t为适应的充分可积过程。

对于$f \in \mathcal{C}^{1,2}(\mathbb{R}_+ \times \mathbb{R})$, 伊藤公式可用积分形式表达为：

$$\begin{aligned}f(t, X_t) =\ & f(0, X_0) + \int_0^t \frac{\partial f}{\partial x}(s, X_s) u_s \mathrm{d}B_s \\ & + \int_0^t \frac{\partial f}{\partial x}(s, X_s) v_s \mathrm{d}s + \int_0^t \frac{\partial f}{\partial s}(s, X_s)\mathrm{d}s + \frac{1}{2}\int_0^t \frac{\partial^2 f}{\partial x^2}(s, X_s) u_s^2 \mathrm{d}s\end{aligned} \qquad (1.8)$$

或用微分形式表达为：

$$\begin{aligned}\mathrm{d}f(t, X_t) =\ & \frac{\partial f}{\partial x}(t, X_t) u_t \mathrm{d}B_t \\ & + \frac{\partial f}{\partial x}(t, X_t) v_t \mathrm{d}t + \frac{\partial f}{\partial t}(t, X_t)\mathrm{d}t + \frac{1}{2}\frac{\partial^2 f}{\partial x^2}(t, X_t) u_t^2 \mathrm{d}t\end{aligned}$$

对于d维布朗运动$(B_t)_{t \in \mathbb{R}_+}(d \in \mathbb{N})$和所有的$\mathcal{C}^2$函数$f$，伊藤公式为：

$$f(B_t) = f(B_0) + \int_0^t [\nabla f(B_s), \mathrm{d}B_s]_H + \frac{1}{2}\int_0^t \Delta f(B_s)\mathrm{d}s$$

其中，∇和Δ分别为作用于$\mathbb{R}^d (d \in \mathbb{N})$的梯度算子和拉普拉斯算子。现在考虑$X_t$和$Y_t$两个过程，分别为

$$X_t = X_0 + \int_0^t u_s \mathrm{d}B_s^1 + \int_0^t v_s \mathrm{d}s \qquad t > 0$$

和

$$Y_t = Y_0 + \int_0^t \xi_s \mathrm{d}B_s^2 + \int_0^t \zeta_s \mathrm{d}s \qquad t > 0$$

其中，u_t, v_t, ξ_t, ζ_t是适应且充分可积的过程，B^1, B^2是相关系数为$\rho \in [-1, 1]$的两个布朗运动，即它们的协方差为：

$$\mathrm{d}B_t^1 \cdot \mathrm{d}B_t^2 = \rho \mathrm{d}t$$

关于这两个变量的伊藤公式为：

$$\begin{aligned}& f(t, X_t, Y_t) \\ =\ & f(0, X_0, Y_0) + \int_0^t u_s \frac{\partial f}{\partial x}(s, X_s, Y_s)\mathrm{d}B_s^1 + \int_0^t \xi_s \frac{\partial f}{\partial y}(s, X_s, Y_s)\mathrm{d}B_s^2 \\ & + \int_0^t \frac{\partial f}{\partial s}(s, X_s, Y_s)\mathrm{d}s + \int_0^t v_s \frac{\partial f}{\partial x}(s, X_s, Y_s)\mathrm{d}s + \int_0^t \zeta_s \frac{\partial f}{\partial y}(s, X_s, Y_s)\mathrm{d}s\end{aligned}$$

$$+\frac{1}{2}\int_0^t u_s^2 \frac{\partial^2 f}{\partial x^2}(s,X_s,Y_s)\mathrm{d}s + \frac{1}{2}\int_0^t \xi_s^2 \frac{\partial^2 f}{\partial y^2}(s,X_s,Y_s)\mathrm{d}s$$

$$+\rho\int_0^t u_s\xi_s \frac{\partial^2 f}{\partial x\partial y}(s,X_s,Y_s)\mathrm{d}s$$

下面引用随机微分方程的一个经典结果，参见[Pro05]，定理 V-7。

设：

$$\sigma:\mathbb{R}_+\times\mathbb{R}^n\to\mathbb{R}^n\otimes\mathbb{R}^d$$

其中，$\mathbb{R}^n\otimes\mathbb{R}^d$ 表示 $n\times d$ 维矩阵空间，并且

$$b:\mathbb{R}_+\times\mathbb{R}^n\to\mathbb{R}$$

满足整体李普希兹条件

$$\|\sigma(t,x)-\sigma(t,y)\|^2 + \|b(t,x)-b(t,y)\|^2 \leqslant K^2\|x-y\|^2 \quad t\in\mathbb{R}_+, x,y\in\mathbb{R}^n$$

则随机微分方程

$$X_t = X_0 + \int_0^t \sigma(s,X_s)\mathrm{d}B_s + \int_0^t b(s,X_s)\mathrm{d}s$$

存在唯一的强解，其中 $(B_t)_{t\in\mathbb{R}_+}$ 是一个 $d(d\in\mathbb{N})$ 维的布朗运动。

1.5 练习

练习 1.1 设 $c>0$，利用布朗运动 $(B_t)_{t\in\mathbb{R}_+}$ 的定义，证明：

(1) $(B_{c+t}-B_c)_{t\in\mathbb{R}_+}$ 是一个布朗运动；

(2) $(cB_{t/c^2})_{t\in\mathbb{R}_+}$ 是一个布朗运动。

练习 1.2 求解随机微分方程

$$\mathrm{d}S_t = \mu S_t\mathrm{d}t + \sigma S_t\mathrm{d}B_t$$

其中 $\mu,\sigma>0$。

练习 1.3 求解随机微分方程

$$\mathrm{d}X_t = -\alpha X_t\mathrm{d}t + \sigma\mathrm{d}B_t \quad X_0=1$$

其中 $\alpha>0, \sigma>0$。

提示：找出形如

$$X_t = a(t)\left(X_0 + \int_0^t b(s)\mathrm{d}B_s\right)$$

第一章 随机微积分的回顾

的一个解，其中$a(\cdot)$和$b(\cdot)$是确定的函数。

练习 1.4 求解随机微分方程

$$dX_t = tX_t dt + e^{t^2/2} dB_t \qquad X_0 = x_0$$

提示：找出形如

$$X_t = a(t)\left(X_0 + \int_0^t b(s)dB_s\right)$$

的一个解，其中$a(\cdot)$和$b(\cdot)$是确定的函数。

练习 1.5 求解随机微分方程

$$dY_t = (2\mu Y_t + \sigma^2)dt + 2\sigma\sqrt{Y_t}dB_t$$

其中$\mu, \sigma > 0$。
提示：设$X_t = \sqrt{Y_t}$。

练习 1.6 设$f \in L^2([0,T])$，计算条件期望

$$E\left[e^{\int_0^T f(s)dB_s}\Big|\mathcal{F}_t\right] \qquad 0 \leqslant t \leqslant T$$

其中$(\mathcal{F}_t)_{t\in[0,T]}$表示由$(B_t)_{t\in[0,T]}$产生的信息流。

练习 1.7 对于任意的$\beta < 1/T$，计算期望

$$E\left[\exp\left(\beta\int_0^T B_t dB_t\right)\right]$$

提示：用伊藤公式展开$(B_T)^2$。

练习 1.8 给定$T > 0$，设$(X_t^T)_{t\in[0,T]}$表示在初始条件$X_0^T = 0$和$\sigma > 0$下的随机微分方程

$$dX_t^T = \sigma dB_t - \frac{X_t^T}{T-t}dt \qquad t \in [0,T]$$

的解。

(1) 证明：

$$X_t^T = \sigma(T-t)\int_0^t \frac{1}{T-s}dB_s \qquad t \in [0,T]$$

提示：首先用伊藤公式计算$d(X_t^T/(T-t))$。

(2) 证明对于$t \in [0,T]$，$\mathbb{E}[X_t^T] = 0$。

(3) 证明对于任意的$t \in [0,T]$，有$\text{Var}[X_t^T] = \sigma^2 t(T-t)/T$。

(4) 证明$X_T^T = 0$，过程$(X_t^T)_{t\in[0,T]}$是所谓的布朗桥。

第二章 Black-Scholes定价理论的回顾

Black-Scholes公式被认为是金融衍生品定价的基石,并且它的重要性不仅仅局限于股票期权的定价。实际上,由于利率模型的复杂性使得通常很难得到显式的表达式,在很多情形下必须依赖Black-Scholes框架来得到利率衍生产品的定价公式,特别是在BGM模型中,关于这方面知识请参见第九章。

2.1 看涨和看跌期权

股票购买者在时刻 t 最关心的是未来的某个时刻 T 股票价格 S_T 是否会下降,购买者可以通过购买一个允许他以在初始时刻 t 定下的保证价格 K 在时刻 T 卖出他的资产的合约来寻求在市场暴跌中获得保护。

这个合约被称为敲定价格为 K、到期日为 T 的看跌期权。当股票价格 S_T 跌到低于水平 K 时,执行合约将使得期权的买方比没有签购期权的其他人多获得 $K - S_T$ 的收益,假设没有交易费用和其他费用,反过来,期权的卖方将遭受同样的损失。

在一般情况下,(欧式)看跌期权的收益表达式为:

$$(K - S_T)^+ = \begin{cases} K - S_T, & \text{若} \quad S_T \leqslant K \\ 0, & \text{若} \quad S_T \geqslant K \end{cases}$$

为了使这个合约公平,期权的买方应该在签订合约时支付一定的费用(类似于保险费)。该费用的计算是一个重要问题,这就是所谓的期权定价。

图 2.1 展示了 S_T 高于 K 或者低于 K 的两种可能情形。

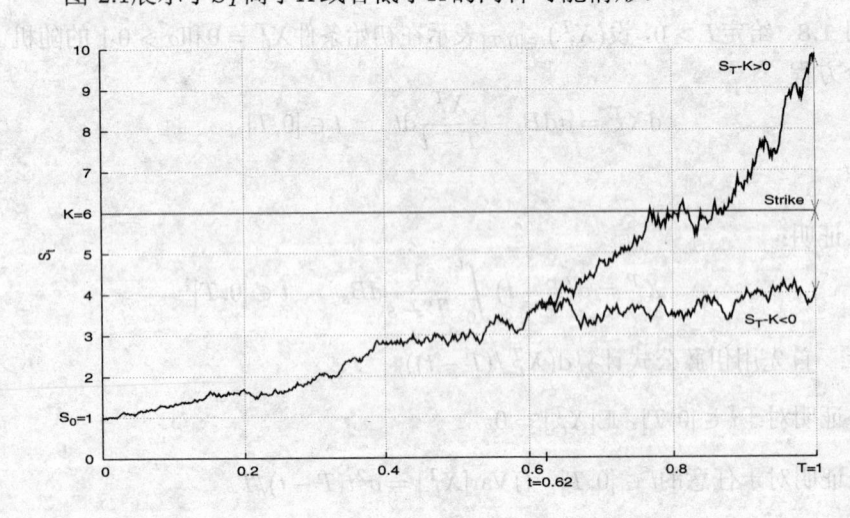

图 2.1 由几何布朗运动驱动的价格过程的样本

第二章 Black-Scholes定价理论的回顾

如果交易员想要买入某种股票或者商品,那么他更希望价格不会上涨。他可能买进看涨期权,这是使他能在时刻T时以在时刻t就定下的价格K来购买他所要的资产的合约。

在此,当S_T涨到高于K时,相比其他没有签购看涨期权的机构,期权的购买者将得到$S_T - K$的潜在收益。

一般来说,(欧式)看涨期权的收益函数为:

$$\phi(S_T) = (S_T - K)^+ = \begin{cases} S_T - K, & \text{若} \quad S_T \geqslant K \\ 0, & \text{若} \quad S_T \leqslant K \end{cases}$$

为了与下一章的利率模型相关联,类似的合约可以应用于利率上。

有一种合约能保护以浮动利率r_t来还款的借款人的利益,它通过使还款率不高于水平κ来使得借款人相当于以利率$\min(r_t, \kappa)$来还款,这样的合约被称为利率上限。它潜在地给予了购买者一个以利率单位来度量的收益$(r_t - \kappa)^+$。利率上限的相反合约被称为利率下限且提供了类似的保护,这次是为了贷款人的利益而防止利率下跌的。

由于本书将考虑的一些利率模型是基于几何布朗运动的,所以经典的Black-Scholes公式对于利率衍生产品的定价是非常重要的。

2.2 市场模型和投资组合

设$r : \mathbb{R}_+ \longrightarrow \mathbb{R}$,$\mu : \mathbb{R}_+ \longrightarrow \mathbb{R}$ 和$\sigma : \mathbb{R}_+ \longrightarrow (0, \infty)$ 是确定的有界非负函数。

设$(A_t)_{t \in \mathbb{R}_+}$ 是一个无风险资产,其价格为:

$$\frac{\mathrm{d}A_t}{A_t} = r_t \mathrm{d}t \qquad A_0 = 1 \qquad t \in \mathbb{R}_+ \tag{2.1}$$

即:

$$A_t = A_0 \exp\left(\int_0^t r_s \mathrm{d}s\right) \qquad t \in \mathbb{R}_+$$

对于$t > 0$,设$(S_t)_{t \in [0,T]}$是由随机微分方程

$$\mathrm{d}S_t = \mu_t S_t \mathrm{d}t + \sigma_t S_t \mathrm{d}B_t \qquad t \in \mathbb{R}_+$$

定义的价格过程,写成积分形式有:

$$S_t = S_0 + \int_0^t \mu_u S_u \mathrm{d}u + \int_0^t \sigma_u S_u \mathrm{d}B_u \qquad t \in \mathbb{R}_+$$

该方程的解为:

$$S_t = S_0 \exp\left(\int_0^t \sigma_u \mathrm{d}B_u + \int_0^t (\mu_u - \frac{1}{2}\sigma_u^2)\mathrm{d}u\right)$$

$t \in \mathbb{R}_+$,参见练习1.2。

设η_t和ζ_t为在时刻t分别投资于资产$(S_t)_{t \in \mathbb{R}_+}$和$(A_t)_{t \in \mathbb{R}_+}$的单位数,时刻$t$的投资组合的价值$V_t$为:

$$V_t = \zeta_t A_t + \eta_t S_t \qquad t \in \mathbb{R}_+ \tag{2.2}$$

定义2.1 若

$$dV_t = \zeta_t dA_t + \eta_t dS_t \tag{2.3}$$

则投资组合V_t被称为是自融资的。

如果忽略括号项$d(S, \eta)_t$,自融资条件(2.3)式可写成:

$$A_t d\zeta_t + S_t d\eta_t = 0 \qquad 0 \leqslant t \leqslant T$$

2.3 偏微分方程方法

在这个标准的Black-Scholes模型中可以构造出对冲欧式期权的投资组合策略。首先,自融资条件(2.3)式意味着

$$\begin{aligned} dV_t &= \zeta_t dA_t + \eta_t dS_t \\ &= r_t \zeta_t A_t dt + \mu_t \eta_t S_t dt + \sigma_t \eta_t S_t dB_t \\ &= r_t V_t dt + (\mu_t - r_t) \eta_t S_t dt + \sigma_t \eta_t S_t dB_t \\ & t \in \mathbb{R}_+ \end{aligned} \tag{2.4}$$

假设时刻t的投资组合价值V_t被写成函数$C(t,x)$,则:

$$V_t = C(t, S_t) \qquad t \in \mathbb{R}_+$$

应用伊藤公式(1.8)得到:

$$\begin{aligned} dC(t, S_t) &= \left(\frac{\partial C}{\partial t} + \mu_t S_t \frac{\partial C}{\partial x} + \frac{1}{2} \frac{\partial^2 C}{\partial x^2} S_t^2 \sigma_t^2 \right)(t, S_t) dt \\ &\quad + \sigma_t S_t \frac{\partial C}{\partial x}(t, S_t) dB_t \end{aligned} \tag{2.5}$$

因此,通过对比(2.4)式和(2.5)式中dB_t和dt的系数中的各项,可以得到:

$$\begin{cases} r_t C(t, S_t) = \left(\dfrac{\partial C}{\partial t} + r_t S_t \dfrac{\partial C}{\partial x} + \dfrac{1}{2} \sigma_t^2 S_t^2 \dfrac{\partial^2 C}{\partial x^2} \right)(t, S_t) \\ \\ \eta_t S_t \sigma_t dB_t = S_t \sigma_t \dfrac{\partial C}{\partial x}(t, S_t) dB_t \end{cases} \tag{2.6}$$

因此

$$\eta_t = \frac{\partial C}{\partial x}(t, S_t)$$

过程$(\eta_t)_{t\in\mathbb{R}_+}$被称为Delta。除了计算Delta，我们将在下面的命题中推导Black-Scholes偏微分方程（PDE）。

命题2.1 欧式看涨期权价格所满足的Black-Scholes 偏微分方程为:
$$\frac{\partial C}{\partial t}(t,x) + r_t x \frac{\partial C}{\partial x}(t,x) + \frac{1}{2}x^2\sigma_t^2\frac{\partial^2 C}{\partial x^2}(t,x) = r_t C(t,x)$$

终端条件为: $C(T,x) = (x-K)^+$

该偏微分方程的解由Black-Scholes公式给出，即:
$$C(t,x) = \mathbf{Bl}(K,x,\tilde{\sigma}_t,\tilde{r}_t,T-t) := x\Phi(d_1) - Ke^{-(T-t)\tilde{r}_t}\Phi(d_2) \tag{2.7}$$

其中:
$$\Phi(x) = \frac{1}{\sqrt{2\pi}}\int_{-\infty}^{x} e^{-y^2/2}dy \qquad x \in \mathbb{R}$$

表示高斯分布函数。

$$d_1 = \frac{\log(x/K) + (\tilde{r}_t + \tilde{\sigma}_t^2/2)(T-t)}{\tilde{\sigma}_t\sqrt{T-t}} \qquad d_2 = \frac{\log(x/K) + (\tilde{r}_t - \tilde{\sigma}_t^2/2)(T-t)}{\tilde{\sigma}_t\sqrt{T-t}}$$

且
$$\tilde{\sigma}_t^2 = \frac{1}{T-t}\int_t^T |\sigma(s)|^2 ds \qquad \tilde{r}_t = \frac{1}{T-t}\int_t^T r(s)ds$$

关于这个专题更详细的解释，推荐参考[Mik98]和[Øks03]。

2.4 Girsanov定理

在用鞅方法对期权进行定价之前，先要复习一下Girsanov定理。通过无穷小增量看布朗运动的并不严格的解释式(1.1):
$$\Delta B_t = \pm\sqrt{dt}$$

有
$$\mathbb{P}(\Delta B_t = +\sqrt{dt}) = \mathbb{P}(\Delta B_t = -\sqrt{dt}) = \frac{1}{2}$$

显然，给定$\nu \in \mathbb{R}$，飘移过程$\nu t + B_t$不再是标准布朗运动，因为它不是中心化的:
$$\mathbb{E}[\nu t + B_t] = \nu t + \mathbb{E}[B_t] = \nu t \neq 0$$

如图2.2所示的特征也可用无穷小增量表示为:
$$\mathbb{E}[\nu dt + dB_t] = \frac{1}{2}(\nu dt + \sqrt{dt}) + \frac{1}{2}(\nu dt - \sqrt{dt}) = \nu dt \neq 0$$

图 2.2 飘移布朗运动的路径

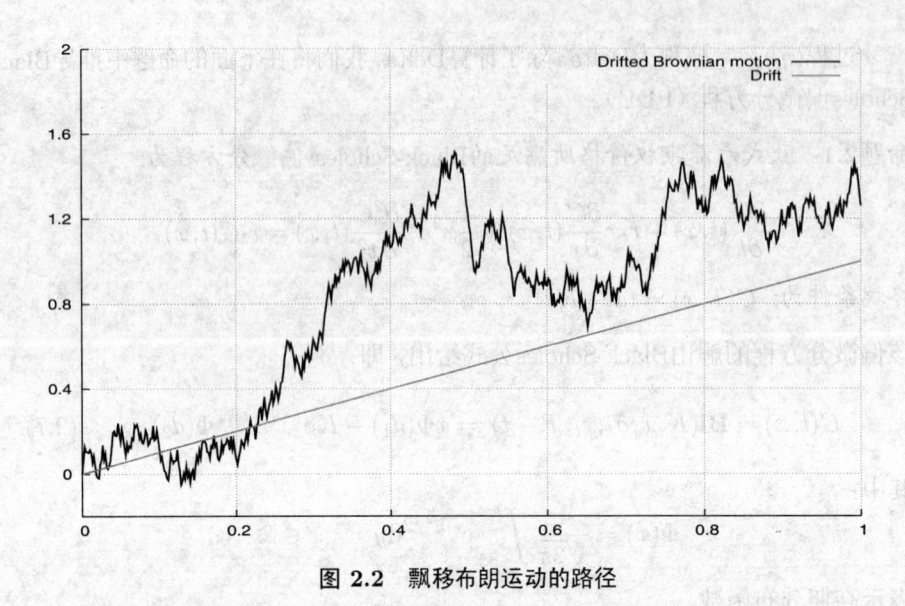

由于 $\nu t + B_t$ 保持了定义 1.1 中的性质 (1)~(3)，为了使 $\nu t + B_t$ 成为中心化的过程（即一个标准布朗运动），可以调整被固定为 1/2 的向上和向下飘移的概率。

问题现在转变为找到两个数 $p, q \in [0, 1]$，使得

$$\begin{cases} p(\nu\mathrm{d}t + \sqrt{\mathrm{d}t}) + q(\nu\mathrm{d}t - \sqrt{\mathrm{d}t}) = 0 \\ p + q = 1 \end{cases}$$

这个问题的解为：

$$p = \frac{1}{2}(1 - \nu\sqrt{\mathrm{d}t}) \quad q = \frac{1}{2}(1 + \nu\sqrt{\mathrm{d}t})$$

仍然将布朗运动看作是具有独立增量 $\pm\sqrt{\mathrm{d}t}$ 的离散随机游动，相应的概率密度将通过把上述概率除以 $1/2^N$ 再连乘得到，即：

$$2^N \prod_{0 < t < T} \left(\frac{1}{2} \mp \frac{1}{2}\nu\sqrt{\mathrm{d}t}\right)$$

其中，2^N 是标准化因子，$N = T/\mathrm{d}t$ 是（无穷大）离散时间间隔的数目。运用基本微积分运算，可以不严格地证明这个密度收敛：

$$\begin{aligned} 2^N \prod_{0 < t < T} \left(\frac{1}{2} \mp \frac{1}{2}\nu\sqrt{\mathrm{d}t}\right) &= \prod_{0 < t < T} \left(1 \mp \nu\sqrt{\mathrm{d}t}\right) \\ &= \exp\left(\log \prod_{0 < t < T} \left(1 \mp \nu\sqrt{\mathrm{d}t}\right)\right) \\ &= \exp\left(\sum_{0 < t < T} \log\left(1 \mp \nu\sqrt{\mathrm{d}t}\right)\right) \end{aligned}$$

第二章 Black-Scholes定价理论的回顾

$$\approx \exp\left(\nu \sum_{0<t<T} \mp\sqrt{\mathrm{d}t} - \frac{1}{2}\sum_{0<t<T}(\mp\nu\sqrt{\mathrm{d}t})^2\right)$$

$$= \exp\left(\nu \sum_{0<t<T} \mp\sqrt{\mathrm{d}t} - \frac{1}{2}\nu^2 \sum_{0<t<T}\mathrm{d}t\right)$$

$$= \exp\left(-\nu B_T - \frac{1}{2}\nu^2 T\right)$$

Girsanov 定理可用一种更严格的方式重新描述。在此，$\Omega = \mathcal{C}_0([0,T])$是Winer空间，且$\omega \in \Omega$是定义在区间$[0,T]$上在$t=0$时从0开始的连续函数。概率$\mathbb{Q}$定义为：

$$\mathrm{d}\mathbb{Q}(\omega) = \exp\left(-\nu B_T - \frac{1}{2}\nu^2 T\right)\mathrm{d}\mathbb{P}(\omega)$$

则过程$\nu t + B_t$是$\mathbb{Q}$下的标准(中心)布朗运动。

例如，在$\mathbb{Q}$下，$\nu T + B_T$服从标准（中心）高斯分布的事实可由以下推导得到：

$$\begin{aligned}\mathbb{E}_{\mathbb{Q}}[f(\nu T + B_T)] &= \int_{\Omega} f(\nu T + B_T)\mathrm{d}\mathbb{Q} \\ &= \int_{\Omega} f(\nu T + B_T)\exp\left(-\nu B_T - \frac{1}{2}\nu^2 T\right)\mathrm{d}\mathbb{P} \\ &= \int_{-\infty}^{\infty} f(\nu T + x)\exp\left(-\nu x - \frac{1}{2}\nu^2 T\right)\mathrm{e}^{-\frac{x^2}{2T}}\frac{\mathrm{d}x}{\sqrt{2\pi T}} \\ &= \int_{\infty}^{\infty} f(y)\mathrm{e}^{-\frac{y^2}{2T}}\frac{\mathrm{d}y}{\sqrt{2\pi T}} \\ &= \int_{\Omega} f(B_T)\mathrm{d}\mathbb{P} \\ &= \mathbb{E}_{\mathbb{P}}[f(B_T)]\end{aligned}$$

Girsanov 定理实际上可以像下面这样推广到适应过程，参见[Pro05], 定理 III-42。

定理2.1 设$(\psi_t)_{t\in[0,T]}$是一个满足Novikov可积条件

$$\mathbb{E}\left[\exp\left(\frac{1}{2}\int_0^T |\psi_t|^2\mathrm{d}t\right)\right] < \infty \tag{2.8}$$

的适应过程，且设$\mathbb{Q}$是定义为

$$\frac{\mathrm{d}\mathbb{Q}}{\mathrm{d}\mathbb{P}} = \exp\left(-\int_0^T \psi_s\mathrm{d}B_s - \frac{1}{2}\int_0^T \psi_s^2\mathrm{d}s\right)$$

的概率测度，则：

$$\hat{B}_t := B_t + \int_0^t \psi_s\mathrm{d}s \qquad t\in[0,T]$$

是$\mathbb{Q}$下的标准布朗运动。

2.5 鞅方法

本节将用折现收益的期望给出Black-Scholes价格的表达式。

定义2.2 如果存在（至少）一个概率$\mathbb{Q}$，使得在该概率下折现价格过程

$$\tilde{S}_t := \exp\left(-\int_0^t r_s \mathrm{d}s\right) S_t \qquad t \in \mathbb{R}_+$$

是$\mathbb{Q}$测度下的鞅，那么这个市场被称为是无套利的。

这样的概率$\mathbb{Q}$通常被称为风险中性概率或者鞅测度。当鞅测度是唯一的，这个市场就被称为完备的。现在证明Black-Scholes模型具有唯一的鞅测度，这表明了市场是无套利且完备的。

现在设$(\psi_t)_{t\in[0,T]}$ 定义为：

$$\psi_t := \frac{\mu_t - r_t}{\sigma_t} \qquad 0 \leqslant t \leqslant T$$

且设$\mathbb{Q}$ 表示为如下的概率测度：

$$\frac{\mathrm{d}\mathbb{Q}}{\mathrm{d}\mathbb{P}} = \exp\left(-\int_0^T \psi_s \mathrm{d}B_s - \frac{1}{2}\int_0^T \psi_s^2 \mathrm{d}s\right)$$

由Girsanov 定理知道：

$$\hat{B}_t := B_t + \int_0^t \psi_s \mathrm{d}s, \qquad t \in [0, T]$$

是$\mathbb{Q}$下的布朗运动，同时用

$$\tilde{V}_t = V_t \exp\left(-\int_0^t r_s \mathrm{d}s\right) \quad \text{和} \quad \tilde{S}_t = S_t \exp\left(-\int_0^t r_s \mathrm{d}s\right)$$

来分别表示折现投资组合价值和折现的标的资产价值。

引理2.1 下面的说法是等价的：

(1) 投资组合V_t 是自融资的。

(2)
$$\tilde{V}_t = \tilde{V}_0 + \int_0^t \sigma_u \eta_u \tilde{S}_u \mathrm{d}\hat{B}_u \qquad t \in \mathbb{R}_+ \tag{2.9}$$

(3)
$$V_t = V_0 \exp\left(\int_0^t r_u \mathrm{d}u\right) + \int_0^t \sigma_u \eta_u S_u \exp\left(\int_u^t r_s \mathrm{d}s\right) \mathrm{d}\hat{B}_u \qquad t \in \mathbb{R}_+ \tag{2.10}$$

第二章 Black-Scholes定价理论的回顾

证明：首先，(2.9)式显然等价于(2.10)式，自融资条件(2.3)式表明：

$$\begin{aligned}
dV_t &= \zeta_t dA_t + \eta_t dS_t \\
&= \zeta_t A_t r_t dt + \eta_t r_t S_t dt + \sigma_t \eta_t S_t d\hat{B}_t \\
&= r_t V_t dt + \sigma_t \eta_t S_t d\hat{B}_t \qquad t \in \mathbb{R}_+
\end{aligned}$$

因此

$$\begin{aligned}
d\tilde{V}_t &= d\left(\exp\left(-\int_0^t r_s ds\right) V_t\right) \\
&= -r_t \exp\left(-\int_0^t r_s ds\right) V_t dt + \exp\left(-\int_0^t r_s ds\right) dV_t \\
&= \exp\left(-\int_0^t r_s ds\right) \sigma_t \eta_t S_t d\hat{B}_t \qquad t \in \mathbb{R}_+
\end{aligned}$$

即(2.9) 式成立。相反地，如果(2.9)式成立，则有：

$$\begin{aligned}
dV_t &= d\left(\exp\left(\int_0^t r_s ds\right) \tilde{V}_t\right) \\
&= r_t \exp\left(\int_0^t r_s ds\right) \tilde{V}_t dt + \exp\left(\int_0^t r_s ds\right) d\tilde{V}_t \\
&= r_t \exp\left(\int_0^t r_s ds\right) \tilde{V}_t dt + \sigma_t \eta_t S_t d\hat{B}_t \\
&= V_t r_t dt + \sigma_t \eta_t S_t d\hat{B}_t \\
&= \zeta_t A_t r_t dt + \eta_t S_t r_t dt + \sigma_t \eta_t S_t d\hat{B}_t \\
&= \zeta_t dA_t + \eta_t dS_t
\end{aligned}$$

因此投资组合是自融资的。 □

在下一命题中计算一个自融资对冲策略，使其最后价值为具有可料表达式

$$F = \mathbb{E}_\mathbb{Q}[F] + \int_0^T \xi_t d\hat{B}_t \tag{2.11}$$

的任意平方可积随机变量F，其中$(\xi_t)_{t \in [0,t]}$是平方可积适应过程。

命题2.2 给定$F \in L^2(\Omega)$，设：

$$\eta_t = \frac{\exp\left(-\int_t^T r_s ds\right)}{\sigma_t S_t} \xi_t \tag{2.12}$$

$$\zeta_t = \frac{\exp\left(-\int_t^T r_u du\right) \mathbb{E}_\mathbb{Q}[F|\mathcal{F}_t] - \eta_t S_t}{A_t} \qquad t \in [0, T] \tag{2.13}$$

则投资组合$(\eta_t, \zeta_t)_{t \in [0,T]}$是自融资的，且令：

$$V_t = \zeta_t A_t + \eta_t S_t \qquad t \in [0, T] \tag{2.14}$$

有
$$V_t = \exp\left(-\int_t^T r_u du\right) \mathbb{E}_{\mathbb{Q}}[F|\mathcal{F}_t] \qquad 0 \leqslant t \leqslant T \tag{2.15}$$

特别地
$$V_T = F$$

即由初始值
$$V_0 = \exp\left(-\int_0^T r_u du\right) \mathbb{E}_{\mathbb{Q}}[F]$$

开始,投资组合构造了最终价值为 F 的对冲策略。

证明:在 $t=0$ 时,应用 (2.13) 式和 (2.14) 式得到:

$$\mathbb{E}_{\mathbb{Q}}[F] \exp\left(-\int_0^T r_u du\right) = \zeta_0 A_0 + \eta_0 S_0 = V_0$$

再次应用 (2.13) 式,由 η_t 的定义式 (2.12) 和式 (2.11) 得到:

$$\begin{aligned}
V_t &= \zeta_t A_t + \eta_t S_t \\
&= \exp\left(-\int_t^T r_u du\right) \mathbb{E}_{\mathbb{Q}}[F|\mathcal{F}_t] \\
&= \exp\left(-\int_t^T r_u du\right) \left(\mathbb{E}_{\mathbb{Q}}[F] + \int_0^t \xi_u d\hat{B}_u\right) \\
&= V_0 \exp\left(\int_0^t r_u du\right) + \exp\left(-\int_t^T r_u du\right) \int_0^t \xi_u d\hat{B}_u \\
&= V_0 \exp\left(\int_0^t r_u du\right) + \int_0^t \eta_u \sigma_u S_u \exp\left(\int_u^t r_s ds\right) d\hat{B}_u \qquad 0 \leqslant t \leqslant T
\end{aligned}$$

根据引理 2.1,这也意味着投资组合 $(\eta_t, \zeta_t)_{t \in [0,T]}$ 是自融资的。 □

上述命题表明,总是存在一个从

$$V_0 = \mathbb{E}_{\mathbb{Q}}[F] \exp\left(-\int_0^T r_u du\right)$$

开始的对冲策略。除此之外,由于存在一个对冲策略,得到:

$$\tilde{V}_T = F \exp\left(-\int_0^T r_u du\right)$$

根据 (2.9) 式,$(\tilde{V}_t)_{t \in [0,T]}$ 必然是一个鞅,且有:

$$\tilde{V}_t = \mathbb{E}_{\mathbb{Q}}[\tilde{V}_T|\mathcal{F}_t] = \exp\left(-\int_0^T r_u du\right) \mathbb{E}_{\mathbb{Q}}[F|\mathcal{F}_t] \qquad 0 \leqslant t \leqslant T$$

第二章 Black-Scholes定价理论的回顾

和初始值

$$\tilde{V}_0 = \mathbb{E}_{\mathbb{Q}}[\tilde{V}_T] = \mathbb{E}_{\mathbb{Q}}[F]\exp\left(-\int_0^T r_u \mathrm{d}u\right)$$

实际上，对冲问题现在转变为计算在(2.11)式中出现的过程$(\xi_t)_{t\in[0,T]}$，这个被称为Delta对冲的计算可通过伊藤公式的运用和马氏性展开(可参见[Pro01])。考虑关于$(S_t)_{t\in[0,T]}$的(非齐次)半群$(P_{s,t})_{0\leqslant s\leqslant t\leqslant T}$，它被定义为：

$$\begin{aligned} P_{s,t}f(S_s) &= \mathbb{E}_{\mathbb{Q}}[f(S_t) \mid S_s] \\ &= \mathbb{E}_{\mathbb{Q}}[f(S_t) \mid \mathcal{F}_s] \qquad 0\leqslant s\leqslant t\leqslant T \end{aligned}$$

它作用于$\mathcal{C}_b^2(\mathbb{R}^n)$函数上，且有：

$$P_{s,t}P_{t,u} = P_{s,u} \qquad 0\leqslant s\leqslant t\leqslant u\leqslant T$$

注意到$(P_{t,T}f(S_t))_{t\in[0,T]}$是一个$\mathcal{F}_t$-鞅，即：

$$\begin{aligned} \mathbb{E}_{\mathbb{Q}}[P_{t,T}f(S_t) \mid \mathcal{F}_s] &= \mathbb{E}_{\mathbb{Q}}[\mathbb{E}_{\mathbb{Q}}[f(S_T) \mid \mathcal{F}_t] \mid \mathcal{F}_s] \\ &= \mathbb{E}_{\mathbb{Q}}[f(S_T) \mid \mathcal{F}_s] \\ &= P_{s,T}f(S_s) \qquad 0\leqslant s\leqslant t\leqslant T \end{aligned} \qquad (2.16)$$

下面的引理可用来计算在收益F具有形式$F = \phi(S_T)$(ϕ为某种函数)的情形下的过程$(\xi_t)_{t\in[0,T]}$。

引理2.2 设$\phi \in \mathcal{C}_b^2(\mathbb{R}^n)$，可料表达

$$\phi(S_T) = \mathbb{E}_{\mathbb{Q}}[\phi(S_T)] + \int_0^T \xi_t \mathrm{d}\hat{B}_t \qquad (2.17)$$

由

$$\xi_t = \sigma_t S_t \frac{\partial}{\partial x}(P_{t,T}\phi)(S_t) \qquad 0\leqslant t\leqslant T \qquad (2.18)$$

给出。

证明：由于$P_{t,T}\phi$属于$\mathcal{C}^2(\mathbb{R})$，将伊藤公式(2.18)应用于过程

$$t \mapsto P_{t,T}\phi(S_t) = \mathbb{E}_{\mathbb{Q}}[\phi(S_T) \mid \mathcal{F}_t] \qquad (2.19)$$

由(2.16)式可知，它是一个鞅，也可参见附录A。由当$(P_{t,T}\phi(S_t))_{t\in[0,T]}$是鞅时伊藤公式中的有限变差项就消失的事实(见引理1，[Pro05]的72页)，可以得到：

$$P_{t,T}\phi(S_t) = P_{0,T}\phi(S_0) + \int_0^t \sigma_s S_s \frac{\partial}{\partial x}(P_{s,T}\phi)(S_s) d\hat{B}_s \quad t\in[0,T] \qquad (2.20)$$

且有$P_{0,T}\phi(S_0) = \mathbb{E}_{\mathbb{Q}}[\phi(S_T)]$。令$t=T$，由$F=\phi(S_T)$的可料表达(2.17)式的唯一性得到(2.18)。 □

现在设价格过程$(S^x_{t,s})_{s\in[t,\infty)}$是以下随机微分方程的解,即:

$$\frac{\mathrm{d}S^x_{t,s}}{S^x_{t,s}} = r_s\mathrm{d}s + \sigma_s\mathrm{d}\hat{B}_s \qquad s\in[t,\infty)$$

且有初始条件$S^x_{t,t} = x \in (0,\infty)$。

投资组合在时刻$t \in [0,T]$的价值V_t可通过(2.15)式计算:

$$\begin{aligned} V_t &= \exp\left(-\int_t^T r_u\mathrm{d}u\right)\mathbb{E}_\mathbb{Q}[\phi(S_T)|\mathcal{F}_t] \\ &= C(t,S_t) \end{aligned}$$

其中由附录 A 的关系式 (11.4) 有:

$$\begin{aligned} C(t,x) &= e^{-(T-t)\tilde{r}_t}\mathbb{E}_\mathbb{Q}[\phi(S_T)|S_t = x] \\ &= e^{-(T-t)\tilde{r}_t}P_{t,T}\phi(x) \\ &= e^{-(T-t)\tilde{r}_t}\mathbb{E}_\mathbb{Q}[\phi(S^x_{t,T})] \quad 0\leqslant t\leqslant T \end{aligned}$$

再次根据(2.20)式中有限变差项消失的事实重新得到$C(t,x)$是Black-Scholes偏微分方程的解:

$$\begin{cases} \dfrac{\partial C}{\partial t}(t,x) + \dfrac{1}{2}x^2\sigma^2(t)\dfrac{\partial^2 C}{\partial x^2}(t,x) + xr(t)\dfrac{\partial C}{\partial x}(t,x) = r(t)C(t,x) \\ C(T,x) = \phi(x) \end{cases}$$

作为(2.15)式和下面引理的一个结果,对具有收益函数$\phi(x) = (x-K)^+$的欧式期权,可以得到关系式 (2.7),即:

$$C(t,x) = \mathbf{Bl}(K,x,\tilde{\sigma}_t,\tilde{r}_t,T-t)$$

引理2.3 设X是方差为v^2的中心高斯型随机变量,则有:

$$\mathbb{E}_\mathbb{Q}[(e^{m+X} - K)^+] = e^{m+\frac{v^2}{2}}\Phi(v + (m-\log K)/v) - K\Phi((m-\log K)/v).$$

证明:

$$\begin{aligned} \mathbb{E}_\mathbb{Q}[(e^{m+X} - K)^+] &= \int_{-\infty}^{\infty}(e^{m+x} - K)^+ e^{-\frac{x^2}{2v^2}}\frac{\mathrm{d}x}{\sqrt{2\pi v^2}} \\ &= \int_{-m+\log K}^{\infty}(e^{m+x} - K)e^{-\frac{x^2}{2v^2}}\frac{\mathrm{d}x}{\sqrt{2\pi v^2}} \\ &= e^m\int_{-m+\log K}^{\infty}e^{x-\frac{x^2}{2v^2}}\frac{\mathrm{d}x}{\sqrt{2\pi v^2}} - K\int_{-m+\log K}^{\infty}e^{-\frac{x^2}{2v^2}}\frac{\mathrm{d}x}{\sqrt{2\pi v^2}} \\ &= e^{m+\frac{v^2}{2}}\int_{-m+\log K}^{\infty}e^{-\frac{(v^2-x)^2}{2v^2}}\frac{\mathrm{d}x}{\sqrt{2\pi v^2}} - K\int_{(-m+\log K)/v}^{\infty}e^{-x^2/2}\frac{\mathrm{d}x}{\sqrt{2\pi}} \\ &= e^{m+\frac{v^2}{2}}\int_{-v^2-m+\log K}^{\infty}e^{-\frac{x^2}{2v^2}}\frac{\mathrm{d}x}{\sqrt{2\pi v^2}} - K\Phi((m-\log K)/v) \\ &= e^{m+\frac{v^2}{2}}\Phi(v + (m-\log K)/v) - K\Phi((m-\log K)/v) \end{aligned}$$

□

第二章 Black-Scholes定价理论的回顾

更进一步，对于欧式期权，过程$(\xi)_{t\in[0,T]}$可通过下面的命题计算出来。

命题2.3 假设$F = (S_T - K)^+$，对$0 \leqslant t \leqslant T$则有：

$$\xi_t = \sigma_t \mathbb{E}_{\mathbb{Q}} \left[S_{t,T}^x \mathbf{1}_{[K,\infty]}(S_{t,T}^x) \right]_{x=S_t}$$

证明：在用$\mathcal{C}^2$函数近似$x \mapsto (x-K)^+$后，由引理 2.2和关系式$P_{t,T}f(x) = \mathbb{E}_{\mathbb{Q}}[f(S_{t,T}^x)]$可得该命题的结果。 □

由上述性质可得到Black-Scholes模型中欧式看涨期权的Delta公式。

命题2.4 收益为$F = (S_T - K)^+$的欧式看涨期权的Delta公式为：

$$\eta_t = \Phi\left(\frac{\log(S_t/K) + (\tilde{r}_t + \tilde{\sigma}_t^2/2)(T-t)}{\tilde{\sigma}_t\sqrt{T-t}} \right) \qquad 0 \leqslant t \leqslant T$$

证明：取$x = S_t$，有：

$$\begin{aligned}
\eta_t &= \frac{1}{\sigma_t S_t} \mathrm{e}^{-\tilde{r}_t(T-t)} \xi_t \\
&= \mathrm{e}^{-\tilde{r}_t(T-t)} \mathbb{E}_{\mathbb{Q}} \left[\frac{S_{t,T}^x}{x} \mathbf{1}_{[K,\infty]}(S_{t,T}^x) \right] \\
&= \mathrm{e}^{-\tilde{r}_t(T-t)} \mathbb{E}_{\mathbb{Q}} \left[\mathrm{e}^{\tilde{\sigma}_t \hat{B}_{T-t} - \tilde{\sigma}_t^2(T-t)/2 + \tilde{r}_t(T-t)} \mathbf{1}_{[K,\infty]}(x\mathrm{e}^{\tilde{\sigma}_t \hat{B}_{T-t} - \tilde{\sigma}_t^2(T-t)/2 + \tilde{r}_t(T-t)}) \right] \\
&= \frac{\mathrm{e}^{-\tilde{r}_t(T-t)}}{\sqrt{2\pi(T-t)}} \int_{\tilde{\sigma}_t(T-t)/2 - \tilde{r}_t(T-t)/\tilde{\sigma}_t + \frac{1}{\tilde{\sigma}_t}\log\frac{K}{x}}^{\infty} \mathrm{e}^{\tilde{\sigma}_t y - \tilde{\sigma}_t^2(T-t)/2 + \tilde{r}_t(T-t)} \mathrm{e}^{-y^2/(2(T-t))} \mathrm{d}y \\
&= \frac{1}{\sqrt{2\pi(T-t)}} \int_{-d_-/\sqrt{T-t}}^{\infty} \mathrm{e}^{-\frac{1}{2(T-t)}(y - \tilde{\sigma}_t(T-t))^2} \mathrm{d}y \\
&= \frac{1}{\sqrt{2\pi(T-t)}} \int_{-d_-/\sqrt{T-t}}^{\infty} \mathrm{e}^{-\frac{1}{2(T-t)}(y - \tilde{\sigma}_t(T-t))^2} \mathrm{d}y \\
&= \frac{1}{\sqrt{2\pi}} \int_{-d_+}^{\infty} \mathrm{e}^{-\frac{1}{2}y^2} \mathrm{d}y \\
&= \frac{1}{\sqrt{2\pi}} \int_{-\infty}^{d_+} \mathrm{e}^{-\frac{1}{2}y^2} \mathrm{d}y \\
&= \Phi(d_+)
\end{aligned}$$

□

2.6 练习

练习 2.1 设$\alpha \in \mathbb{R}$，求随机微分方程

$$\mathrm{d}X_t^{(\alpha)} = \alpha X_t^{(\alpha)} \mathrm{d}t + \mathrm{d}B_t \qquad 0 \leqslant t \leqslant T$$

的解$\left(X_t^{(\alpha)}\right)_{t\in[0,T]}$。

(1) 利用Girsanov定理，构造一个概率测度$\mathbb{Q}$，使得在该测度下，随机过程 $\left(X_t^{(\alpha)}\right)_{t\in[0,T]}$ 是一个标准布朗运动。

(2) 对于任意的$\beta < 1/T$，计算期望：
$$\mathbb{E}\left[\exp\left((\beta-\alpha)\int_0^T X_t^{(\alpha)} \mathrm{d}X_t^{(\alpha)} + \frac{\alpha^2}{2}\int_0^T \left(X_t^{(\alpha)}\right)^2 \mathrm{d}t\right)\right]$$

(3) 对于任意的$\alpha < 1/T$，计算期望：
$$\mathbb{E}\left[\exp\left(\frac{\alpha^2}{2}\int_0^T (X_t^{(\alpha)})^2 \mathrm{d}t\right)\right]$$

练习 2.2 现有满足
$$\frac{\mathrm{d}S_t}{S_t} = \mu \mathrm{d}t + \sigma \mathrm{d}B_t$$
的价格过程$(S_t)_{t\in[0,T]}$和一个价值为$A_t = A_0 \mathrm{e}^{rt}$, $t\in[0,T]$的无风险资产，其中$r>0$。设一个自融资投资组合$(\zeta_t,\eta_t)_{t\in[0,T]}$价值为：
$$V_t = \eta_t A_t + \zeta_t S_t \qquad t\in[0,T]$$

(1) 用Girsanov定理，构造一个概率测度$\mathbb{Q}$，使得在该测度下过程$\tilde{S}_t := S_t/A_t$, $t\in[0,T]$是一个$\mathcal{F}_t$-鞅。

(2) 计算在时刻$t\in[0,T]$时，收益为$|S_T|^2$的未定权益的无套利价格：
$$C(t,S_t) = \mathrm{e}^{-r(T-t)}\mathbb{E}_{\mathbb{Q}}[|S_T|^2|\mathcal{F}_t]$$

(3) 计算对冲未定权益$|S_T|^2$的投资组合策略$(\zeta_t,\eta_t)_{t\in[0,T]}$。

(4) 给定$T_0 \in [0,T]$，计算在时刻$t\in[0,T]$时收益为S_T/S_{T_0}的未定权益的无套利价格：
$$C(t,S_t) = \mathrm{e}^{-r(T-t)}\mathbb{E}_{\mathbb{Q}}\left[\frac{S_T}{S_{T_0}}\Big|\mathcal{F}_t\right]$$

提示：分别考虑$t\in[0,T_0]$和$t\in(T_0,T]$这两种情况。

(5) 计算对冲未定权益S_T/S_{T_0}的投资组合策略$(\zeta_t,\eta_t)_{t\in[0,T]}$，验证这个投资策略是自融资的。

练习 2.3

(1) 求出用$\alpha, \sigma > 0$和初始条件S_0表示的随机微分方程
$$\mathrm{d}S_t = \alpha S_t \mathrm{d}t + \sigma \mathrm{d}B_t \tag{2.21}$$
的解。

(2) 当α取什么值时折扣价格过程$\tilde{S}_t = \mathrm{e}^{-rt}S_t, t \in [0,T]$是$\mathbb{P}$下的鞅?

(3) 计算当$\alpha = \alpha_M$时,在时刻$t \in [0,T]$时的未定权益$\exp(S_T)$的套利价格$C(t, S_t) = \mathrm{e}^{-r(T-t)} \mathbb{E}[\exp(S_T)|\mathcal{F}_t]$。

(4) 计算出对冲未定权益$\exp(S_T)$的投资策略$(\zeta_t, \eta_t)_{t \in [0,T]}$的精确表达式。

第三章 短期利率模型

本章是关于基本的短期利率模型的一个简短介绍。由于这些模型在以下的文献中已被广泛讨论，例如[BM06]、[CT06]、[JW01]、[Kij03]、[Reb96]、[Yol05]，所以在此不做一一介绍。由于基于Vasicek均值回归模型能进行显式的计算，所以在后面几章里将主要以该模型为例，介绍相关内容。

3.1 均值回归模型

利率的变化不同于股票价格，需要特殊的模型来刻画其特性，如正值性、有界性和均值回归性。

[Vaš77]介绍了第一个表现利率的均值回归性质的模型，而几何布朗运动是不具有均值回归性的。在基于Ornstein-Uhlenbeck过程的Vasicek模型中，其短期利率过程$(r_t)_{t\in\mathbb{R}_+}$满足方程

$$dr_t = \beta(\alpha - r_t)dt + \sigma dB_t$$

其中，$(B_t)_{t\in\mathbb{R}_+}$是一个标准布朗运动。这个模型具有人们感兴趣的时间平稳性，即$r_t - r_s$的分布只依赖于时间差$t-s$，而它的缺点是r_t可能取负值。Vasicek模型的显式表达式在练习1.3和后面的练习2.1中给出。

Cox-Ingersoll-Ross (CIR) [CIR85] 模型应用非线性方程

$$dr_t = \beta(\alpha - r_t)dt + r_t^{1/2}\sigma dB_t$$

来解决Vasicek模型不能保证利率恒取正值的问题，该非线性方程及其解的性质会在后面的练习2.2中讨论。

其他的古典均值回归模型包括Courtadon (1982)模型为：

$$dr_t = \beta(\alpha - r_t)dt + \sigma r_t dB_t$$

其中，α, β, σ是非负的，还有指数Vasicek模型为：

$$dr_t = r_t(\eta - a\log r_t)dt + \sigma r_t dB_t$$

其中，a, η, σ是非负的，此模型将在本章的练习2.1中讨论。

再后来，人们利用定义在流形上的随机微分方程，提出了保持利率恒为正值的其他模型（请参阅[JW01]）。

3.2 常数方差弹性(CEV) 模型

常数方差弹性模型是为随着标的资产价格乘方变化而变化的波动率设计的。Marsh-Rosenfeld (1983)模型为：

$$dr_t = (\beta r_t^{-(1-\gamma)} + \alpha r_t)dt + \sigma r_t^{\gamma/2}dB_t$$

第三章 短期利率模型

其中,$\alpha, \beta, \sigma, \gamma$ 是非负常数,包含了大多数的CEV模型。特别地,当$\beta = 0$时可得到标准的CEV模型,即:

$$dr_t = \alpha r_t dt + \sigma r_t^{\gamma/2} dB_t$$

且如果$\gamma = 2$,就可得到Dothan模型([Dot78]、[PP09]),即:

$$dr_t = \alpha r_t dt + \sigma r_t dB_t$$

3.3 时间相依模型

上一节讨论的大部分模型都可以进行时间相依推广,其中最基本的例子就是Ho-Lee模型,即:

$$dr_t = \theta(t)dt + \sigma dB_t$$

其中,$\theta(t)$是一个关于时间的确定函数,这个模型将在练习3.1中被应用。

Hull-White 模型

$$dr_t = (\theta(t) - \alpha(t)r_t)dt + \sigma(t)dB_t$$

是Vasicek模型的一个时间相依推广(在6.6节中将会涉及)。CIR模型也可以进行类似的时间相依推广,并且这些时间相依模型将在练习8.2-(2)中被用来拟合无套利条件下的远期瞬时利率的初始曲线。

短期利率模型还可进行多种推广,关于这些推广模型请参阅本章介绍中所引用的参考文献,其中具有如下形式

$$dr_t = (\eta(t) + \lambda(t)r_t)dt + \sqrt{\delta(t) + \gamma(t)r_t}dB_t \tag{3.1}$$

的一族仿射模型在债券定价方面具有特殊的性质,请参见第四章4.4节的结尾部分。

3.4 练习

练习 3.1 指数Vasicek模型。因为短期利率过程$(r_t)_{t \in \mathbb{R}_+}$,它服从指数Vasicek模型:

$$dr_t = r_t(\eta - a\log r_t)dt + \sigma r_t dB_t \tag{3.2}$$

其中η, a, σ是正参数。

(1) 求出随机微分方程

$$dY_t = (\theta - aY_t)dt + \sigma dB_t \tag{3.3}$$

的解$(Y_t)_{t \in \mathbb{R}_+}$,它是初始条件$y_0$的一个函数,其中$\theta, a, \sigma$是正参数。

提示：设$Z_t = Y_t - \theta/a$, $t \in \mathbb{R}_+$。

(2) 设$X_t = e^{Y_t}$, $t \in \mathbb{R}_+$，确定$(X_t)_{t \in \mathbb{R}_+}$所满足的随机微分方程。

(3) 求出用初始条件r_0表示的(3.2)式的解$(r_t)_{t \in \mathbb{R}_+}$。

(4) 计算r_t的条件均值$\mathbb{E}[r_t|\mathcal{F}_u]$，其中$0 \leqslant u \leqslant t$，$(\mathcal{F}_u)_{u \in \mathbb{R}_+}$表示由布朗运动$(B_t)_{t \in \mathbb{R}_+}$生成的信息流。

(5) 计算r_t的条件方差$\text{Var}[r_t|\mathcal{F}_u] := \mathbb{E}[r_t^2|\mathcal{F}_u] - (\mathbb{E}[r_t|\mathcal{F}_u])^2$, $0 \leqslant u \leqslant t$。

(6) 计算均值和方差的极限$\lim_{t \to \infty} \mathbb{E}[r_t]$和$\lim_{t \to \infty} \text{Var}[r_t]$。

练习 3.2 Cox-Ingerson-Ross 模型。方程

$$dr_t = (\alpha - \beta r_t)dt + \sigma\sqrt{r_t}dB_t \tag{3.4}$$

表示短期利率过程r_t的变化，其中α, β, σ和r_0是正参数。

(1) 写下方程(3.4)的积分形式。

(2) 设$u(t) = \mathbb{E}[r_t]$，利用(3.4)式的积分形式，证明：$u(t)$满足微分方程

$$u'(t) = \alpha - \beta u(t)$$

(3) 对r_t^2应用伊藤公式，证明：

$$dr_t^2 = r_t(2\alpha + \sigma^2 - 2\beta r_t)dt + 2\sigma r_t^{3/2}dB_t \tag{3.5}$$

(4) 利用(3.5)式的积分形式，求出$v(t) = \mathbb{E}[r_t^2|\mathcal{F}_s]$, $0 \leqslant s \leqslant t$所满足的微分方程，并计算$\mathbb{E}[r_t^2|\mathcal{F}_s]$, $0 \leqslant s \leqslant t$。为了计算简便，可假设$\alpha = 0$。

提示：对任意的$c \in \mathbb{R}$，函数$f(t) = ce^{-\beta t}/\beta$是微分方程$f'(t) + 2\beta f(t) = ce^{-\beta t}$的解。

(5) 设：

$$X_t = e^{-\beta t/2}\left(x_0 + \frac{\sigma}{2}\int_0^t e^{\beta s/2}dB_s\right) \quad t \in \mathbb{R}_+$$

证明X_t满足方程

$$dX_t = \frac{\sigma}{2}dB_t - \frac{\beta}{2}X_t dt$$

(6) 设$R_t = X_t^2$且

$$W_t = \int_0^t \text{sign}(X_s)dB_s$$

其中$\text{sign}(x) = 1_{\{x \geqslant 0\}} - 1_{\{x < 0\}}$, $x \in \mathbb{R}$，证明：

$$dR_t = \left(\frac{\sigma^2}{4} - \beta R_t\right)dt + \sigma\sqrt{R_t}dW_t$$

第四章 零息债券的定价

本章介绍在无套利条件下的债券定价，运用概率和偏微积分方程的方法，得到Vasicek模型的显示表达式。零息债券的定义在第五章中将被用于构造远期利率过程。

4.1 定义和基本性质

零息债券是在时刻 $t < T$ 时价格为 $P(t,T)$ 而在时刻 T 时获得价值 $P(T,T) = 1\$$ 的合同，基于短期利率过程 $(r_t)_{t \in \mathbb{R}_+}$ 计算零息债券的套利价格 $P(t,T)$ 是利率建模中既基础又重要的环节。

我们要区别以下三种不同的情形：

(1) 短期利率是确定的常数且 $r > 0$，在这种情况下，$P(t,T)$ 要满足方程

$$e^{r(T-t)} P(t,T) = P(T,T) = 1$$

这就得到：

$$P(t,T) = e^{-r(T-t)} \qquad 0 \leqslant t \leqslant T$$

(2) 短期利率是关于时间的确定函数且 $(r_t)_{t \in \mathbb{R}_+}$，在这种情况下，和上面的讨论类似地可以得到：

$$P(t,T) = e^{-\int_t^T r_s \mathrm{d}s} \qquad 0 \leqslant t \leqslant T \tag{4.1}$$

(3) 短期利率是随机过程且 $(r_t)_{t \in \mathbb{R}_+}$。

在这种情况下，公式(4.1)不再有意义，这是由于在时刻 t 确定的价格 $P(t,T)$ 只能依靠到时刻 t 为止的信息，这与公式(4.1)中 $P(t,T)$ 取决于未来时刻 $s \in [t, T]$ 的短期利率 r_s 相矛盾。

本章剩余的篇幅着重讨论随机情形，也就是上面提到的第(3)条。计算债券的价格 $P(t,T)$ 遵循之前在Black-Scholes定价中用过的几个步骤。

4.2 无套利和马氏性

有了之前在命题2.2中关于Black-Scholes定价的介绍，就可以很自然地将 $P(t,T)$ 写成鞅测度下的条件期望，另一方面考虑到上面提到的第(3)条，在这个框架下条件期望的使用也显得很自然，因为这样能把包含在公式(4.1)中过了时刻 t 之后的未来信息"过滤出来"。因此，假定在某个待定的鞅(也被称为风险中性)测度 $\mathbb{Q}$ 下，有：

$$P(t,T) = \mathbb{E}_{\mathbb{Q}} \left[e^{-\int_t^T r_s \mathrm{d}s} \Big| \mathcal{F}_t \right] \tag{4.2}$$

表达式(4.2)是有意义的，因为它是在已知到时刻t为止的信息的条件下$e^{-\int_t^T r_s \mathrm{d}s}$的将来取值的"最优估计"。

从现在开始假设标的的短期利率过程是以下随机微分方程的解，即：

$$\mathrm{d}r_t = \mu(t, r_t)\mathrm{d}t + \sigma(t, r_t)\mathrm{d}B_t \tag{4.3}$$

其中$(B_t)_{t\in\mathbb{R}_+}$是测度$\mathbb{P}$下的标准布朗运动。例如在Vasicek模型中，有：

$$\mu(t, x) = a - bx \quad \text{和} \quad \sigma(t, x) = \sigma$$

考虑一个等价于$\mathbb{P}$的概率测度$\mathbb{Q}$，其密度为：

$$\frac{\mathrm{d}\mathbb{Q}}{\mathrm{d}\mathbb{P}} = e^{-\int_0^\infty K_s \mathrm{d}B_s - \frac{1}{2}\int_0^\infty |K_s|^2 \mathrm{d}s}$$

其中$(K_s)_{s\in\mathbb{R}_+}$是满足Nivikov可积性条件(2.8)的适应过程。由Girsanov定理2.1可知

$$\hat{B}_t := B_t + \int_0^t K_s \mathrm{d}s$$

是$\mathbb{Q}$下的标准布朗运动，因此(4.3)式可改写为：

$$\mathrm{d}r_t = \tilde{\mu}(t, r_t)\mathrm{d}t + \sigma(t, r_t)\mathrm{d}\hat{B}_t$$

其中

$$\tilde{\mu}(t, r_t) := \mu(t, r_t) - \sigma(t, r_t)K_t$$

K_t称为风险的市场价格，一般可基于市场数据通过统计估计来确定。

为了方便可假设$K_t = 0$，即假设$\mathbb{P}$是在这个市场中所使用的鞅测度。

马氏性表明马氏过程$(X_s)_{s\in\mathbb{R}_+}$在时刻t之后的未来状态仅取决于其在时刻t的状态而不依赖于时刻t之前的任何历史状态。这可以用条件期望描述成：对所有大于t的时刻$t_1,\cdots,t_n$和$\mathbb{R}^n$上所有充分可积函数f，有

$$\mathbb{E}[f(X_{t_1},\cdots,X_{t_n}) \mid \mathcal{F}_t] = \mathbb{E}[f(X_{t_1},\cdots,X_{t_n}) \mid X_t]$$

存在，详情请参阅附录 A。

下面介绍在定价中将用到的一个基本性质，详情请参见文献[Pro05]的定理 V-32。

性质4.1 形如(4.3)式的随机微分方程的所有解都具有马氏性。

由此得到，套利价格$P(t,T)$满足

$$\begin{aligned}P(t,T) &= \mathbb{E}_\mathbb{Q}\left[e^{-\int_t^T r_s \mathrm{d}s}\Big|\mathcal{F}_t\right]\\ &= \mathbb{E}_\mathbb{Q}\left[e^{-\int_t^T r_s \mathrm{d}s}\Big|r_t\right]\end{aligned}$$

它仅依赖于r_t而不是到时刻t为止的全部已有信息$\mathcal{F}_t$，这样它就成了一个关于r_t的函数$F(t,r_t)$：

$$P(t,T) = F(t,r_t)$$

这意味着定价问题现在被转化为寻找函数$F(t,x)$。

第四章 零息债券的定价

4.3 无套利和鞅性

现在对 $F(t, r_t) = P(t, T)$ 应用伊藤积分来推导 $F(t, x)$ 所满足的偏微分方程。由伊藤公式定理1.8知：

$$\begin{aligned}
\mathrm{d}\left(\mathrm{e}^{-\int_0^t r_s \mathrm{d}s} P(t,T)\right) &= -r_t \mathrm{e}^{-\int_0^t r_s \mathrm{d}s} P(t,T) \mathrm{d}t + \mathrm{e}^{-\int_0^t r_s \mathrm{d}s} \mathrm{d}P(t,T) \\
&= -r_t \mathrm{e}^{-\int_0^t r_s \mathrm{d}s} F(t,r_t) \mathrm{d}t + \mathrm{e}^{-\int_0^t r_s \mathrm{d}s} \mathrm{d}F(t,r_t) \\
&= -r_t \mathrm{e}^{-\int_0^t r_s \mathrm{d}s} F(t,r_t) \mathrm{d}t + \mathrm{e}^{-\int_0^t r_s \mathrm{d}s} \frac{\partial F}{\partial x}(t,r_t)(\tilde{\mu}(t,r_t)\mathrm{d}t + \sigma(t,r_t)\mathrm{d}\hat{B}_t) \\
&\quad + \mathrm{e}^{-\int_0^t r_s \mathrm{d}s}\left(\frac{1}{2}\sigma^2(t,r_t)\frac{\partial^2 F}{\partial x^2}(t,r_t)\mathrm{d}t + \frac{\partial F}{\partial t}(t,r_t)\mathrm{d}t\right) \\
&= \mathrm{e}^{-\int_0^t r_s \mathrm{d}s}\sigma(t,r_t)\frac{\partial F}{\partial x}(t,r_t)\mathrm{d}\hat{B}_t \\
&\quad + \mathrm{e}^{-\int_0^t r_s \mathrm{d}s}\left(-r_t F(t,r_t) + \tilde{\mu}(t,r_t)\frac{\partial F}{\partial x}(t,r_t)\right. \\
&\quad \left. + \frac{1}{2}\sigma^2(t,r_t)\frac{\partial^2 F}{\partial x^2}(t,r_t) + \frac{\partial F}{\partial t}(t,r_t)\right)\mathrm{d}t \quad (4.4)
\end{aligned}$$

又因为

$$\begin{aligned}
\mathrm{e}^{-\int_0^t r_s \mathrm{d}s} P(t,T) &= \mathrm{e}^{-\int_0^t r_s \mathrm{d}s} \mathbb{E}_{\mathbb{Q}}\left[\mathrm{e}^{-\int_t^T r_s \mathrm{d}s}\Big|\mathcal{F}_t\right] \\
&= \mathbb{E}_{\mathbb{Q}}\left[\mathrm{e}^{-\int_0^t r_s \mathrm{d}s}\mathrm{e}^{-\int_t^T r_s \mathrm{d}s}\Big|\mathcal{F}_t\right] \\
&= \mathbb{E}_{\mathbb{Q}}\left[\mathrm{e}^{-\int_0^T r_s \mathrm{d}s}\Big|\mathcal{F}_t\right]
\end{aligned}$$

因此

$$t \mapsto \mathrm{e}^{-\int_0^t r_s \mathrm{d}s} P(t,T)$$

是一个鞅（参阅附录 A），因为对任意的 $0 < u < t$ 有：

$$\begin{aligned}
\mathbb{E}_{\mathbb{Q}}\left[\mathrm{e}^{-\int_0^t r_s \mathrm{d}s} P(t,T)\Big|\mathcal{F}_u\right] &= \mathbb{E}_{\mathbb{Q}}\left[\mathbb{E}_{\mathbb{Q}}\left[\mathrm{e}^{-\int_0^T r_s \mathrm{d}s}\Big|\mathcal{F}_t\right]\Big|\mathcal{F}_u\right] \\
&= \mathbb{E}_{\mathbb{Q}}\left[\mathrm{e}^{-\int_0^T r_s \mathrm{d}s}\Big|\mathcal{F}_u\right] \\
&= \mathbb{E}_{\mathbb{Q}}\left[\mathrm{e}^{-\int_0^u r_s \mathrm{d}s}\mathrm{e}^{-\int_u^T r_s \mathrm{d}s}\Big|\mathcal{F}_u\right] \\
&= \mathrm{e}^{-\int_0^u r_s \mathrm{d}s}\mathbb{E}_{\mathbb{Q}}\left[\mathrm{e}^{-\int_u^T r_s \mathrm{d}s}\Big|\mathcal{F}_u\right] \\
&= \mathrm{e}^{-\int_0^u r_s \mathrm{d}s} P(u,T)
\end{aligned}$$

由此可知，上面的表达式

$$\mathrm{d}\left(\mathrm{e}^{-\int_0^t r_s \mathrm{d}s} P(t,T)\right)$$

应该只包含 $\mathrm{d}\hat{B}_t$ 项（参考[Pro05] 72页的引理 1），这意味着在(4.4)式中 $\mathrm{d}t$ 的所有项都应该消失。由此可得等式：

$$-r_t F(t,r_t) + \tilde{\mu}(t,r_t)\frac{\partial F}{\partial x}(t,r_t) + \frac{1}{2}\sigma^2(t,r_t)\frac{\partial^2 F}{\partial x^2}(t,r_t) + \frac{\partial F}{\partial t}(t,r_t) = 0$$

这可以在下面的命题中再次提到。

命题4.1 债券价格$P(t,T) = F(t, r_t)$满足偏微分方程

$$xF(t,x) = \frac{\partial F}{\partial t}(t,x) + \tilde{\mu}(t,x)\frac{\partial F}{\partial x}(t,x) + \frac{1}{2}\sigma^2(t,x)\frac{\partial^2 F}{\partial x^2}(t,x) \qquad (4.5)$$

终端条件为:
$$F(T,x) = 1 \qquad (4.6)$$

(4.6)式是由于$P(T,T) = 1\$$，另一方面，

$$\left(e^{-\int_0^t r_s ds} P(t,T)\right)_{t\in[0,T]} \quad \text{和} \quad (P(t,T))_{t\in[0,T]}$$

分别满足随机微分方程

$$d\left(e^{-\int_0^t r_s ds} P(t,T)\right) = e^{-\int_0^t r_s ds}\sigma(t,r_t)\frac{\partial F}{\partial x}(t,r_t)d\hat{B}_t$$

和

$$dP(t,T) = P(t,T)r_t dt + \sigma(t,r_t)\frac{\partial F}{\partial x}(t,r_t)d\hat{B}_t$$

即

$$\begin{aligned}\frac{dP(t,T)}{P(t,T)} &= r_t dt + \frac{\sigma(t,r_t)}{P(t,T)}\frac{\partial F}{\partial x}(t,r_t)d\hat{B}_t \\ &= r_t dt + \sigma(t,r_t)\frac{\partial \log F}{\partial x}(t,r_t)d\hat{B}_t\end{aligned}$$

4.4 偏微分方程的解：概率方法

本节要在Vasicek模型下通过直接计算条件期望

$$P(t,T) = \mathbb{E}_{\mathbb{Q}}\left[e^{-\int_t^T r_s ds}\bigg|\mathcal{F}_t\right] \qquad (4.7)$$

来解偏微分方程(4.5)。先假设短期利率$(r_t)_{t\in\mathbb{R}_+}$可表示成:

$$r_t = g(t) + \int_0^t h(t,s) dB_s$$

其中$g(t)$和$h(t,s)$是确定的函数，这是[Vas77]模型所满足的形式。令$u \vee t = \max(u,t)$，由Wiener积分是高斯型随机变量的事实（命题1.3）和高斯特征函数(11.1)以及条件期望的性质(1)（参阅附录A），有:

$$\begin{aligned}P(t,T) &= \mathbb{E}_{\mathbb{Q}}\left[e^{-\int_t^T r_s ds}\bigg|\mathcal{F}_t\right] \\ &= \mathbb{E}_{\mathbb{Q}}\left[e^{-\int_t^T (g(s)+\int_0^s h(s,u)dB_u)ds}\bigg|\mathcal{F}_t\right] \\ &= e^{-\int_t^T g(s)ds}\mathbb{E}_{\mathbb{Q}}\left[e^{-\int_t^T \int_0^s h(s,u)dB_u ds}\bigg|\mathcal{F}_t\right]\end{aligned}$$

第四章 零息债券的定价

$$
\begin{aligned}
&= e^{-\int_t^T g(s)\mathrm{d}s}\mathbb{E}_{\mathbb{Q}}\left[e^{-\int_0^T \int_{u\vee t}^T h(s,u)\mathrm{d}s\mathrm{d}B_u}\Big|\mathcal{F}_t\right]\\
&= e^{-\int_t^T g(s)\mathrm{d}s}e^{-\int_0^t \int_{u\vee t}^T h(s,u)\mathrm{d}s\mathrm{d}B_u}\mathbb{E}_{\mathbb{Q}}\left[e^{-\int_t^T \int_{u\vee t}^T h(s,u)\mathrm{d}s\mathrm{d}B_u}\Big|\mathcal{F}_t\right]\\
&= e^{-\int_t^T g(s)\mathrm{d}s}e^{-\int_0^t \int_t^T h(s,u)\mathrm{d}s\mathrm{d}B_u}\mathbb{E}_{\mathbb{Q}}\left[e^{-\int_t^T \int_u^T h(s,u)\mathrm{d}s\mathrm{d}B_u}\Big|\mathcal{F}_t\right]\\
&= e^{-\int_t^T g(s)\mathrm{d}s}e^{-\int_0^t \int_t^T h(s,u)\mathrm{d}s\mathrm{d}B_u}\mathbb{E}_{\mathbb{Q}}\left[e^{-\int_t^T \int_u^T h(s,u)\mathrm{d}s\mathrm{d}B_u}\right]\\
&= e^{-\int_t^T g(s)\mathrm{d}s}e^{-\int_0^t \int_t^T h(s,u)\mathrm{d}s\mathrm{d}B_u}e^{\frac{1}{2}\int_t^T\left(\int_u^T h(s,u)\mathrm{d}s\right)^2\mathrm{d}u}
\end{aligned}
$$

在vasicek模型中，短期利率是以下方程的解：

$$\mathrm{d}r_t = (a - br_t)\mathrm{d}t + \sigma\mathrm{d}B_t$$

且风险的市场价格为 $K_t = 0$，得到显示解，参考练习 1.3 和练习 2.1：

$$r_t = r_0 e^{-bt} + \frac{a}{b}(1 - e^{-bt}) + \sigma\int_0^t e^{-b(t-s)}\mathrm{d}B_s \tag{4.8}$$

因此由上述计算可得：

$$
\begin{aligned}
P(t,T) &= \mathbb{E}_{\mathbb{Q}}\left[e^{-\int_t^T r_s\mathrm{d}s}\Big|\mathcal{F}_t\right]\\
&= e^{-\int_t^T (r_0 e^{-bs}+\frac{a}{b}(1-e^{-bs}))\mathrm{d}s}e^{-\sigma\int_0^t \int_t^T e^{-b(s-u)}\mathrm{d}s\mathrm{d}B_u}\\
&\quad \times e^{\frac{\sigma^2}{2}\int_t^T\left(\int_u^T e^{-b(s-u)}\mathrm{d}s\right)^2\mathrm{d}u}\\
&= e^{-\int_t^T (r_0 e^{-bs}+\frac{a}{b}(1-e^{-bs}))\mathrm{d}s}e^{-\frac{\sigma}{b}(1-e^{-b(T-t)})\int_0^t e^{-b(t-u)}\mathrm{d}B_u}\\
&\quad \times e^{\frac{\sigma^2}{2}\int_t^T e^{2bu}\left(\frac{e^{-bu}-e^{-bT}}{b}\right)^2\mathrm{d}u}\\
&= e^{-\frac{r_t}{b}(1-e^{-b(T-t)})+\frac{1}{b}(1-e^{-b(T-t)})(r_0 e^{-bt}+\frac{a}{b}(1-e^{-bt}))}\\
&\quad \times e^{-\int_t^T(r_0 e^{-bs}+\frac{a}{b}(1-e^{-bs}))\mathrm{d}s+\frac{\sigma^2}{2}\int_t^T e^{2bu}\left(\frac{e^{-bu}-e^{-bT}}{b}\right)^2\mathrm{d}u}\\
&= e^{C(T-t)r_t+A(T-t)}
\end{aligned}
$$

其中

$$C(T-t) = -\frac{1}{b}(1-e^{-b(T-t)})$$

$$
\begin{aligned}
A(T-t) &= \frac{1}{b}(1-e^{-b(T-t)})(r_0 e^{-bt}+\frac{a}{b}(1-e^{-bt}))\\
&\quad -\int_t^T (r_0 e^{-bs}+\frac{a}{b}(1-e^{-bs}))\mathrm{d}s\\
&\quad +\frac{\sigma^2}{2}\int_t^T e^{2bu}\left(\frac{e^{-bu}-e^{-bT}}{b}\right)^2\mathrm{d}u\\
&= \frac{1}{b}(1-e^{-b(T-t)})(r_0 e^{-bt}+\frac{a}{b}(1-e^{-bt}))\\
&\quad -\frac{r_0}{b}(e^{-bt}-e^{-bT})-\frac{a}{b}(T-t)+\frac{a}{b^2}(e^{-bt}-e^{-bT})\\
&\quad +\frac{\sigma^2}{2b^2}\int_t^T\left(1+e^{-2b(T-u)}-2e^{-b(T-u)}\right)\mathrm{d}u
\end{aligned}
$$

$$= \frac{a}{b^2}(1-e^{-b(T-t)})(1-e^{-bt}) - \frac{a}{b}(T-t) + \frac{a}{b^2}(e^{-bt}-e^{-bT})$$
$$+ \frac{\sigma^2}{2b^2}(T-t) + \frac{\sigma^2}{2b^2}e^{-2bT}\int_t^T e^{2bu}du - \frac{\sigma^2}{b^2}e^{-bT}\int_t^T e^{bu}du$$

$$= \frac{a}{b^2}(1-e^{-b(T-t)}) + \frac{\sigma^2-2ab}{2b^2}(T-t)$$
$$+ \frac{\sigma^2}{4b^3}(1-e^{-2b(T-t)}) - \frac{\sigma^2}{b^3}(1-e^{-b(T-t)})$$

$$= \frac{4ab-3\sigma^2}{4b^3} + \frac{\sigma^2-2ab}{2b^2}(T-t)$$
$$+ \frac{\sigma^2-ab}{b^3}e^{-b(T-t)} - \frac{\sigma^2}{4b^3}e^{-2b(T-t)}$$

在vasicek模型下计算$P(t,T)$的另一种方法见练习4.2。

更一般地,如(3.1)式中定义的所有短期利率仿射模型,包括Vasicek模型,都有如下形式的债券定价公式:

$$P(t,T) = e^{A(T-t)+C(T-t)r_t}$$

详情参阅[BM06]的3.2.4。

4.5 偏微分方程的解: 分析方法

在本节中假设短期利率过程是(4.3)中Vasicek过程的解。为了用分析的方法求解偏微分方程(4.5),要找到一个形如

$$F(t,x) = e^{A(T-t)+xC(T-t)} \tag{4.9}$$

的解,其中A和C是满足$A(0)=0$和$C(0)=0$的待定函数,将(4.9)式带入偏微分方程(4.5) 得到微分方程组

$$\begin{cases} -A'(s) = 1 - aC(s) - \frac{\sigma}{2}C^2(s) \\ -C'(s) = bC(s) + 1 \end{cases}$$

求解这个方程组可得到

$$A(s) = \frac{4ab-3\sigma^2}{4b^3} + s\frac{\sigma^2-2ab}{2b^2} + \frac{\sigma^2-ab}{b^3}e^{-bs} - \frac{\sigma^2}{4b^3}e^{-2bs}$$

和

$$C(s) = -\frac{1}{b}(1-e^{-bs})$$

作为验证我们很容易看出上面给出的$C(s)$和$A(s)$满足

$$bC(s)+1 = -e^{-bs} = -C'(s)$$

和

$$\begin{aligned}
aC(s) + \frac{\sigma^2 C^2(s)}{2} &= -\frac{a}{b}(1-\mathrm{e}^{-bs}) + \frac{\sigma^2}{2b^2}(1-\mathrm{e}^{-bs})^2 \\
&= \frac{\sigma^2 - 2ab}{2b^2} - \frac{\sigma^2 - ab}{b^2}\mathrm{e}^{-bs} + \frac{\sigma^2}{2b^2}\mathrm{e}^{-2bs} \\
&= A'(s)
\end{aligned}$$

4.6 数值模拟

图 4.1中表示的是布朗运动的路径。

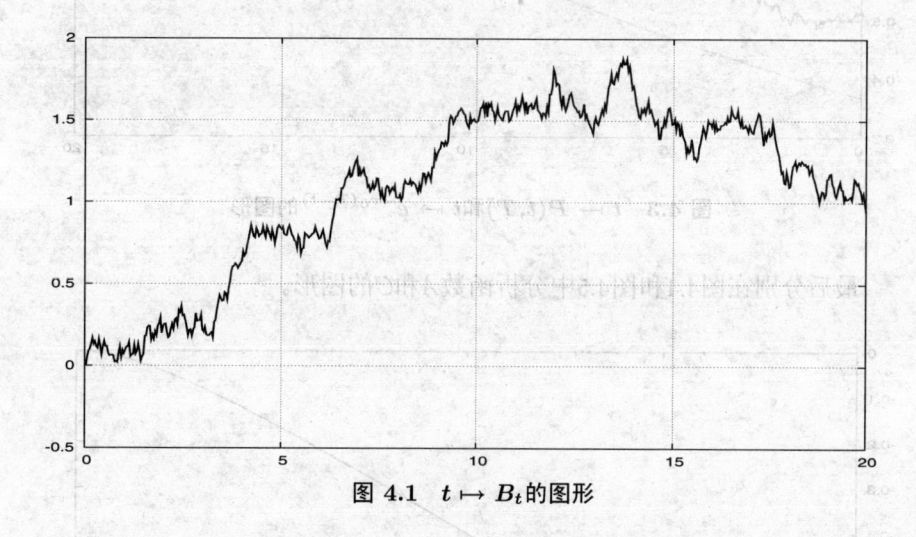

图 4.1 $t \mapsto B_t$ 的图形

图4.2展示了$r_0 = a/b = 5\%$时Vasicek模型中$t \mapsto r_t$的随机模拟，即该过程的均值回归于其初始值$r_0 = 5\%$；图 4.2中的利率在很短的期间内变成了负数，这对利率来说是不正常的，然而却有可能发生，请参阅[Bas07]。

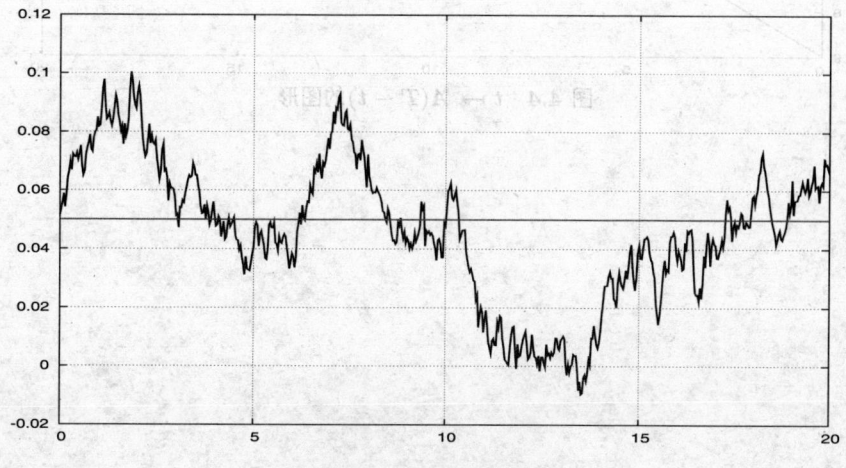

图 4.2 $t \mapsto r_t$ 的图形

图4.3展示了在相同的Vasicek模型中$t \mapsto P(t,T)$的随机模拟,在$a = b = \sigma = 0$的情况下债券价格的图形也能在图4.3中表示出。

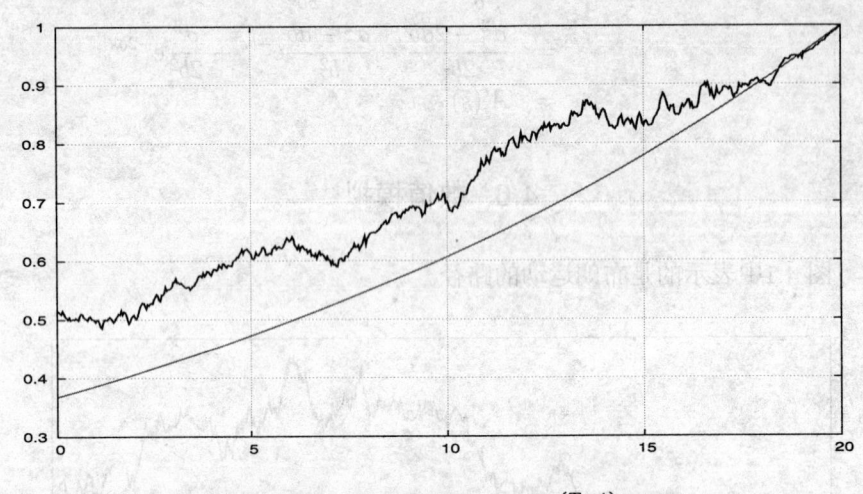

图 4.3　$t \mapsto P(t,T)$和$t \mapsto e^{-r_0(T-t)}$的图形

最后分别在图4.4和图4.5中分析函数A和C的图形。

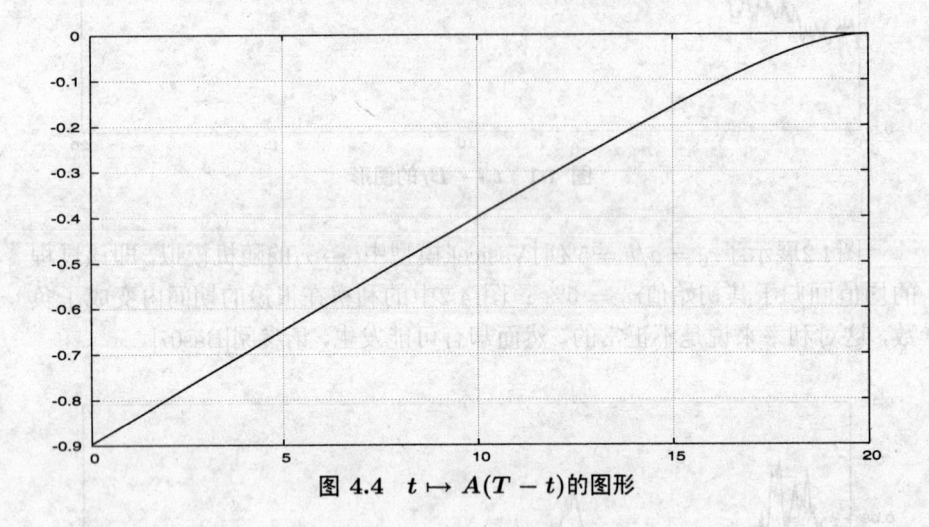

图 4.4　$t \mapsto A(T-t)$的图形

第四章 零息债券的定价

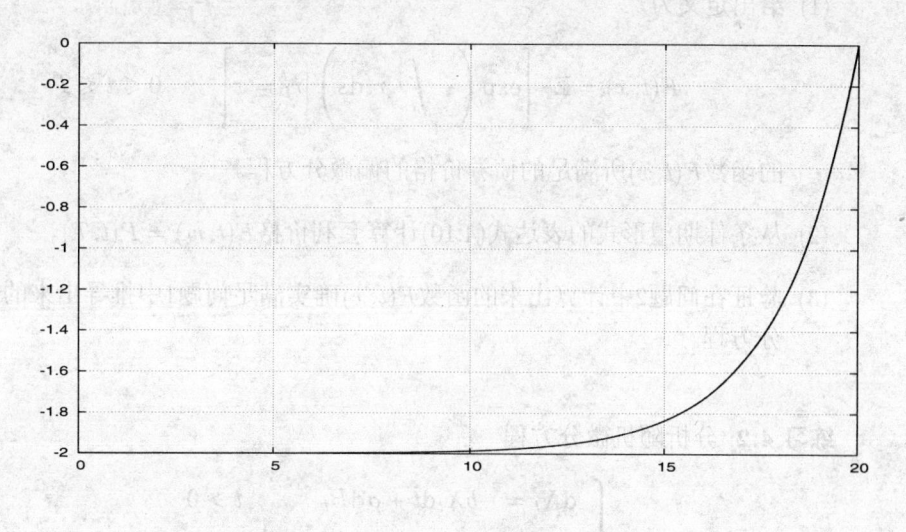

图 4.5 $t \mapsto C(T-t)$ 的图形

图4.6给出了在模型的校正中很有用的价格偏微分方程的解。

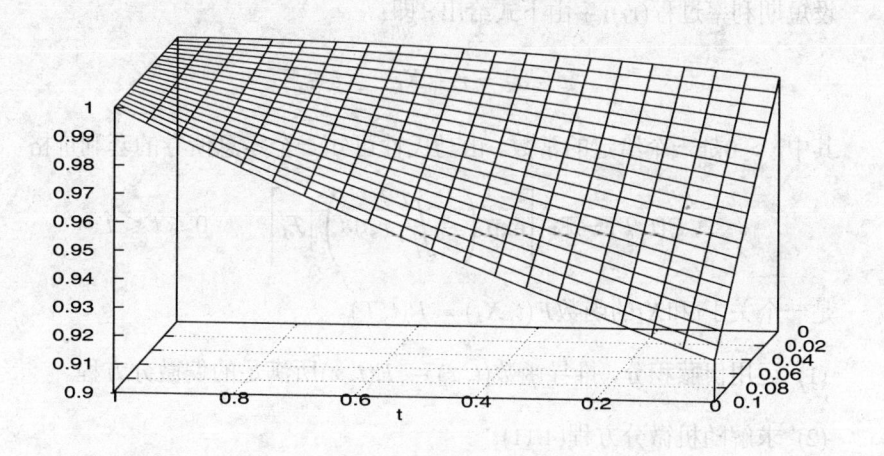

图 4.6 $(x,t) \mapsto \exp(A(T-t) + xC(T-t))$ 的图形

4.7 练习

练习 4.1 分析常数参数的Ho-Lee模型下的短期利率过程 $(r_t)_{t \in \mathbb{R}_+}$：

$$dr_t = \theta dt + \sigma dW_t$$

且设 $P(t,T)$ 为该模型中零息债券的无套利价格：

$$P(t,T) = \mathbb{E}_\mathbb{P}\left[\exp\left(-\int_t^T r_s ds\right) \bigg| \mathcal{F}_t\right] \qquad 0 \leqslant t \leqslant T \qquad (4.10)$$

(1) 给出定义为
$$F(t,x) = \mathbb{E}_\mathbb{P}\left[\exp\left(-\int_t^T r_s \mathrm{d}s\right)\Big|r_t = x\right] \qquad 0 \leqslant t \leqslant T$$
的函数$F(t,x)$所满足的债券价格的偏微分方程。

(2) 从条件期望形式的表达式(4.10)计算套利价格$F(t,r_t) = P(t,T)$。

(3) 验证在问题2中计算出来的函数$F(t,x)$确实满足问题1中推导出来的偏微分方程。

练习 4.2 分析随机微分方程
$$\begin{cases} \mathrm{d}X_t = -bX_t\mathrm{d}t + \sigma\mathrm{d}B_t & t > 0 \\ X_0 = 0 \end{cases} \tag{4.11}$$

其中b和σ是正值参数,$(B_t)_{t\in\mathbb{R}_+}$是$\mathbb{P}$下的标准布朗运动,且生成信息流$(\mathcal{F}_t)_{t\in\mathbb{R}_+}$。设短期利率过程$(r_t)_{t\in\mathbb{R}}$由下式给出,即:
$$r_t = r + X_t \qquad t \in \mathbb{R}_+$$

其中$r > 0$是一个给定的常数。由马氏性可知一个零息债券的套利价格
$$P(t,T) = \mathbb{E}_\mathbb{P}\left[\exp\left(-\int_t^T r_s \mathrm{d}s\right)\Big|\mathcal{F}_t\right] \qquad 0 \leqslant t \leqslant T$$

是一个关于t和X_t的函数$F(t,X_t) = P(t,T)$。

(1) 运用伊藤积分,推导函数$(t,x) \mapsto F(t,x)$所满足的偏微分方程。

(2) 求解随机微分方程(4.11)。

(3) 证明
$$\int_0^t X_s \mathrm{d}s = -\frac{\sigma}{b}\left(\int_0^t (\mathrm{e}^{-b(t-s)} - 1)\mathrm{d}B_s\right) \qquad t > 0$$

(4) 证明对于任意的$0 \leqslant t \leqslant T$,下面等式成立。
$$\int_t^T X_s \mathrm{d}s = -\frac{\sigma}{b}\left(\int_0^t (\mathrm{e}^{-b(T-s)} - \mathrm{e}^{-b(t-s)})\mathrm{d}B_s + \int_t^T (\mathrm{e}^{-b(T-s)} - 1)\mathrm{d}B_s\right)$$

(5) 证明
$$\mathbb{E}\left[\int_t^T X_s \mathrm{d}s\Big|\mathcal{F}_t\right] = -\frac{\sigma}{b}\int_0^t (\mathrm{e}^{-b(T-s)} - \mathrm{e}^{-b(t-s)})\mathrm{d}B_s$$

第四章 零息债券的定价

(6) 证明
$$\mathbb{E}\left[\int_t^T X_s \mathrm{d}s \Big| \mathcal{F}_t\right] = \frac{X_t}{b}(1 - \mathrm{e}^{-b(T-t)})$$

(7) 证明
$$\mathrm{Var}\left[\int_t^T X_s \mathrm{d}s \Big| \mathcal{F}_t\right] = \frac{\sigma^2}{b^2}\int_t^T (\mathrm{e}^{-b(T-s)} - 1)^2 \mathrm{d}s$$

(8) 给定$\mathcal{F}_t$,请问$\int_t^T X_s \mathrm{d}s$服从什么分布?

(9) 由条件期望形式的表达式(4.10)计算套利价格$P(t,T)$,并证明
$$P(t,T) = \mathrm{e}^{A(t,T) - r(T-t) + X_t C(t,T)}$$

其中$C(t,T) = \frac{1}{b}(\mathrm{e}^{-b(T-t)} - 1)$,$A(t,T) = \frac{\sigma^2}{2b^2}\int_t^T (\mathrm{e}^{-b(T-s)} - 1)^2 \mathrm{d}s$。

(10) 验证在问题(2)中显式计算出来的函数$F(t,x) = \mathrm{e}^{A(t,T) + r(T-t) + xC(t,T)}$确实是问题(2)中推导出的偏微分方程的解。

练习 4.3 (练习3.2续) 写出债券价格函数
$$F(t,x) = E\left[\mathrm{e}^{-\int_t^T r_s \mathrm{d}s} \Big| r_t = x\right]$$
所满足的偏微分方程,并证明当$\alpha = 0$时,相应的债券价格$P(t,T)$为:
$$P(t,T) = \mathrm{e}^{-B(T-t)r_t} \qquad 0 \leqslant t \leqslant T$$

其中
$$B(x) = \frac{2(\mathrm{e}^{\gamma x} - 1)}{2\gamma + (\beta + \gamma)(\mathrm{e}^{\gamma x} - 1)} \qquad \gamma = \sqrt{\beta^2 + 2\sigma^2}$$

练习 4.4 设$(r_t)_{t\in\mathbb{R}_+}$表示短期利率过程,对于任意的$T > 0$,$P(t,T)$表示在时刻$t \in [0,T]$,由随机微分方程
$$\frac{\mathrm{d}P(t,T)}{P(t,T)} = r_t \mathrm{d}t + \sigma_t^T \mathrm{d}B_t \qquad 0 \leqslant t \leqslant T \tag{4.12}$$
和终端条件$P(T,T) = 1$定义的零息债券的价格,其中$(\sigma_t^T)_{t\in[0,T]}$是一个适应过程,远期利率测度$\mathbb{P}_T$定义为:
$$\mathbb{E}\left[\frac{\mathrm{d}\mathbb{P}_T}{\mathrm{d}\mathbb{P}} \Big| \mathcal{F}_t\right] = \frac{P(t,T)}{P(0,T)}\mathrm{e}^{-\int_0^t r_s \mathrm{d}s} \qquad 0 \leqslant t \leqslant T$$

由前面知
$$B_t^T := B_t - \int_0^t \sigma_s^T \mathrm{d}s \qquad 0 \leqslant t \leqslant T$$
是一个在$\mathbb{P}_T$下的标准布朗运动。

(1) 求解随机微分方程(4.12)。

(2) 求出折现债券价格过程

$$t \mapsto e^{-\int_0^t r_s ds} P(t,T) \qquad 0 \leqslant t \leqslant T$$

所满足的随机微分方程，并证明它是一个鞅。

(3) 证明

$$\mathbb{E}\left[e^{-\int_0^T r_s ds}\Big|\mathcal{F}_t\right] = e^{-\int_0^t r_s ds} P(t,T) \qquad 0 \leqslant t \leqslant T$$

(4) 证明

$$P(t,T) = \mathbb{E}\left[e^{-\int_t^T r_s ds}\Big|\mathcal{F}_t\right] \qquad 0 \leqslant t \leqslant T$$

(5) 计算 $P(t,S)/P(t,T)$, $0 \leqslant t \leqslant T$, 并证明它是在 $\mathbb{P}_T$ 下的鞅, 且

$$P(T,S) = \frac{P(t,S)}{P(t,T)} \exp\left(\int_t^T (\sigma_s^S - \sigma_s^T) dB_s^T - \frac{1}{2}\int_t^T (\sigma_s^S - \sigma_s^T)^2 ds\right)$$

练习 4.5 (练习1.8续) 假设某零息债券的价格 $P(t,T)$ 被模拟为：

$$P(t,T) = e^{-\mu(T-t)+X_t^T} \qquad t \in [0,T]$$

其中 $\mu > 0$, 证明终端条件 $P(T,T) = 1$ 成立。

第五章 远期利率模型

本章主要介绍基于无套利理论并运用第四章中的零息债券的构造来定义远期利率和瞬时远期利率，同时还考虑远期利率的参数问题。

5.1 远期合约

金融机构常常需要在当前时刻 t 时签署一笔在未来的时间段 $[T,S]$ 内执行利率为 $r(t,T,S)$, $t \leqslant T \leqslant S$ 的贷款。这种远期利率合约使得其持有者获得一笔在当前时刻 t 确定下来的而在未来时间段 $[T,S]$ 拥有的贷款。换句话说，在时刻 t 一个投资者申请了一笔在未来时间段 $[T,S]$ 内的贷款且要在时刻 S 偿还一个单位的资金。

这笔贷款中所用的利率表示为 $f(t,T,S)$ 并称之为远期利率。在此关注的是如何利用债券市场上可获得的工具，也就是对于不同的到期日 $T>t$ 的债券价格 $P(t,T)$ 来确定这个利率的无套利或者说"公平"价格。

这笔贷款可用市场中现有的债券通过以下两个步骤来实现：

(1) 在时刻 t 以价格 $P(t,S)$ 借入 1\$，并在时刻 S 归还。

(2) 由于只在时刻 T 需要资金，可以把数量为 $P(t,S)$ 的资金在时间区间 $[t,T]$ 内投资到债券，就将在时刻 T 能获得 $P(t,S)/P(t,T)$。

最终该投资者将在时刻 T 收入 $P(t,S)/P(t,T)$ 并在时刻 S 偿还一个单位的金额。

相应的远期利率 $f(t,T,S)$, $0 \leqslant t \leqslant T \leqslant S$ 由以下关系式给出，即：

$$\exp\left((S-T)f(t,T,S)\right) = \left(\frac{P(t,S)}{P(t,T)}\right)^{-1}$$

这推导出了下面的定义。

定义 5.1 在时刻 t，时间区间 $[T,S]$ 上存在借贷关系的贷款所对应的远期利率 $f(t,T,S)$ 为：

$$f(t,T,S) = -\frac{\log P(t,S) - \log P(t,T)}{S-T}$$

即期利率 $F(t,T)$ 为：

$$F(t,T) := f(t,t,T) = -\frac{\log P(t,T)}{T-t}$$

图 5.1 给出了 LIBOR（伦敦银行间同业拆借利率）市场中 t 为 2003 年 5 月 7 日，δ 为 6 个月的远期利率的一条典型曲线。在 Vasicek 模型中，其短期利率过程为方程

$$\mathrm{d}r_t = (a - br_t)\mathrm{d}t + \sigma \mathrm{d}B_t$$

的解时，则有：
$$P(t,T) = e^{C(T-t)r_t + A(T-t)}$$

其中
$$C(T-t) = -\frac{1}{b}(1 - e^{-b(T-t)})$$

$$A(T-t) = \frac{4ab - 3\sigma^2}{4b^3} + \frac{\sigma^2 - 2ab}{2b^2}(T-t) + \frac{\sigma^2 - ab}{b^3}e^{-b(T-t)} - \frac{\sigma^2}{4b^3}e^{-2b(T-t)}$$

（见第四章），因此
$$\log P(t,T) = A(T-t) + r_t C(T-t)$$

且
$$\begin{aligned}
f(t,T,S) &= -\frac{\log P(t,S) - \log P(t,T)}{S-T} \\
&= -\frac{r_t(C(S-t) - C(T-t)) + A(S-t) - A(T-t))}{S-T} \\
&= -\frac{\sigma^2 - 2ab}{2b^2} \\
&\quad -\frac{1}{S-T}\left(\left(\frac{r_t}{b} + \frac{\sigma^2 - ab}{b^3}\right)(e^{-b(S-t)} - e^{-b(T-t)}) \right. \\
&\quad \left. -\frac{\sigma^2}{4b^3}(e^{-2b(S-t)} - e^{-2b(T-t)})\right)
\end{aligned}$$

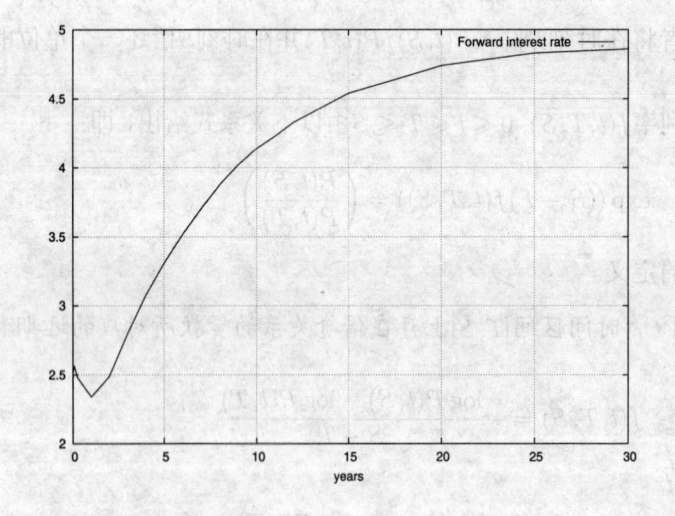

图 5.1　$T \mapsto f(t,T,T+\delta)$的图像

在该模型中，远期利率$t \mapsto f(t,T,S)$如图 5.2所示，在此$b/a > r_0$。

注意到当t取较小值时远期利率曲线是平的. 这个建模的问题将在第八章在多维模型的框架下中被再次得到。

图 5.2 远期利率过程 $t \mapsto f(t,T,S)$

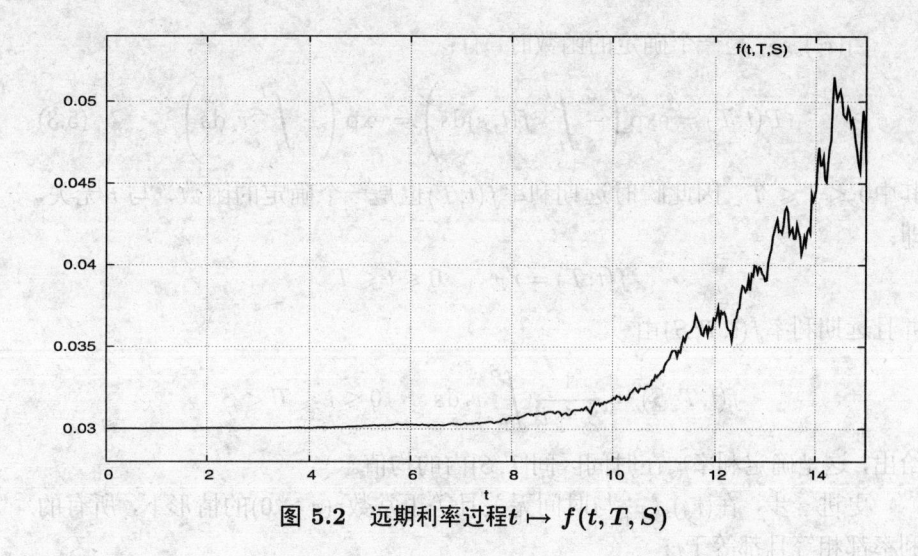

5.2 瞬时远期利率

瞬时远期利率 $f(t,T)$ 定义为当 $S \searrow T$ 时 $f(t,T,S)$ 的极限，即：

$$\begin{aligned} f(t,T) : &= -\lim_{S \searrow T} \frac{\log P(t,S) - \log P(t,T)}{S-T} \\ &= -\lim_{\varepsilon \searrow 0} \frac{\log P(t,T+\varepsilon) - \log P(t,T)}{\varepsilon} \\ &= -\frac{\partial \log P(t,T)}{\partial T} \\ &= -\frac{1}{P(t,T)} \frac{\partial P(t,T)}{\partial T} \end{aligned}$$

上述方程可被看作是在初始条件 $P(T,T)=1$ 下求解关于 $\log P(t,T)$ 的微分方程，由此可得：

$$\begin{aligned} \log P(t,T) &= \log P(t,T) - \log P(t,t) \\ &= \int_t^T \frac{\partial \log P(t,s)}{\partial s} \mathrm{d}s \\ &= -\int_t^T f(t,s) \mathrm{d}s \end{aligned}$$

因此

$$P(t,T) = \exp\left(-\int_t^T f(t,s)\mathrm{d}s\right) \qquad 0 \leqslant t \leqslant T \tag{5.1}$$

远期利率 $f(t,T,S)$ 可以由瞬时远期利率 $f(t,s)$ 重新得到：

$$f(t,T,S) = \frac{1}{S-T}\int_T^S f(t,s)\mathrm{d}s \qquad 0 \leqslant t \leqslant T < S \tag{5.2}$$

当$(r_s)_{s\in\mathbb{R}_+}$是一个确定的函数时，有：

$$P(t,T) = \exp\left(-\int_t^T f(t,s)\mathrm{d}s\right) = \exp\left(-\int_t^T r_s\mathrm{d}s\right) \qquad (5.3)$$

其中$0 \leqslant t \leqslant T$，因此瞬时远期利率$f(t,T)$也是一个确定的函数，与$t$无关，即：

$$f(t,T) = r_T \qquad 0 \leqslant t \leqslant T$$

并且远期利率$f(t,T,S)$由

$$f(t,T,S) = \frac{1}{S-T}\int_T^S r_s\mathrm{d}s \qquad 0 \leqslant t \leqslant T < S$$

给出，这是确定利率r_s在时间区间$[T,S]$内的均值。

更进一步，在$(r_s)_{s\in\mathbb{R}_+}$与时间无关且等于常数$r(r>0)$的情形下，所有的利率都相等且都等于r：

$$r_s = f(t,s) = f(t,T,S) = r \qquad 0 \leqslant t \leqslant T \leqslant s < S$$

例如，在5.1中提到的Vasicek随机利率模型，有：

$$\begin{aligned} f(t,T) :&= -\frac{\partial \log P(t,T)}{\partial T} \qquad (5.4)\\ &= r_t \mathrm{e}^{-b(T-t)} + \frac{a}{b}(1-\mathrm{e}^{-b(T-t)}) - \frac{\sigma^2}{2b^2}(1-\mathrm{e}^{-b(T-t)})^2 \end{aligned}$$

且由该公式易得等式$\lim_{T\searrow t} f(t,T) = r_t$。

在该模型中，瞬时远期利率$t \mapsto f(t,T)$，如图5.3所示，其中$t=0$且$b/a > r_0$。

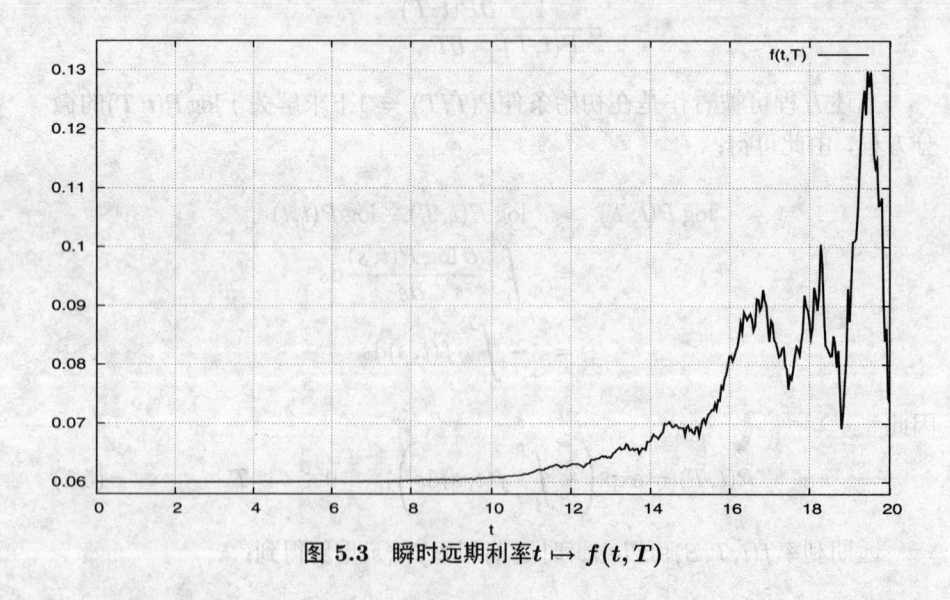

图 5.3 瞬时远期利率$t \mapsto f(t,T)$

瞬时远期利率$T \mapsto f(t,T)$，如图5.4所示，其中$t=0$且$b/a > r_0$。

第五章 远期利率模型

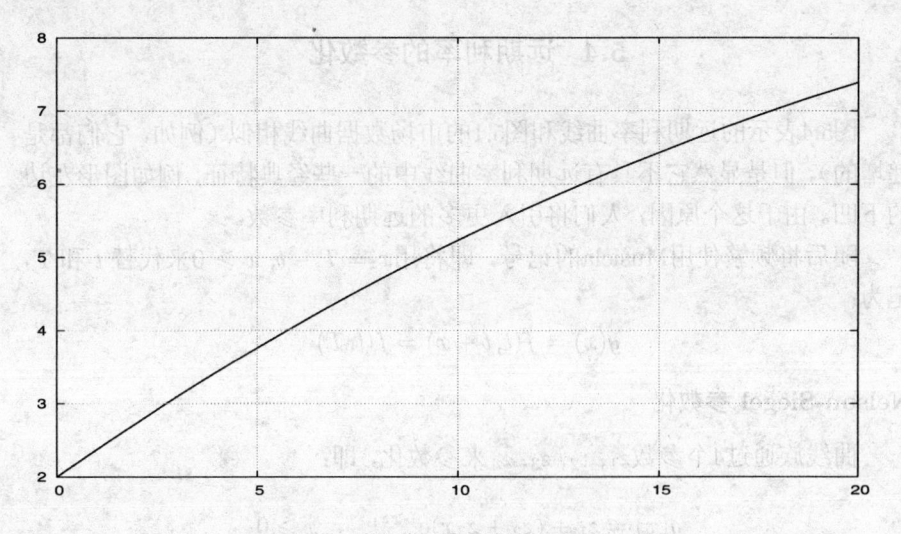

图 5.4 瞬时远期利率 $T \mapsto f(0,T)$

5.3 短期利率

短期利率过程 $(r_t)_{t\in\mathbb{R}_+}$ 可由其和债券价格的关系式

$$P(t,T) = \mathbb{E}\left[\exp\left(-\int_t^T r_s \mathrm{d}s\right)\bigg|r_t\right]$$

得到，实际上有

$$\begin{aligned}
\frac{\partial P}{\partial T}(t,T) &= \frac{\partial}{\partial T}\mathbb{E}\left[\exp\left(-\int_t^T r_s \mathrm{d}s\right)\bigg|r_t\right] \\
&= \mathbb{E}\left[\frac{\partial}{\partial T}\exp\left(-\int_t^T r_s \mathrm{d}s\right)\bigg|r_t\right] \\
&= -\mathbb{E}\left[r_T \exp\left(-\int_t^T r_s \mathrm{d}s\right)\bigg|r_t\right]
\end{aligned}$$

成立，因此有：

$$\lim_{T\searrow t}\frac{\partial P}{\partial T}(t,T) = -\mathbb{E}[r_t|r_t] = -r_t$$

且瞬时远期利率的极限 $\lim_{T\searrow t} f(t,T)$ 等于短期利率 r_t，即：

$$\lim_{T\searrow t} f(t,T) = -\lim_{T\searrow t}\frac{1}{P(t,T)}\frac{\partial P(t,T)}{\partial T} = r_t$$

因为 $\lim_{T\searrow t} P(t,T) = 1$。

在Vasicek模型中，由关系式(5.4)易得到等式 $\lim_{T\searrow t} f(t,T) = r_t$ 成立。

5.4 远期利率的参数化

图5.4表示的远期利率曲线和图5.1的市场数据曲线相似（例如，它们都是递增的），但是显然它不具有远期利率曲线中的一些经典特征，例如图形左边的下凹。由于这个原因，人们将引入更多的远期利率参数。

随后将频繁使用Musiela的记号，即将用 $x = T - t$, $x \geqslant 0$ 来代替 t 和 T，记为：
$$g(x) = f(t, t+x) = f(t, T)$$

Nelson-Siegel 参数化

曲线族通过4个参数 z_1, z_2, z_3, z_4 来参数化，即：
$$g(x) = z_1 + (z_2 + z_3 x)\mathrm{e}^{-xz_4} \qquad x \geqslant 0$$

作为例子，图5.5给出了由Nelson-Siegel参数化得到的图形，其中 $z_1 = 1$, $z_2 = -10$, $z_3 = 100$, $z_4 = 10$。

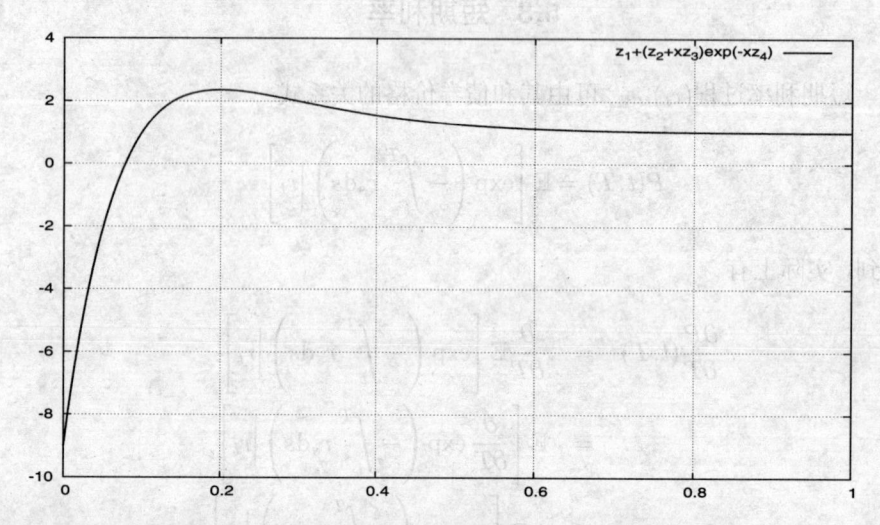

图 5.5 Nelson-Siegel模型中 $x \mapsto g(x)$ 的图形

Svensson 参数化

Svensson曲线族的优点是使曲线有两处隆起而不是一处，隆起处和隆起的强度可通过6个参数 $z_1, z_2, z_3, z_4, z_5, z_6$ 来调整为：
$$g(x) = z_1 + (z_2 + z_3 x)\mathrm{e}^{-xz_4} + z_5 x \mathrm{e}^{-xz_6} \qquad x \geqslant 0$$

对于 $z_1 = 7$, $z_2 = -5$, $z_3 = -100$, $z_4 = 10$, $z_5 = -1/2$, $z_6 = 1$，图5.6中给出了一个典型的Svensson参数化的图形。

第五章 远期利率模型

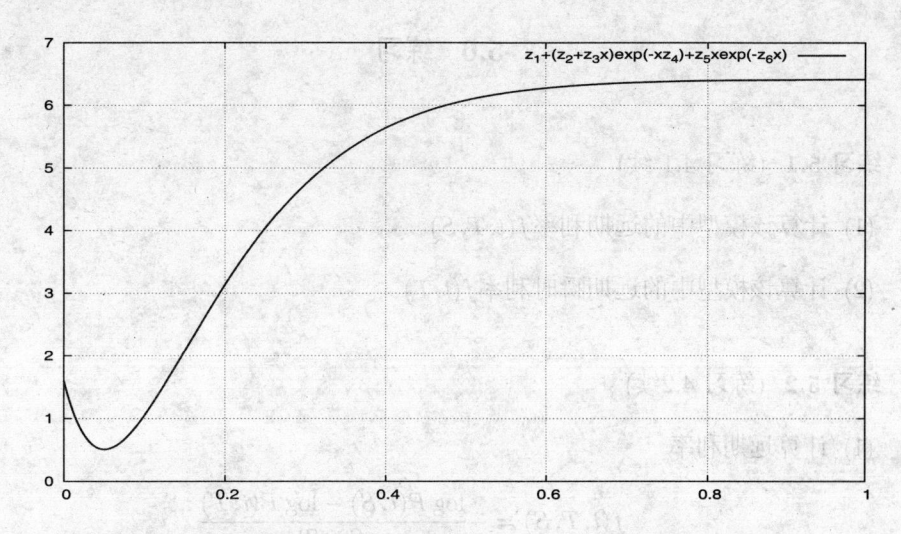

图 5.6 Svensson模型中 $x \mapsto g(x)$ 的图形

5.5 曲线估计

用基于到期日为$T_1, T_2, \cdots, T_n$的债券价格$(P(t, T_k))_{k=1,\cdots,n}$的市场数据来估计远期曲线，一个简单办法是假设瞬时远期利率是一个阶梯函数：

$$g(x) = \sum_{k=1}^{n} \alpha_k 1_{]T_{k-1}, T_k]}(x + t)$$

其中$T_0 = 0$，在这种情形下有关系式

$$\frac{P(t, T_k)}{P(t, T_{k-1})} = \exp\left(-\int_{T_{k-1}}^{T_k} g(x) \mathrm{d}x\right) = \exp\left(-\alpha_k(T_k - T_{k-1})\right)$$

存在，因此

$$\alpha_k = -\frac{1}{T_k - T_{k-1}} \log \frac{P(t, T_k)}{P(t, T_{k-1})} \quad k = 1, \cdots, n$$

引入关于$g(x)$的某种光滑性质，可以得到一个更切合实际的估计。例如在二次可微性的假设下，$g(x)$的估计可由最小化问题

$$\min_g \left(\lambda \int_0^{T_n} |g''(x)|^2 \mathrm{d}x + \sum_{k=1}^{n} \beta_k \left| \frac{P(t, T_k)}{P(t, T_{k-1})} - \exp\left(-\int_{T_{k-1}}^{T_k} g(x) \mathrm{d}x\right) \right|^2 \right)$$

得出，其中$\beta_1, \cdots, \beta_n$ 和λ 是正参数。

5.6 练习

练习 5.1 (练习 4.1 续)

(1) 计算该模型中的远期利率 $f(t,T,S)$。

(2) 计算该模型中的远期瞬时利率 $f(t,T)$。

练习 5.2 (练习 4.2 续)

(1) 计算远期利率

$$f(t,T,S) = -\frac{\log P(t,S) - \log P(t,T)}{S-T}$$

(2) 计算瞬时远期利率

$$f(t,T) = \lim_{S \searrow T} f(t,T,S)$$

练习 5.3 (练习 4.5 续)

(1) 计算远期利率

$$f(t,T,S) = -\frac{1}{S-T}(\log P(t,S) - \log P(t,T))$$

(2) 计算瞬时远期利率

$$f(t,T) = -\lim_{S \searrow T} \frac{1}{S-T}(\log P(t,S) - \log P(t,T))$$

(3) 证明在 $L^2(\Omega)$ 中极限 $\lim_{T \searrow t} f(t,T)$ 不存在。

(4) 证明 $P(t,T)$ 满足随机微分方程

$$\frac{dP(t,T)}{P(t,T)} = \sigma dB_t + \frac{1}{2}\sigma^2 dt - \frac{\log P(t,T)}{T-t}dt \quad t \in [0,T]$$

(5) 利用练习 3.5 的结果，证明

$$P(t,T) = \mathbb{E}\left[e^{-\int_t^T r_s^T ds} \Big| \mathcal{F}_t\right]$$

其中 $(r_t^T)_{t \in [0,T]}$ 是一个待定过程。

第六章 Heath-Jarrow-Morton (HJM)模型

本章将介绍HJM模型[HJM92]的一般框架，在这个模型中远期利率的演变是无限维的，并且可以看成是在某个函数空间中取值的随机过程；同时又介绍了HJM无套利条件，在这个条件下，将得到一些时间相依的短期利率模型，例如Hull-White模型。

6.1 目标重述

在进行下一步讨论之前先回顾一下总体目标：

(1) 找到一个描述价格或利率的（随机）模型。
(2) 推导以关于模型参数的函数来表示的（期权）定价公式。
(3) 通过使所计算的价格与市场价格吻合来界定模型的参数。
(4) 利用界定了参数的定价模型来计算"新"的产品价格。

我们可以考虑关于利率的哪种期权呢？

利率上限是利率期权的一个标准例子。一个利率上限能够保护借款方免受利率超过一定水平κ的风险. 比如说，一个以时刻T时的短期利率为标的利率的利率上限的收益用利率基点表示等于

$$r_T - \min(\kappa, r_T) = (r_T - \kappa)^+$$

然而在实际中这种类型的利率上限作用不大，因为：

(a) 在时刻T的瞬时利率r_T不是一个可交易的资产；
(b) r_T是一个只有在很短的时间区间$[T, T+\mathrm{d}t]$内才有意义的利率。

关于前面所述的(a)点，债券价格$P(T,S)$是一个可交易的资产，并在马氏条件下可以写成r_T的函数，即：

$$P(T,S) = F(T, r_T)$$

这样收益为

$$(P(T,S) - K)^+ = (F(T, r_T) - K)^+$$

的期权也就有意义了。

而对于(b)点，可以考虑关于在一个给定时间区间内的短期利率的均值的利率上限，它的收益为：

$$\left(\frac{1}{S-T}\int_T^S r_s \mathrm{d}s - \kappa\right)^+$$

然而这个均值需要直到时刻S为止的信息,并且除了短期利率是确定的情况之外,它不是直接与债券价格联系在一起的。

当$(r_t)_{t\in\mathbb{R}_+}$是确定的情形,这个均值等于远期利率,即:

$$f(t,T,S) = \frac{1}{S-T}\int_T^S r_s \mathrm{d}s$$

参考关系式 (5.3),在一般情况下远期利率可以通过对瞬时远期利率$f(t,s)$取均值得到:

$$f(t,T,S) = \frac{1}{S-T}\int_T^S f(t,s) \mathrm{d}s$$

参考关系式 (5.2)。

在实际中,利率期权合约一般是以远期利率而不是短期利率过程$(r_t)_{t\in\mathbb{R}_+}$为标的的。除此之外,由于远期利率$f(t,T,S)$是在时刻t时已知的(即它是$\mathcal{F}_t$-可测的),因此关于远期即时利率

$$f(T,T,S) = \frac{1}{S-T}\int_T^S f(T,s)\mathrm{d}s$$

的期权比关于远期利率$f(t,T,s)$的期权更有意义,从上述表达式可看出远期即时利率在时刻t是随机的(更准确地说,它是$\mathcal{F}_T$可测的,但不是$\mathcal{F}_t$可测的)。

这样,一个利率上限的收益函数一般都有以下形式:

$$f(T,T,S) - \min(\kappa, f(T,T,S)) = (f(T,T,S) - \kappa)^+$$

选择另一个不同的收益函数,合约收益的形式也可写为:

$$\begin{aligned}\left(\mathrm{e}^{-(S-T)f(T,T,S)} - K\right)^+ &= \left(\exp\left(-\int_T^S f(T,s)\mathrm{d}s\right) - K\right)^+ \\ &= (P(T,S) - K)^+\end{aligned}$$

这样就得到了一个关于债券价格$P(T,S) = \mathrm{e}^{-(S-T)f(T,T,S)}$的标准欧式看涨期权。

它引导大家思考如何来模拟远期利率$f(t,T,S)$这个重要的问题,确切地说本章将在下一节开始进行瞬时远期利率$f(t,T)$建模。

图6.1展示了远期利率曲线的一个可能的随机演进过程,这里采用Musiela记号,即对所有的$t\in\mathbb{R}_+$给出了瞬时远期利率曲线$x\mapsto f(t,t+x)$的一个样本。

第六章 Heath-Jarrow-Morton (HJM)模型

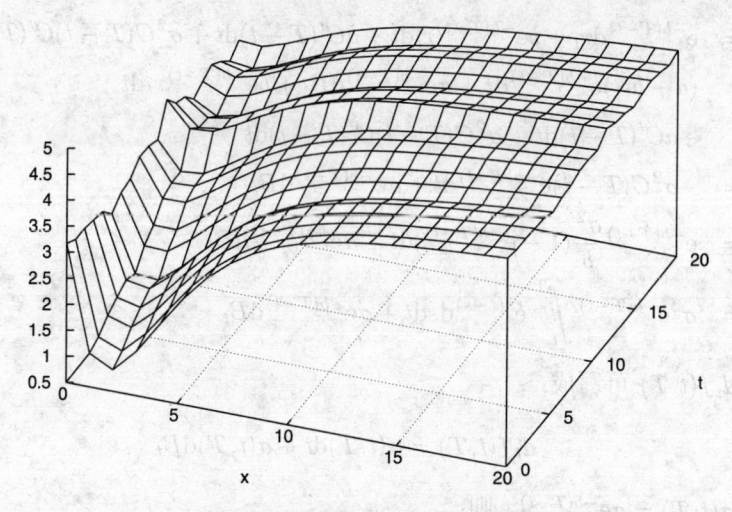

图 6.1 远期利率的随机过程

6.2 远期Vasicek 利率

在Vasicek模型中，瞬时远期利率过程可表达为：

$$\begin{aligned} f(t,T) &= r_t e^{-b(T-t)} + \frac{a}{b}(1 - e^{-b(T-t)}) - \frac{\sigma^2}{2b^2}(1 - e^{-b(T-t)})^2 \\ &= r_t e^{-b(T-t)} - aC(T-t) - \frac{\sigma^2}{2} C^2(T-t) \end{aligned}$$

参见关系式 (5.4)，其中：

$$C(x) = -\frac{1}{b}(1 - e^{-bx}) \qquad x \in \mathbb{R}_+$$

短期利率过程是方程

$$dr_t = (a - br_t)dt + \sigma dB_t \tag{6.1}$$

的解，则：

$$\begin{aligned} r_t &= e^{-bt} r_0 + \frac{a}{b}(1 - e^{-bt}) + \sigma \int_0^t e^{-b(t-s)} dB_s \\ &= f(0,t) + \frac{\sigma^2}{2b^2}(1 - e^{-bt})^2 + \sigma \int_0^t e^{-b(t-s)} dB_s \end{aligned}$$

其中

$$f(0,t) = e^{-bt} r_0 + \frac{a}{b}(1 - e^{-bt}) - \frac{\sigma^2}{2b^2}(1 - e^{-bt})^2 \qquad t \in \mathbb{R}_+$$

是确定的。

下面推导在Vasicek模型中远期利率过程$(f(t,T))_{t\in[0,T]}$的动力系统,得到:

$$\begin{aligned}
d_t f(t,T) &= e^{-b(T-t)}dr_t + be^{-b(T-t)}r_t dt + aC'(T-t)dt + \sigma^2 C(T-t)C'(T-t)dt \\
&= (a-br_t)e^{-b(T-t)}dt + \sigma e^{-b(T-t)}dB_t + be^{-b(T-t)}r_t dt \\
&\quad + aC'(T-t)dt + \sigma^2 C(T-t)C'(T-t)dt \\
&= -\sigma^2 C(T-t)e^{-b(T-t)}dt + \sigma e^{-b(T-t)}dB_t \\
&= e^{-b(T-t)}\frac{\sigma^2}{b}(1-e^{-b(T-t)})dt + \sigma e^{-b(T-t)}dB_t \\
&= \sigma^2 e^{-b(T-t)}\int_t^T e^{b(t-s)}ds\,dt + \sigma e^{-b(T-t)}dB_t
\end{aligned}$$

因此$d_t f(t,T)$可写成:

$$d_t f(t,T) = \alpha(t,T)dt + \sigma(t,T)dB_t$$

其中$\sigma(t,T) = \sigma e^{-b(T-t)}$, 则:

$$\begin{aligned}
\alpha(t,T) &= \sigma^2 e^{-b(T-t)}\int_t^T e^{-b(s-t)}ds \\
&= \sigma(t,T)\int_t^T \sigma(t,s)ds
\end{aligned} \tag{6.2}$$

下一节将会证明关于$\alpha(t,T)$和$\sigma(t,T)$的关系式(6.2)不是巧合的,而是远期利率过程无套利假设的一个一般性结果。注意(6.1)式中的参数a在上式(6.2)中消失了。图6.2所示为Vasicek瞬时远期利率的一个随机模拟。

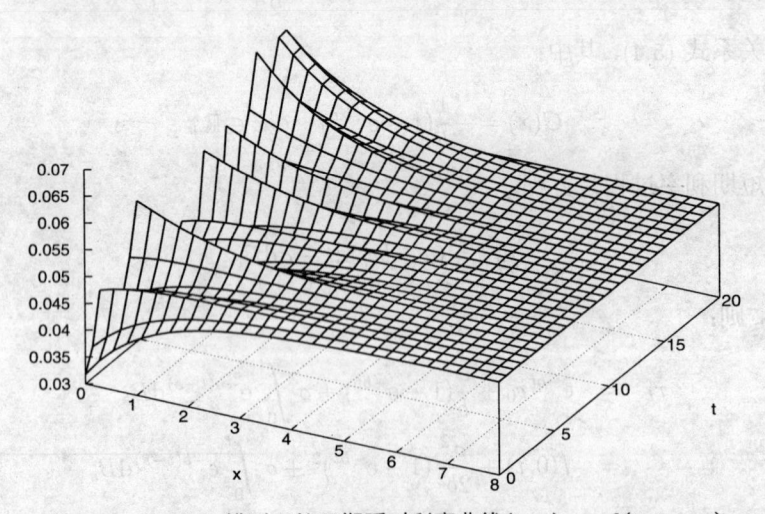

图 6.2 **Vasicek模型下的远期瞬时利率曲线$(t,x)\mapsto f(t,t+x)$**

在$x=0$时,这个曲面的第一个"切片"正是短期利率Vasicek过程$r_t = f(t,t) = f(t,t+0)$,图6.3给出了用另一种离散化方法得到的关于r_t的曲线。

第六章 Heath-Jarrow-Morton (HJM)模型

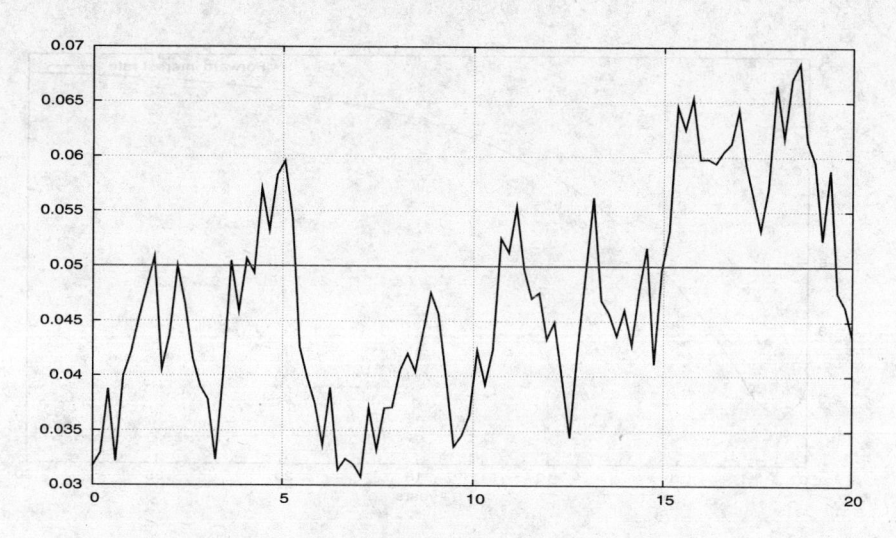

图 6.3 Vasicek模型下的短期利率曲线 $t \mapsto r_t$

注意到对固定的 t，所有的Vasicek瞬时远期曲线收敛于"长期"利率，即当 x 趋于无穷时，有：

$$\lim_{x \to \infty} f(t, t+x) = \lim_{T \to \infty} f(t, T) = \frac{a}{b} - \frac{\sigma^2}{2b^2}$$

若采用Musiela记号 $(x = T - t)$，有：

$$\begin{aligned} f(t, T) = f(t, t+x) &= r_t e^{-bx} + \frac{a}{b}(1 - e^{-bx}) - \frac{\sigma^2}{2b^2}(1 - e^{-bx})^2 \\ &= \frac{a}{b} - \frac{\sigma^2}{2b^2} + \left(r_t - \frac{a}{b} + \frac{\sigma^2}{b^2}\right)e^{-bx} - \frac{\sigma^2}{2b^2}e^{-2bx} \end{aligned}$$

因此对所有的 $t > 0$，Vasicek模型中的瞬时远期利率曲线"存在"于由以下函数产生的空间，即：

$$x \mapsto z_1 + z_2 e^{z_3 x} + z_4 e^{z_5 x} \qquad x \in \mathbb{R}_+ \tag{6.3}$$

其中

$$\begin{cases} z_1 = \frac{a}{b} - \frac{\sigma^2}{2b^2} \\ z_2 = r_t - \frac{a}{b} + \frac{\sigma^2}{b^2} \\ z_3 = -b \\ z_4 = -\frac{\sigma^2}{2b} \\ z_5 = -2b \end{cases}$$

但不幸的是，这个函数空间既不属于5.4节中的Nelson-Siegel空间，也不属于Svensson空间（参见[Bjö04]中的3.5）。在Vasicek模型中这种曲线的一条典型轨道在图 5.4中给出，然而用它来模拟市场远期曲线（见图 6.4）看起来并不是很合适。

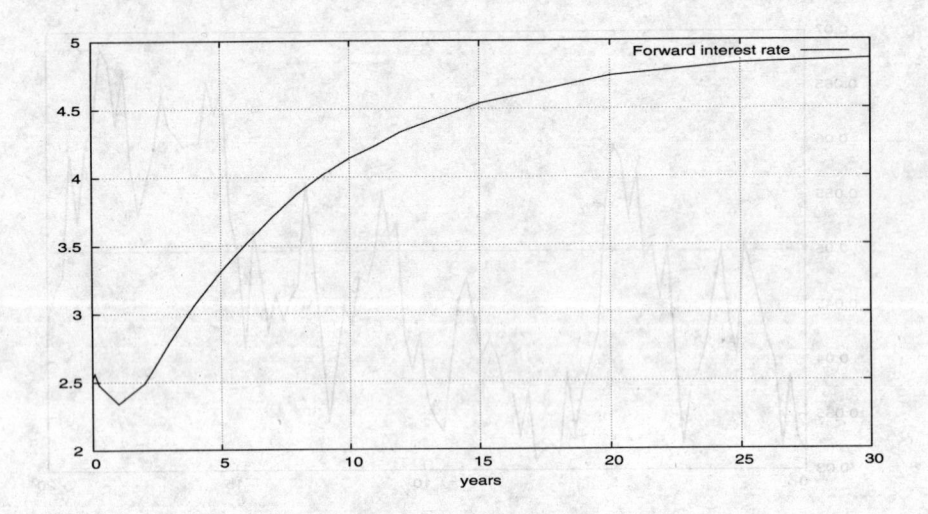

图 6.4 LIBOR远期利率的市场数据 $T \mapsto f(t, T, T+\delta)$

从这点说，形如

$$x \mapsto g(x) = z_1 + (z_2 + z_3 x)e^{-xz_4} + z_5 x e^{-xz_6} \qquad x \in \mathbb{R}_+$$

的 Svesson 曲线看起来是个更好的模型，如图5.6所示。

6.3 远期即时利率的动态过程

在 HJM 模型中，瞬时远期利率$f(t,T)$可用如下的随机微分方程来建模，即：

$$d_t f(t,T) = \alpha(t,T)dt + \sigma(t,T)dB_t \tag{6.4}$$

其中$t \mapsto \alpha(t,T)$ 和$t \mapsto \sigma(t,T)$, $0 \leqslant t \leqslant T$可以是随机（适应）过程。在(6.4)式中，时刻$T$ 是固定的，且是关于t的微分。

在Vasicek模型中参数α 和σ实际上是确定的，由上一节可知：

$$\alpha(t,T) = \sigma^2 e^{-b(T-t)} \int_t^T e^{-b(T-s)} ds \qquad \text{和} \qquad \sigma(t,T) = \sigma e^{-b(T-t)}$$

接下来确定即期利率的动态过程。在条件(6.4)下，有：

$$\begin{aligned} f(t,t,T) &= \frac{1}{T-t} \int_t^T f(t,s) ds \\ &= \frac{X_t}{T-t} \qquad 0 \leqslant t \leqslant T \end{aligned} \tag{6.5}$$

其中

$$X_t = \int_t^T f(t,s) ds = -\log P(t,T) \qquad 0 \leqslant t \leqslant T$$

第六章 Heath-Jarrow-Morton (HJM)模型

且 $t \mapsto f(t,s)$ 的动态过程由(6.4)给出，所以有：

$$\begin{aligned} d_t X_t &= -f(t,t)\mathrm{d}t + \int_t^T d_t f(t,s)\mathrm{d}s \\ &= -f(t,t)\mathrm{d}t + \int_t^T \alpha(t,s)\mathrm{d}s\mathrm{d}t + \int_t^T \sigma(t,s)\mathrm{d}s\mathrm{d}B_t \\ &= -r_t\mathrm{d}t + \left(\int_t^T \alpha(t,s)\mathrm{d}s\right)\mathrm{d}t + \left(\int_t^T \sigma(t,s)\mathrm{d}s\right)\mathrm{d}B_t \end{aligned}$$

因此

$$|d_t X_t|^2 = \left(\int_t^T \sigma(t,s)\mathrm{d}s\right)^2 \mathrm{d}t$$

且对于 $\mathcal{C}^2$ 函数 h 由伊藤公式可得：

$$\begin{aligned} d_t h(t,X_t) &= \frac{\partial h}{\partial t}(t,X_t)\mathrm{d}t - r_t\frac{\partial h}{\partial x}(t,X_t)\mathrm{d}t + \int_t^T \alpha(t,s)\mathrm{d}s\frac{\partial h}{\partial x}(t,X_t)\mathrm{d}t \\ &\quad + \int_t^T \sigma(t,s)\mathrm{d}s\frac{\partial h}{\partial x}(t,X_t)\mathrm{d}B_t + \frac{1}{2}\left(\int_t^T \sigma(t,s)\mathrm{d}s\right)^2 \frac{\partial^2 h}{\partial x^2}(t,X_t)\mathrm{d}t \end{aligned}$$

特别地，即期利率(6.5)式的动态过程为：

$$\begin{aligned} d_t f(t,t,T) &= \frac{X_t}{(T-t)^2}\mathrm{d}t + \frac{1}{T-t}d_t X_t \\ &= \frac{f(t,t,T)}{T-t}\mathrm{d}t - \frac{r_t}{T-t}\mathrm{d}t \\ &\quad + \frac{1}{T-t}\int_t^T \alpha(t,s)\mathrm{d}s\mathrm{d}t + \frac{1}{T-t}\int_t^T \sigma(t,s)\mathrm{d}s\mathrm{d}B_t \end{aligned}$$

在Vasicek 模型中 $d_t f(t,t,T)$ 可以转变为下式：

$$\begin{aligned} d_t f(t,t,T) &= \frac{f(t,t,T)}{T-t}\mathrm{d}t - \frac{r_t}{T-t}\mathrm{d}t \\ &\quad + \frac{\sigma^2}{T-t}\left(\int_t^T e^{-b(s-t)}\int_t^s e^{-b(t-u)}\mathrm{d}u\mathrm{d}s\right)\mathrm{d}t + \frac{\sigma}{T-t}\left(\int_t^T e^{-b(s-t)}\mathrm{d}s\right)\mathrm{d}B_t \end{aligned}$$

6.4 HJM 条件

一个重要的问题是在什么条件下等式(6.4)才有实际意义，特别是(6.4)式在满足什么条件的情况下，市场是无套利的。

在无套利的假设下，债券价格 $P(t,T)$ 可被定义为（见第四章）：

$$P(t,T) = \mathbb{E}_{\mathbb{Q}}\left[\exp\left(-\int_t^T r_s\mathrm{d}s\right)\bigg|\mathcal{F}_t\right]$$

在此框架下有：

$$\exp\left(-\int_0^t r_s\mathrm{d}s\right)P(t,T) = \exp\left(-\int_0^t r_s\mathrm{d}s\right)\mathbb{E}_{\mathbb{Q}}\left[\exp\left(-\int_t^T r_s\mathrm{d}s\right)\bigg|\mathcal{F}_t\right]$$

$$= \mathbb{E}_{\mathbb{Q}}\left[\exp\left(-\int_0^t r_s \mathrm{d}s\right)\exp\left(-\int_t^T r_s \mathrm{d}s\right)\Big|\mathcal{F}_t\right]$$

$$= \mathbb{E}_{\mathbb{Q}}\left[\exp\left(-\int_0^T r_s \mathrm{d}s\right)\Big|\mathcal{F}_t\right]$$

通过条件期望的塔式法则可知它是一个$\mathbb{Q}$鞅（参见附录 A）：

$$\mathbb{E}_{\mathbb{Q}}\left[\mathbb{E}_{\mathbb{Q}}\left[\exp\left(-\int_0^T r_s \mathrm{d}s\right)\Big|\mathcal{F}_t\right]\Big|\mathcal{F}_u\right] = \mathbb{E}_{\mathbb{Q}}\left[\exp\left(-\int_0^T r_s \mathrm{d}s\right)\Big|\mathcal{F}_u\right]$$

$$0 < u < t$$

在关系式 (5.1) 中，瞬时远期利率 $f(t,s)$ 满足：

$$P(t,T) = \exp\left(-\int_t^T f(t,s)\mathrm{d}s\right)$$

因此

$$\exp\left(-\int_0^t r_s \mathrm{d}s\right)P(t,T) = \exp\left(-\int_0^t r_s \mathrm{d}s - \int_t^T f(t,s)\mathrm{d}s\right) \tag{6.6}$$

是一个$\mathbb{Q}$鞅，$0 \leqslant t \leqslant T$。

由短期利率$(r_t)_{t\in\mathbb{R}_+}$的马氏性，上式可以改写为：

$$P(t,T) = \mathbb{E}_{\mathbb{Q}}\left[\exp\left(-\int_t^T r_s \mathrm{d}s\right)\Big|r_t\right]$$
$$= F(t,r_t)$$

根据伊藤公式和鞅性，由上式可得到在第四章中的$F(t,x)$所满足的偏微分方程。

再次应用相同的策略：
(1)用伊藤公式对(6.6)式求导。
(2)由于(6.6)式在无套利条件下是一个鞅，可令它的微分中的$\mathrm{d}t$项等于零。

由伊藤公式可得：

$$\begin{aligned}d_t \mathrm{e}^{-X_t} &= -\mathrm{e}^{-X_t}d_t X_t + \frac{1}{2}\mathrm{e}^{-X_t}(d_t X_t)^2 \\ &= -\mathrm{e}^{-X_t}d_t X_t + \frac{1}{2}e^{-X_t}\left(\int_t^T \sigma(t,s)\mathrm{d}s\right)^2 \mathrm{d}t \\ &= -\mathrm{e}^{-X_t}\left(-r_t \mathrm{d}t + \int_t^T \alpha(t,s)\mathrm{d}s\mathrm{d}t + \int_t^T \sigma(t,s)\mathrm{d}s\mathrm{d}B_t\right) \\ &\quad + \frac{1}{2}\mathrm{e}^{-X_t}\left(\int_t^T \sigma(t,s)\mathrm{d}s\right)^2 \mathrm{d}t\end{aligned}$$

第六章 Heath-Jarrow-Morton (HJM)模型

因此

$$d_t \exp\left(-\int_0^t r_s \mathrm{d}s - \int_t^T f(t,s)\mathrm{d}s\right) = d_t \exp\left(-\int_0^t r_s \mathrm{d}s - X_t\right)$$

$$= -r_t \exp\left(-\int_0^t r_s \mathrm{d}s - X_t\right) \mathrm{d}t$$
$$+ \exp\left(-\int_0^t r_s \mathrm{d}s\right) d_t \mathrm{e}^{-X_t}$$

$$= -r_t \exp\left(-\int_0^t r_s \mathrm{d}s - X_t\right) \mathrm{d}t$$
$$- \exp\left(-\int_0^t r_s \mathrm{d}s - X_t\right) d_t X_t$$
$$+ \frac{1}{2} \exp\left(-\int_0^t r_s \mathrm{d}s - X_t\right) \left(\int_t^T \sigma(t,s)\mathrm{d}s\right)^2 \mathrm{d}t$$

$$= -r_t \exp\left(-\int_0^t r_s \mathrm{d}s - X_t\right) \mathrm{d}t$$
$$- \exp\left(-\int_0^t r_s \mathrm{d}s - X_t\right) \left(-r_t \mathrm{d}t + \int_t^T \alpha(t,s)\mathrm{d}s\mathrm{d}t + \int_t^T \sigma(t,s)\mathrm{d}s\mathrm{d}B_t\right)$$
$$+ \frac{1}{2} \exp\left(-\int_0^t r_s \mathrm{d}s - X_t\right) \left(\int_t^T \sigma(t,s)\mathrm{d}s\right)^2 \mathrm{d}t$$

$$= -\exp\left(-\int_0^t r_s \mathrm{d}s - X_t\right) \left(\int_t^T \alpha(t,s)\mathrm{d}s\mathrm{d}t + \int_t^T \sigma(t,s)\mathrm{d}s\mathrm{d}B_t\right)$$
$$+ \frac{1}{2} \exp\left(-\int_0^t r_s \mathrm{d}s - X_t\right) \left(\int_t^T \sigma(t,s)\mathrm{d}s\right)^2 \mathrm{d}t$$

这样上面过程的鞅性就意味着

$$\int_t^T \alpha(t,s)\mathrm{d}s = \frac{1}{2}\left(\int_t^T \sigma(t,s)\mathrm{d}s\right)^2$$

对上述关系式关于T求导,得:

$$\alpha(t,T) = \sigma(t,T) \int_t^T \sigma(t,s)\mathrm{d}s \tag{6.7}$$

这就是所谓的HJM无套利条件（参见[HJM92]）。

作为关系式 (6.7)的一个结果,瞬时远期利率$f(t,T)$的随机微分方程可改写为:

$$d_t f(t,T) = \sigma(t,T)\left(\int_t^T \sigma(t,s)\mathrm{d}s\right) \mathrm{d}t + \sigma(t,T)\mathrm{d}B_t$$

其积分形式为:

$$f(t,T) = f(0,T) + \int_0^t \alpha(s,T)\mathrm{d}s + \int_0^t \sigma(s,T)\mathrm{d}B_s \tag{6.8}$$

$$= f(0,T) + \int_0^t \sigma(s,T) \int_s^T \sigma(s,u)\mathrm{d}u\mathrm{d}s + \int_0^t \sigma(s,T)\mathrm{d}B_s$$

6.5 短期利率的马氏性

如前面提到的，短期利率的马氏性在推导关于$P(t,T) = F(t,r_t)$的偏微分方程时是非常重要的。因此很自然会想到：

在HJM模型中，什么时候短期利率模型具有鞅性？

在HJM模型中，由关系式 (6.8)得到短期利率过程为：

$$r_t = f(t,t) = f(0,t) + \int_0^t \sigma(s,t) \int_s^t \sigma(s,u)\mathrm{d}u\mathrm{d}s + \int_0^t \sigma(s,t)\mathrm{d}B_s$$

一般来说，形如

$$t \mapsto Z_t := \int_0^t \sigma(s,t)\mathrm{d}B_s \qquad t \in \mathbb{R}_+ \tag{6.9}$$

的过程可能不是马氏过程，因为$\sigma(s,t)$依赖于变量t，其中$s \mapsto \sigma(s,t)$是$\mathcal{F}_s$-适应的。

事实上，

$$\begin{aligned}
\mathbb{E}\left[Z_t \big| \mathcal{F}_u\right] &= \mathbb{E}\left[\int_0^t \sigma(s,t)\mathrm{d}B_s \Big| \mathcal{F}_u\right] \\
&= \mathbb{E}\left[\int_0^u \sigma(s,t)\mathrm{d}B_s + \int_u^t \sigma(s,t)\mathrm{d}B_s \Big| \mathcal{F}_u\right] \\
&= \mathbb{E}\left[\int_0^u \sigma(s,t)\mathrm{d}B_s \Big| \mathcal{F}_u\right] + \mathbb{E}\left[\int_u^t \sigma(s,t)\mathrm{d}B_s \Big| \mathcal{F}_u\right] \\
&= \mathbb{E}\left[\int_0^u \sigma(s,t)\mathrm{d}B_s \Big| \mathcal{F}_u\right] \\
&= \int_0^u \sigma(s,t)\mathrm{d}B_s
\end{aligned}$$

其中用到第一章的关系式 (1.6)。

根据马氏性，上式应仅依赖于u和

$$Z_u = \int_0^u \sigma(s,u)\mathrm{d}B_s$$

这一性质在这里并不必然成立。

不过通过选择一些特殊的$\sigma(t,T)$可以使得由(6.9)式定义的Z_t具有马氏性。例如，在

$$\sigma(s,t) = \mathrm{e}^{-b(t-s)}$$

的情形下，由Vasicek模型的显式解可知：

$$\mathbb{E}\left[Z_t \big| \mathcal{F}_u\right] = \int_0^u \sigma(s,t)\mathrm{d}B_s$$

第六章 Heath-Jarrow-Morton (HJM)模型

$$\begin{aligned}
&= \int_0^u e^{-b(t-s)} dB_s \\
&= e^{-b(t-u)} \int_0^u e^{-b(u-s)} dB_s \\
&= e^{-b(t-u)} Z_u
\end{aligned}$$

参见(4.8)。

更一般地，在乘积条件

$$\sigma(s,t) = \xi(s)\psi(t) \qquad 0 \leqslant s \leqslant t \tag{6.10}$$

下，其中$\xi(s)$和$\psi(t)$是两个确定的函数，马氏性在形如下式的随机积分过程中确实是成立的，即：

$$t \mapsto \int_0^t \sigma(s,t) dB_s$$

实际上，

$$\begin{aligned}
\mathbb{E}\left[Z_t \big| \mathcal{F}_u\right] &= \int_0^u \sigma(s,t) dB_s \\
&= \psi(t) \int_0^u \xi(s) dB_s \\
&= \frac{\psi(t)}{\psi(u)} \int_0^u \psi(u)\xi(s) dB_s \\
&= \frac{\psi(t)}{\psi(u)} Z_u \qquad 0 \leqslant u \leqslant t
\end{aligned}$$

Vasicek模型$\sigma(s,t) = \sigma e^{-b(t-s)}$, $0 \leqslant s \leqslant t$, 因此条件(6.10)式成立且短期利率确实是一个马氏过程。

6.6 Hull-White 模型

本节所描述的内容是在波动系数$\sigma(s,t)$的乘积假设条件(6.10)下，得到在HJM模型中的短期利率过程$(r_t)_{t \in \mathbb{R}_+}$所满足的随机微分方程。我们将得到在3.3节描述的时间相依 Hull-White 短期利率模型。

由(6.4) 式和HJM条件(6.7)，或直接由(6.8)式，可以得到：

$$\begin{aligned}
r_t &= f(t,t) \\
&= f(0,t) + \int_0^t \sigma(s,t) \int_s^t \sigma(s,u) du ds + \int_0^t \sigma(s,t) dB_s \\
&= f(0,t) + \int_0^t \xi(s)\psi(t) \int_s^t \xi(s)\psi(u) du ds + \psi(t) \int_0^t \xi(s) dB_s
\end{aligned}$$

因此

$$r_t = U(t) + \psi(t) \int_0^t \xi(s) dB_s \tag{6.11}$$

其中
$$U(t) = f(0,t) + \psi(t)\int_0^t \xi^2(s)\int_s^t \psi(u)\mathrm{d}u\mathrm{d}s$$

运用从(6.11)得到的关系式
$$\int_0^t \xi(s)\mathrm{d}B_s = \frac{r_t - U(t)}{\psi(t)}$$

可得：
$$\begin{aligned}\mathrm{d}r_t &= U'(t)\mathrm{d}t + \psi'(t)\left(\int_0^t \xi(s)\mathrm{d}B_s\right)\mathrm{d}t + \psi(t)\xi(t)\mathrm{d}B_t \\ &= U'(t)\mathrm{d}t + (r_t - U(t))\frac{\psi'(t)}{\psi(t)}\mathrm{d}t + \psi(t)\xi(t)\mathrm{d}B_t\end{aligned}$$

这实际上表明了作为随机微分方程的解，短期利率过程$(r_t)_{t\in\mathbb{R}_+}$是具有马氏性的（参见性质 4.1）。

上述方程属于形如下式的短期利率类，参见（[HW90]）。
$$\mathrm{d}r_t = (a(t) - b(t)r_t)\mathrm{d}t + \sigma(t)\mathrm{d}B_t$$

在 3.3 节中，这可被看成是一个时间相依的 Vasicek 模型，它的显式解为：
$$r_t = r_s\mathrm{e}^{-\int_s^t b(\tau)\mathrm{d}\tau} + \int_s^t \mathrm{e}^{-\int_u^t b(\tau)\mathrm{d}\tau}a(u)\mathrm{d}u + \int_s^t \sigma(u)\mathrm{e}^{-\int_u^t b(\tau)\mathrm{d}\tau}\mathrm{d}B_u$$

其中 $0 \leqslant s \leqslant t$。

6.7 练习

练习 6.1 (练习 5.1 续)

(1) 推导瞬时远期利率 $f(t,T)$ 所满足的随机微分方程。

(2) 验证 HJM 无套利条件(6.7)式在问题(1)的方程中成立。

练习 6.2 (练习 5.2 续)

(1) 推导瞬时远期利率 $f(t,T)$ 所满足的随机微分方程。

(2) 验证 HJM 无套利条件(6.7)在问题 2 的方程中成立。

第七章 远期测度和衍生产品定价

本章介绍用来定价利率衍生产品的远期测度。下面将运用Girsanov 定理来得到短期利率过程在远期测度下的动态方程，并且在Vasicek模型下进行显式计算。

7.1 远期测度

在标准的Black-Scholes框架下，如果无风险账户的瞬时短期利率为r_t，收益为F，到期日为T的未定权益在时刻t的价格可通过在风险中性测度$\mathbb{Q}$下的条件期望计算为：

$$\mathbb{E}_{\mathbb{Q}}\left[e^{-\int_t^T r_s ds}F\Big|\mathcal{F}_t\right]$$

当利率过程$(r_t)_{t\in\mathbb{R}_+}$是关于时间的确定函数时，上述表达式可写为：

$$e^{-\int_t^T r_s ds}\mathbb{E}_{\mathbb{Q}}[F\mid\mathcal{F}_t]$$

当$(r_t)_{t\in\mathbb{R}_+}$等于一个确定的常数r时，即可得到下面的著名的表达式：

$$e^{-(T-t)r}\mathbb{E}_{\mathbb{Q}}[F\mid\mathcal{F}_t]$$

在大部分利率模型中，短期利率$(r_t)_{t\in\mathbb{R}_+}$是一个随机过程，因此上述操作并不可行，这就意味着要计算以下的表达式：

$$\mathbb{E}_{\mathbb{Q}}\left[e^{-\int_t^T r_s ds}F\Big|\mathcal{F}_t\right] \tag{7.1}$$

其中$(r_t)_{t\in\mathbb{R}_+}$将是一个随机过程，这与第二章的标准Black-Scholes框架相比就更复杂了。

注意到当计算第四章中的债券价格时，在常数收益$F=1\$$的情形下，作为偏微分方程的解，前面已经计算过这样的表达式了。随机收益F的形式为$F=h(f(T,T,S))$时，即即时远期利率$f(T,T,S)$的期权。计算式(7.1)就要知道$\int_t^T r_s ds$和$f(T,T,S)$的联合分布，这也增加了计算的复杂程度。

和4.2节所选一样，设$\mathbb{Q}=\mathbb{P}$且假设在$\mathbb{P}$下市场是无套利的，也就是说

$$t\mapsto e^{-\int_0^t r_s ds}P(t,T) \qquad 0\leqslant t\leqslant T \tag{7.2}$$

在$\mathbb{P}$下是一个$\mathcal{F}_t$-鞅。

定义7.1 远期测度是定义为

$$\frac{d\tilde{\mathbb{P}}}{d\mathbb{P}}=\frac{1}{P(0,T)}e^{-\int_0^T r_s ds}$$

的概率测度$\tilde{\mathbb{P}}$。

以后在$\tilde{\mathbb{P}}$下的期望将被表示为$\mathbb{E}_{\tilde{\mathbb{P}}}$。

下一个命题将可被用来在远期测度$\tilde{\mathbb{P}}$下给未定权益定价。

命题7.1 对于所有充分可积的随机变量F,有:

$$\mathbb{E}_{\mathbb{P}}\left[Fe^{-\int_t^T r_s ds}\Big|\mathcal{F}_t\right] = P(t,T)\,\mathbb{E}_{\tilde{\mathbb{P}}}[F\mid\mathcal{F}_t] \qquad 0\leqslant t\leqslant T \tag{7.3}$$

证明:实际上,对于任意有界且$\mathcal{F}_t$-可测的随机变量G[①],有:

$$\begin{aligned}
\mathbb{E}_{\mathbb{P}}\left[GFe^{-\int_t^T r_s ds}\right] &= P(0,T)\,\mathbb{E}_{\tilde{\mathbb{P}}}\left[Ge^{\int_0^t r_s ds}F\right] \\
&= P(0,T)\,\mathbb{E}_{\tilde{\mathbb{P}}}\left[Ge^{\int_0^t r_s ds}\mathbb{E}_{\tilde{\mathbb{P}}}[F\mid\mathcal{F}_t]\right] \\
&= P(0,T)\,\mathbb{E}_{\mathbb{P}}\left[\frac{d\tilde{\mathbb{P}}}{d\mathbb{P}}Ge^{\int_0^t r_s ds}\mathbb{E}_{\tilde{\mathbb{P}}}[F\mid\mathcal{F}_t]\right] \\
&= P(0,T)\,\mathbb{E}_{\mathbb{P}}\left[\frac{1}{P(0,T)}e^{-\int_0^T r_s ds}Ge^{\int_0^t r_s ds}\mathbb{E}_{\tilde{\mathbb{P}}}[F\mid\mathcal{F}_t]\right] \\
&= \mathbb{E}_{\mathbb{P}}\left[Ge^{-\int_t^T r_s ds}\mathbb{E}_{\tilde{\mathbb{P}}}[F\mid\mathcal{F}_t]\right] \\
&= \mathbb{E}_{\mathbb{P}}\left[GP(t,T)\,\mathbb{E}_{\tilde{\mathbb{P}}}[F\mid\mathcal{F}_t]\right]
\end{aligned}$$

其中最后一个等号可通过下式得到:

$$P(t,T) = \mathbb{E}_{\mathbb{P}}\left[e^{-\int_t^T r_s ds}\Big|\mathcal{F}_t\right] \tag{7.4}$$

□

作为上述命题的结果,计算$\mathbb{E}_{\mathbb{P}}\left[Fe^{-\int_t^T r_s ds}\Big|\mathcal{F}_t\right]$可转化为在测度$\tilde{\mathbb{P}}$下计算$P(t,T)\,\mathbb{E}_{\tilde{\mathbb{P}}}[F\mid\mathcal{F}_t]$。

而作为命题7.1的推论,下一引理将告诉我们在条件$\mathcal{F}_t$下的密度$d\tilde{\mathbb{P}}/d\mathbb{P}$。由其定义可知

$$\Lambda_t := \frac{d\tilde{\mathbb{P}}_{|\mathcal{F}_t}}{d\mathbb{P}_{|\mathcal{F}_t}} \qquad 0\leqslant t\leqslant T$$

是唯一满足下式的随机变量,即:

$$\mathbb{E}_{\tilde{\mathbb{P}}}[F\mid\mathcal{F}_t] = \mathbb{E}_{\mathbb{P}}\left[F\Lambda_t\Big|\mathcal{F}_t\right]$$

即对所有的有界随机变量F,

$$\int_\Omega F d\tilde{\mathbb{P}}_{|\mathcal{F}_t} = \int_\Omega F\Lambda_t d\mathbb{P}_{|\mathcal{F}_t}$$

成立。

引理7.1

$$\frac{d\tilde{\mathbb{P}}_{|\mathcal{F}_t}}{d\mathbb{P}_{|\mathcal{F}_t}} = \frac{e^{-\int_t^T r_s ds}}{P(t,T)} \qquad t\in[0,T] \tag{7.5}$$

[①] 对于所有的有界且$\mathcal{F}_t$-可测的G,可利用性质$X=\mathbb{E}[F\mid\mathcal{F}_t]\Leftrightarrow\mathbb{E}[GX]=\mathbb{E}[GF]$,参见附录A中的关系式(11.3)。

证明：对所有的有界且F_t可测的随机变量F，可将(7.3)式改写为：

$$\mathbb{E}_{\tilde{\mathbb{P}}}[F \mid \mathcal{F}_t] = \mathbb{E}_{\mathbb{P}}\left[F\frac{e^{-\int_t^T r_s ds}}{P(t,T)}\bigg|\mathcal{F}_t\right] \qquad t \in [0,T]$$

这意味着(7.5)式成立。 □

注意$\dfrac{d\tilde{\mathbb{P}}_{|\mathcal{F}_t}}{d\mathbb{P}_{|\mathcal{F}_t}}$是不等于$\mathbb{E}_{\mathbb{P}}\left[\dfrac{d\tilde{\mathbb{P}}}{d\mathbb{P}}\bigg|\mathcal{F}_t\right]$的，事实上，由假设(7.2)成立，有：

$$\begin{aligned}\mathbb{E}_{\mathbb{P}}\left[\frac{d\tilde{\mathbb{P}}}{d\mathbb{P}}\bigg|\mathcal{F}_t\right] &= \frac{1}{P(0,T)}\mathbb{E}_{\mathbb{P}}\left[e^{-\int_0^T r_s ds}\bigg|\mathcal{F}_t\right] \\ &= \frac{P(t,T)}{P(0,T)}e^{-\int_0^t r_s ds} \qquad 0 \leqslant t \leqslant T\end{aligned} \qquad (7.6)$$

除此之外还得到下面的结果。

命题7.2 对于所有的$S,T \geqslant 0$，过程

$$t \mapsto \frac{P(t,S)}{P(t,T)} \qquad 0 \leqslant t \leqslant S \wedge T$$

在$\tilde{\mathbb{P}}$下是一个$\mathcal{F}_t$-鞅。

证明：对于所有有界且$\mathcal{F}_s$-可测的随机变量F，由关系式(7.6)可得到：

$$\begin{aligned}\mathbb{E}_{\tilde{\mathbb{P}}}\left[F\frac{P(t,S)}{P(t,T)}\right] &= \mathbb{E}_{\mathbb{P}}\left[F\frac{e^{-\int_0^T r_u du}}{P(0,T)}\frac{P(t,S)}{P(t,T)}\right] \\ &= \frac{1}{P(0,T)}\mathbb{E}_{\mathbb{P}}\left[Fe^{-\int_0^t r_u du}P(t,S)\right] \\ &= \frac{1}{P(0,T)}\mathbb{E}_{\mathbb{P}}\left[Fe^{-\int_0^s r_u du}P(s,S)\right] \\ &= \mathbb{E}_{\mathbb{P}}\left[F\frac{e^{-\int_0^T r_u du}}{P(0,T)}\frac{P(s,S)}{P(s,T)}\right] \\ &= \mathbb{E}_{\tilde{\mathbb{P}}}\left[F\frac{P(s,S)}{P(s,T)}\right]\end{aligned}$$

因此

$$\mathbb{E}_{\tilde{\mathbb{P}}}\left[\frac{P(t,S)}{P(t,T)}\bigg|\mathcal{F}_s\right] = \frac{P(s,S)}{P(s,T)}$$

□

7.2 远期测度下的动态过程

为了应用命题7.1，通过计算

$$P(t,T)\mathbb{E}_{\tilde{\mathbb{P}}}[F \mid \mathcal{F}_t]$$

来计算价格 $\mathbb{E}_{\mathbb{P}}\left[e^{-\int_t^T r_s ds} F \big| \mathcal{F}_t\right]$，就要确定在远期测度 $\tilde{\mathbb{P}}$ 下，模型所包含的过程 r_t, $f(t,T,S)$ 和 $P(t,T)$ 的变化情况。

为此将假设在测度 $\mathbb{P}$ 下，$P(t,T)$ 的变化满足：

$$\frac{dP(t,T)}{P(t,T)} = r_t dt + \zeta_t dB_t \qquad 0 \leqslant t \leqslant T \tag{7.7}$$

其中 $(B_t)_{t\in\mathbb{R}_+}$ 是一个在 $\mathbb{P}$ 下的标准布朗运动，并且 $(r_t)_{t\in\mathbb{R}_+}$ 和 $(\zeta(t))_{t\in\mathbb{R}_+}$ 是关于由 $(B_t)_{t\in\mathbb{R}_+}$ 产生的信息流 $(\mathcal{F}_t)_{t\in\mathbb{R}_+}$ 的适应过程。

应用伊藤积分，从 (7.7) 式中可得到：

$$d\left(e^{-\int_0^t r_s ds} P(t,T)\right) = \zeta_t \left(e^{-\int_0^t r_s ds} P(t,T)\right) dB_t \tag{7.8}$$

这与事实：在 $\mathbb{P}$ 下

$$t \mapsto e^{-\int_0^t r_s ds} P(t,T) \tag{7.9}$$

是一个鞅一致（参见命题 7.2 和推论 1.1）。

为了确定在测度 $\tilde{\mathbb{P}}$ 下基本过程的动态方程将应用以下由 Girsanov 定理得到的命题。

命题 7.3 过程

$$\tilde{B}_t := B_t - \int_0^t \zeta_s ds \qquad 0 \leqslant t \leqslant T \tag{7.10}$$

在 $\tilde{\mathbb{P}}$ 下是一个标准的布朗运动。

证明：设

$$\begin{aligned} \Psi(t) &= \mathbb{E}_{\mathbb{P}}\left[\frac{d\tilde{\mathbb{P}}}{d\mathbb{P}}\bigg|\mathcal{F}_t\right] \\ &= \frac{1}{P(0,T)} \mathbb{E}_{\mathbb{P}}\left[e^{-\int_0^T r_s ds}\bigg|\mathcal{F}_t\right] \\ &= \frac{P(t,T)}{P(0,T)} e^{-\int_0^t r_s ds} \qquad 0 \leqslant t \leqslant T \end{aligned}$$

等式 (7.8) 可被改写为：

$$d\Psi(t) = \Psi(t) \zeta_t dB_t$$

解这个方程可得：

$$\Psi(t) = \exp\left(\int_0^t \zeta_s dB_s - \frac{1}{2}\int_0^t |\zeta_s|^2 ds\right)$$

因此

$$\mathbb{E}_{\mathbb{P}}\left[\frac{d\tilde{\mathbb{P}}}{d\mathbb{P}}\bigg|\mathcal{F}_T\right] = \Psi(T) = \exp\left(\int_0^T \zeta_s dB_s - \frac{1}{2}\int_0^T |\zeta_s|^2 ds\right)$$

因此由 Girsanov 定理 2.1 就可以得到命题的结论。 $\square$

第七章 远期测度和衍生产品定价

作为命题 7.3 的结果，在 $\tilde{\mathbb{P}}$ 下 $t \mapsto P(t,T)$ 的动态过程可表达为下式的形式，即：

$$\frac{\mathrm{d}P(t,T)}{P(t,T)} = r_t \mathrm{d}t + |\zeta_t|^2 \mathrm{d}t + \zeta_t \mathrm{d}\tilde{B}_t$$

其中 $(\tilde{B}_t)_{t\in\mathbb{R}_+}$ 是一个在 $\tilde{\mathbb{P}}$ 下的标准布朗运动，并且存在

$$\mathrm{d}\left(\mathrm{e}^{-\int_0^t r_s \mathrm{d}s} P(t,T)\right) = |\zeta_t|^2 \mathrm{e}^{-\int_0^t r_s \mathrm{d}s} P(t,T) \mathrm{d}t + \zeta_t \mathrm{e}^{-\int_0^t r_s \mathrm{d}s} P(t,T) \mathrm{d}\tilde{B}_t$$

对于两个到期日分别为 T 和 S 的债券，其价格 $P(t,T)$ 和 $P(t,S)$ 分别满足

$$\frac{\mathrm{d}P(t,T)}{P(t,T)} = r_t \mathrm{d}t + \zeta_t^T \mathrm{d}B_t$$

和

$$\frac{\mathrm{d}P(t,S)}{P(t,S)} = r_t \mathrm{d}t + \zeta_t^S \mathrm{d}B_t$$

由伊藤公式得到：

$$\begin{aligned}
\mathrm{d}\left(\frac{P(t,S)}{P(t,T)}\right) &= \frac{P(t,S)}{P(t,T)}(\zeta^S(t) - \zeta^T(t))(\mathrm{d}B_t - \zeta^T(t)\mathrm{d}t) \\
&= \frac{P(t,S)}{P(t,T)}(\zeta^S(t) - \zeta^T(t))\mathrm{d}\tilde{B}_t
\end{aligned} \tag{7.11}$$

其中 $(\tilde{B}_t)_{t\in\mathbb{R}_+}$ 是 $\tilde{\mathbb{P}}$ 下的一个标准布朗运动，因此由命题 7.10 可得到在命题 7.2 中所提到的 $P(t,S)/P(t,T)$ 的鞅性。

在短期利率过程 $(r_t)_{t\in\mathbb{R}_+}$ 是马氏过程且为方程

$$\mathrm{d}r_t = \mu(t,r_t)\mathrm{d}t + \sigma(t,r_t)\mathrm{d}B_t$$

的解的情形下，在测度 $\tilde{\mathbb{P}}$ 下它的动态过程可用下面表达式的形式表示，即：

$$\mathrm{d}r_t = \mu(t,r_t)\mathrm{d}t + \sigma(t,r_t)\zeta_t \mathrm{d}t + \sigma(t,r_t)\mathrm{d}\tilde{B}_t$$

在马氏情形下，债券价格 $P(t,T)$ 可被表示为：

$$\begin{aligned}
P(t,T) &= \mathbb{E}_\mathbb{P}\left[F\mathrm{e}^{-\int_t^T r_s \mathrm{d}s}\bigg|\mathcal{F}_t\right] \\
&= \mathbb{E}_\mathbb{P}\left[F\mathrm{e}^{-\int_t^T r_s \mathrm{d}s}\bigg|r_t\right] \\
&= F(t,r_t)
\end{aligned}$$

它就是一个关于 t 和 r_t 的函数 $F(t,r_t)$。由伊藤公式可得：

$$\mathrm{d}\left(\mathrm{e}^{-\int_0^t r_s \mathrm{d}s} P(t,T)\right) = \mathrm{e}^{-\int_0^t r_s \mathrm{d}s}\sigma(t,r_t)\frac{\partial F}{\partial x}(t,r_t)\mathrm{d}B_t$$

因为由 (7.9) 式或者命题 7.2 知

$$t \mapsto \mathrm{e}^{-\int_0^t r_s \mathrm{d}s} P(t,T) = \mathrm{e}^{-\int_0^t r_s \mathrm{d}s} F(t,r_t)$$

是一个在 $\mathbb{P}$ 下的鞅, 所以根据[Pro05]中的推论 II-1, 所有 dt 项的和在上述表达式中都消失了。

因此 $(P(t,T))_{t\in[0,T]}$ 的动态过程可由下式给出, 即:

$$\begin{aligned}\frac{\mathrm{d}P(t,T)}{P(t,T)} &= r_t\mathrm{d}t + \sigma(t,r_t)\frac{1}{P(t,T)}\frac{\partial F}{\partial x}(t,r_t)\mathrm{d}B_t \\ &= r_t\mathrm{d}t + \sigma(t,r_t)\frac{1}{F(t,r_t)}\frac{\partial F}{\partial x}(t,r_t)\mathrm{d}B_t \\ &= r_t\mathrm{d}t + \sigma(t,r_t)\frac{\partial \log F}{\partial x}(t,r_t)\mathrm{d}B_t\end{aligned}$$

并且在(7.7)式中的过程 $(\zeta_t)_{t\in\mathbb{R}_+}$ 为:

$$\zeta_t = \sigma(t,r_t)\frac{\partial \log F}{\partial x}(t,r_t) \qquad 0 \leqslant t \leqslant T$$

作为一个例子, 在 $\sigma(t,x)$ 等于常数 σ 的Vasicek模型中, 价格 $P(t,T)$ 具有

$$P(t,T) = F(t,r_t) = \mathrm{e}^{C(T-t)r_t + A(T-t)}$$

的形式, 其中

$$C(T-t) = -\frac{1}{b}(1 - \mathrm{e}^{-b(T-t)})$$

因此

$$\log F(t,r_t) = C(T-t)r_t + A(T-t)$$

并且

$$\zeta_t = \sigma C(T-t) = -\frac{\sigma}{b}(1 - \mathrm{e}^{-b(T-t)})$$

7.3 衍生产品的定价

利用上述框架, 可以由等式

$$\mathbb{E}_{\mathbb{P}}\left[\mathrm{e}^{-\int_t^T r_s\mathrm{d}s}F\Big|\mathcal{F}_t\right] = P(t,T)\mathbb{E}_{\tilde{\mathbb{P}}}\left[F\Big|\mathcal{F}_t\right]$$

和在概率测度 $\tilde{\mathbb{P}}$ 下 r_t 的动态过程来计算收益为 F、到期日为 T 的未定权益在时刻 t 的价格。

现在考虑以 $P(T,S)$ 为标的, 则收益函数为:

$$F = (P(T,S) - K)^+$$

买入债券看涨期权, 其价格为:

$$\mathbb{E}_{\mathbb{P}}\left[\mathrm{e}^{-\int_t^T r_s\mathrm{d}s}(P(T,S) - K)^+\Big|\mathcal{F}_t\right] = P(t,T)\mathbb{E}_{\tilde{\mathbb{P}}}\left[(P(T,S) - K)^+\Big|\mathcal{F}_t\right]$$

其中对于任意的 $T > 0$, $P(t,T)$ 由

$$\frac{\mathrm{d}P(t,T)}{P(t,T)} = r_t\mathrm{d}t + \zeta_t^T\mathrm{d}B_t \qquad 0 \leqslant t \leqslant T$$

第七章 远期测度和衍生产品定价

给出。

由(7.11) 式可知:

$$P(T,S) = \frac{P(t,S)}{P(t,T)} \exp\left(\int_t^T (\zeta^S(s) - \zeta^T(s))\mathrm{d}\tilde{B}_s - \frac{1}{2}\int_t^T |\zeta^S(s) - \zeta^T(s)|^2 \mathrm{d}s\right)$$

因此如果对任意的$T > 0$, $(\zeta^T(s))_{s\in[0,T]}$是确定性的, 则:

$$\mathbb{E}_{\mathbb{P}}\left[\mathrm{e}^{-\int_t^T r_s \mathrm{d}s}(P(T,S) - K)^+ \Big| \mathcal{F}_t\right]$$
$$= P(t,T)\mathbb{E}_{\tilde{\mathbb{P}}}\left[\left(\frac{P(t,S)}{P(t,T)}\exp\left(X - \frac{1}{2}\int_t^T |\zeta^S(s) - \zeta^T(s)|^2 \mathrm{d}s\right) - K\right)^+ \Big| \mathcal{F}_t\right]$$
$$= P(t,T)\mathbb{E}_{\tilde{\mathbb{P}}}\left[\left(\mathrm{e}^{X+m(t,T,S)} - K\right)^+ \Big| \mathcal{F}_t\right]$$

其中X 是一个中心高斯随机变量, 且已知$\mathcal{F}_t$的条件下, 其方差为:

$$v^2(t,T,S) = \int_t^T |\zeta^S(s) - \zeta^T(s)|^2 \mathrm{d}s$$

并且

$$m(t,T,S) = -\frac{1}{2}v^2(t,T,S) + \log\frac{P(t,S)}{P(t,T)}$$

在引理2.3中, X是一个中心高斯随机变量, 方差为v^2, 和标准Black-Scholes公式一样, 可得到$(\mathrm{e}^{m+X} - K)^+$的期望, 即:

$$\mathbb{E}[(\mathrm{e}^{m+X} - K)^+] = \mathrm{e}^{m+\frac{v^2}{2}}\Phi(v + (m - \log K)/v) - K\Phi((m - \log K)/v)$$

其中

$$\Phi(z) = \int_{-\infty}^z \mathrm{e}^{-y^2/2}\frac{\mathrm{d}y}{\sqrt{2\pi}} \quad z \in \mathbb{R}$$

在表示高斯分布函数时, 为了记号的简洁, 故去掉了$m(t,T,S)$和$v^2(t,T,S)$中的指标 t ,T,S。

接下来, 可知:

$$\mathbb{E}_{\mathbb{P}}\left[\mathrm{e}^{-\int_t^T r_s \mathrm{d}s}(P(T,S) - K)^+ \Big| \mathcal{F}_t\right] \tag{7.12}$$
$$= P(t,S)\Phi\left(\frac{v}{2} + \frac{1}{v}\log\frac{P(t,S)}{KP(t,T)}\right) - KP(t,T)\Phi\left(-\frac{v}{2} + \frac{1}{v}\log\frac{P(t,S)}{KP(t,T)}\right)$$

在Vasicek 模型中, 已知:

$$\mathrm{d}r_r = (a - br_t)\mathrm{d}t + \sigma\mathrm{d}B_t$$

和

$$\zeta_t = \sigma C(T-t) = -\frac{\sigma}{b}(1 - \mathrm{e}^{-b(T-t)})$$

因此 v 的表达式可写为：

$$v^2(t,T,S) = \frac{\sigma^2}{b^2}\int_t^T (e^{-b(T-s)} - e^{-b(S-s)})^2 ds$$

作为练习，在Vasicek模型中，在$\tilde{\mathbb{P}}$下的动态过程分别为：

$$dr_t = (a - br_t)dt - \frac{\sigma^2}{b}(1 - e^{-b(T-t)})dt + \sigma d\tilde{B}_t \tag{7.13}$$

和

$$\frac{dP(t,T)}{P(t,T)} = r_t dt + \frac{\sigma^2}{b^2}(1 - e^{-b(T-t)})^2 dt - \frac{\sigma}{b}(1 - e^{-b(T-t)})d\tilde{B}_t$$

可重新得到(7.12)。

方程(7.13)的解为：

$$\begin{aligned} r_t &= r_s e^{-b(t-s)} + \int_s^t e^{-b(t-u)}(a + \sigma^2 C(T-u))du + \sigma\int_s^t e^{-b(t-u)}d\tilde{B}_u \\ &= \mathbb{E}_{\tilde{\mathbb{P}}}[r_t \mid \mathcal{F}_s] + \sigma\int_s^t e^{-b(t-u)}d\tilde{B}_u \end{aligned}$$

因此由命题 1.2，在$\tilde{\mathbb{P}}$下r_t的条件均值和方差分别为：

$$\mathbb{E}_{\tilde{\mathbb{P}}}[r_t \mid \mathcal{F}_s] = r_s e^{-b(t-s)} + \int_s^t e^{-b(t-u)}(a + \sigma^2 C(T-u))du$$

和

$$\begin{aligned} \text{Var}_{\tilde{\mathbb{P}}}[r_t \mid \mathcal{F}_s] &= \mathbb{E}_{\tilde{\mathbb{P}}}[(r_t - \mathbb{E}_{\tilde{\mathbb{P}}}[r_t \mid \mathcal{F}_s])^2 \mid \mathcal{F}_s] \\ &= \frac{\sigma^2}{2b}(1 - e^{-2b(t-s)}) \end{aligned}$$

因此关于$P(T,S)$的买入期权的价格为：

$$\begin{aligned} \mathbb{E}_{\mathbb{P}}\left[e^{-\int_t^T r_s ds}(P(T,S) - K)^+ \mid \mathcal{F}_t\right] &= P(t,T)\mathbb{E}_{\tilde{\mathbb{P}}}\left[(P(T,S) - K)^+ \mid \mathcal{F}_t\right] \\ &= P(t,T)\mathbb{E}_{\tilde{\mathbb{P}}}\left[(F(T,r_T) - K)^+ \mid \mathcal{F}_t\right] \\ &= P(t,T)\mathbb{E}_{\tilde{\mathbb{P}}}\left[(e^{A(S-T)+r_T C(S-T)} - K)^+ \mid \mathcal{F}_t\right] \\ &= P(t,T)\mathbb{E}_{\tilde{\mathbb{P}}}\left[(e^{\tilde{m}(t,T,S)+X} - K)^+ \mid r_t\right] \end{aligned}$$

其中在给定$\mathcal{F}_t$的条件下，X是一个中心高斯随机变量，方差为：

$$\begin{aligned} v^2(t,T,S) &= \text{Var}_{\tilde{\mathbb{P}}}[C(S-T)r_T \mid \mathcal{F}_t] \\ &= C^2(S-T)\text{Var}_{\tilde{\mathbb{P}}}[r_T \mid r_t] \\ &= \frac{\sigma^2}{2b}C^2(S-T)(1 - e^{-2b(T-t)}) \end{aligned}$$

并且

$$\tilde{m}(t,T,S) = A(S-T) + C(S-T)\mathbb{E}_{\mathbb{P}}[r_T \mid \mathcal{F}_t]$$

第七章 远期测度和衍生产品定价

$$= A(S-T) + C(S-T)\left(r_t e^{-b(T-t)} + \int_t^T e^{-b(T-u)}(a + \sigma C(T-u))du\right)$$

其中

$$A(S-T) = \frac{4ab - 3\sigma^2}{4b^3} + \frac{\sigma^2 - 2ab}{2b^2}(S-T) + \frac{\sigma^2 - ab}{b^3}e^{-b(S-T)} - \frac{\sigma^2}{4b^3}e^{-2b(S-T)}$$

从命题 7.2 可知:

$$t \mapsto \frac{P(t,S)}{P(t,T)} \qquad 0 \leqslant t \leqslant T \leqslant S$$

是在 $\tilde{\mathbb{P}}$ 下的一个鞅,所以得到:

$$\begin{aligned}
\frac{P(t,S)}{P(t,T)} &= \mathbb{E}_{\tilde{\mathbb{P}}}\left[P(T,S)\big|\mathcal{F}_t\right] \\
&= \mathbb{E}_{\tilde{\mathbb{P}}}\left[e^{A(S-T)+r_T C(S-T)}\big|\mathcal{F}_t\right] \\
&= e^{A(S-T)+C(S-T)\mathbb{E}_{\tilde{\mathbb{P}}}[r_T|\mathcal{F}_t]+\frac{1}{2}C^2(S-T)\text{Var}_{\tilde{\mathbb{P}}}[r_T|\mathcal{F}_t]} \\
&= e^{\tilde{m}(t,T,S)+\frac{1}{2}v^2(t,T,S)}
\end{aligned} \tag{7.14}$$

上述的并不显然的关系式(7.14)实际上可以验证如下[①]:

$$-v^2/2 + \log(P(t,S)/P(t,T)) = -v^2/2 + \log P(t,S) - \log P(t,T)$$
$$= -v^2/2 + A(S-t) + r_t C(S-t) - (A(T-t) + r_t C(T-t))$$
$$= -v^2/2 + A(S-t) - A(T-t) + r_t(C(S-t) - C(T-t))$$
$$= -\frac{\sigma^2}{4b}C^2(S-T)(1 - e^{-2b(T-t)})$$
$$\quad + A(S-t) - A(T-t) + r_t C(S-T)e^{-b(T-t)}$$
$$= A(S-T)$$
$$\quad + C(S-T)\left(r_t e^{-b(T-t)} + \int_t^T e^{-b(T-u)}(a + \sigma^2 C(T-u))du\right)$$
$$= \tilde{m}(t,T,S)$$

最终得到:

$$\mathbb{E}_{\mathbb{P}}\left[e^{-\int_t^T r_s ds}(P(T,S)-K)^+\big|\mathcal{F}_t\right] = P(t,T)\mathbb{E}_{\tilde{\mathbb{P}}}\left[(e^{\tilde{m}(t,T,S)+X}-K)^+\big|r_t\right]$$
$$= P(t,T)e^{\tilde{m}+\frac{v^2}{2}}\Phi(v + (\tilde{m}-\log K)/v) - KP(t,T)\Phi((\tilde{m}-\log K)/v)$$
$$= P(t,S)\Phi(v + (\tilde{m}-\log K)/v) - KP(t,T)\Phi((\tilde{m}-\log K)/v)$$
$$= P(t,S)\Phi\left(\frac{1}{v}\log\frac{P(t,S)}{KP(t,T)} + \frac{v}{2}\right) - KP(t,T)\Phi\left(\frac{1}{v}\log\frac{P(t,S)}{KP(t,T)} - \frac{v}{2}\right)$$

如[BM06]76页所述。

[①]这可能会费花大量的时间。

7.4 测度逆变换

本节介绍的内容是条件逆变换密度的计算,并将在后面的章节中用到。

命题7.4
$$\mathbb{E}_{\tilde{\mathbb{P}}}\left[\frac{\mathrm{d}\mathbb{P}}{\mathrm{d}\tilde{\mathbb{P}}}\Big|\mathcal{F}_t\right] = \frac{P(0,T)}{P(t,T)}\exp\left(\int_0^t r_s \mathrm{d}s\right) \qquad 0 \leqslant t \leqslant T \qquad (7.15)$$

并且过程
$$t \mapsto \frac{1}{P(t,T)}\exp\left(\int_0^t r_s \mathrm{d}s\right) \qquad 0 \leqslant t \leqslant T$$

是$\tilde{\mathbb{P}}$下的$\mathcal{F}_t$-鞅。

证明:对于所有的有界且$\mathcal{F}_t$-可测的随机变量F,利用(7.4)式和附录 A 中条件期望的特性(11.3),有:

$$\begin{aligned}
\mathbb{E}_{\tilde{\mathbb{P}}}\left[F\frac{\mathrm{d}\mathbb{P}}{\mathrm{d}\tilde{\mathbb{P}}}\right] &= \mathbb{E}_{\mathbb{P}}[F] \\
&= \mathbb{E}_{\mathbb{P}}\left[F\frac{P(t,T)}{P(t,T)}\right] \\
&= \mathbb{E}_{\mathbb{P}}\left[\frac{F}{P(t,T)}\exp\left(-\int_t^T r_s \mathrm{d}s\right)\right] \\
&= \mathbb{E}_{\tilde{\mathbb{P}}}\left[F\frac{P(0,T)}{P(t,T)}\exp\left(\int_0^t r_s \mathrm{d}s\right)\right]
\end{aligned}$$

其中最后一行是应用定义7.1得到的,于是得到(7.15)式。 □

由伊藤积分,从(7.7)式可得到:
$$\mathrm{d}\left(\frac{1}{P(t,T)}\right) = -\frac{1}{P(t,T)}r_t \mathrm{d}t - \frac{1}{P(t,T)}\zeta_t(\mathrm{d}B_t - \zeta_t \mathrm{d}t)$$

和
$$\begin{aligned}
\mathrm{d}\left(\frac{1}{P(t,T)}\exp\left(\int_0^t r_s \mathrm{d}s\right)\right) &= -\frac{\zeta_t}{P(t,T)}\exp\left(\int_0^t r_s \mathrm{d}s\right)(\mathrm{d}B_t - \zeta_t \mathrm{d}t) \\
&= -\frac{1}{P(t,T)}\exp\left(\int_0^t r_s \mathrm{d}s\right)\zeta_t \mathrm{d}\tilde{B}_t
\end{aligned}$$

于是可由命题7.3得到命题7.4的第二部分,即在$\tilde{\mathbb{P}}$下

$$t \mapsto \frac{1}{P(t,T)}\exp\left(\int_0^t r_s \mathrm{d}s\right)$$

的鞅性。

7.5 练习

练习 7.1 (练习 6.1续)
(1) 推导$t \mapsto P(t,T)$满足的随机微分方程。

第七章 远期测度和衍生产品定价

(2) 推导 $t \mapsto \mathrm{e}^{-\int_0^t r_s \mathrm{d}s} P(t,T)$ 满足的随机微分方程。

(3) 将条件期望
$$\mathbb{E}_{\mathbb{P}}\left[\frac{\mathrm{d}\tilde{\mathbb{P}}}{\mathrm{d}\mathbb{P}}\bigg|\mathcal{F}_t\right]$$
表示为关于 $P(t,T)$、$P(0,T)$ 和 $\mathrm{e}^{-\int_0^t r_s \mathrm{d}s}$ 的函数。

(4) 求出
$$t \mapsto \mathbb{E}_{\mathbb{P}}\left[\frac{\mathrm{d}\tilde{\mathbb{P}}}{\mathrm{d}\mathbb{P}}\bigg|\mathcal{F}_t\right]$$
满足的随机微分方程。

(5) 通过求解问题(1)中的随机微分方程,计算出远期测度关于 $\mathbb{P}$ 的密度 $\mathrm{d}\tilde{\mathbb{P}}/\mathrm{d}\mathbb{P}$。

(6) 利用Girsanov定理求出在远期测度下 r_t 的动态方程。

(7) 计算债券买入期权的价格:
$$\mathbb{E}_{\mathbb{P}}\left[\mathrm{e}^{-\int_t^T r_s \mathrm{d}s}(P(T,S)-K)^+\right] = P(t,T)\mathbb{E}_{\tilde{\mathbb{P}}}\left[(P(T,S)-K)^+\right]$$

练习 7.2 (练习 6.2续)

(1) 计算远期测度 $\tilde{\mathbb{P}}$ 关于 $\mathbb{P}$ 的密度。
$$\frac{\mathrm{d}\tilde{\mathbb{P}}}{\mathrm{d}\mathbb{P}} = \frac{1}{P(0,T)}\mathrm{e}^{-\int_0^T r_t \mathrm{d}t}$$

(2) 利用Girsanov定理求出在远期测度下 r_t 的动态方程。

(3) 为了计算方便设 $b=0$,计算在时刻 $t=0$ 时的债券买入期权的价格。
$$\mathbb{E}_{\mathbb{P}}\left[\mathrm{e}^{-\int_0^T r_s \mathrm{d}s}(P(T,S)-K)^+\right] = P(0,T)\mathbb{E}_{\tilde{\mathbb{P}}}\left[(P(T,S)-K)^+\right]$$

练习 7.3 Vasicek 短期利率模型为:
$$\mathrm{d}r_t = -br_t \mathrm{d}t + \sigma \mathrm{d}B_t$$
其中 $(B_t)_{t\in\mathbb{R}_+}$ 是一个在 $\mathbb{P}$ 下的标准布朗运动。

(1) 求解到期日为 T_1, T_2 的债券价格 $P(t,T_1), P(t,T_2)$ 的动态方程。
$$\frac{\mathrm{d}P(t,T_i)}{P(t,T_i)} = r_t \mathrm{d}t + \zeta_t^i \mathrm{d}B_t \quad i=1,2$$

(2) 求解远期利率 $f(t,T_1,T_2)$ 的表达式。

(3) 计算在满足
$$\frac{d\mathbb{P}_2}{d\mathbb{P}} = \frac{1}{P(0,T_2)} e^{-\int_0^{T_2} r_s ds}$$
的远期测度$\mathbb{P}_2$下$f(t,T_1,T_2)$的动态方程。

(4) 利用在远期测度$\mathbb{P}_2$下的期望，计算在时刻$t \in [0,T_1]$的利率上限的价格。
$$(T_2 - T_1)\, \mathbb{E}\left[e^{-\int_t^{T_2} r_s ds}(f(T_1,T_1,T_2) - \kappa)^+ \Big| \mathcal{F}_t\right]$$

练习 7.4 (练习 4.5续) 假设$(\sigma_t^T)_{t \in [0,T]}$和$(\sigma_t^S)_{t \in [0,S]}$是确定的函数，计算敲定价格为$\kappa$的债券看涨期权的价格。
$$\mathbb{E}\left[e^{-\int_t^T r_s ds}(P(T,S) - \kappa)^+ \Big| \mathcal{F}_t\right] = P(t,T)\, \mathbb{E}_{\tilde{P}}\left[(P(T,S) - \kappa)^+ \Big| \mathcal{F}_t\right]$$

若X在给定$\mathcal{F}_t$下是一个中心高斯随机变量，均值为m_t，方差为v_t^2，则下面等式成立：
$$\mathbb{E}[(e^X - K)^+ \mid \mathcal{F}_t] = e^{m_t + v_t^2/2} \Phi\left(\frac{v_t}{2} + \frac{1}{v_t}(m_t + v_t^2/2 - \log K)\right)$$
$$- K\Phi\left(-\frac{v_t}{2} + \frac{1}{v_t}(m_t + v_t^2/2 - \log K)\right)$$

其中$\Phi(x)$, $x \in \mathbb{R}$表示高斯分布函数。

练习 7.5 (练习 5.3续)

(1) 计算远期测度$\tilde{\mathbb{P}}$关于$\mathbb{P}$的条件密度。
$$\mathbb{E}\left[\frac{d\tilde{\mathbb{P}}}{d\mathbb{P}} \Big| \mathcal{F}_t\right] = \frac{P(t,T)}{P(0,T)} e^{-\int_0^t r_s^T ds}$$

(2) 证明过程
$$\tilde{B}_t := B_t - \sigma t \quad 0 \leqslant t \leqslant T$$
是在$\tilde{\mathbb{P}}$下的标准布朗运动。

(3) 计算在$\tilde{\mathbb{P}}$下X_t^S和$P(t,S)$的动态过程。
提示：证明
$$-\mu(S-T) + \sigma(S-T)\int_0^t \frac{1}{S-s} dB_s = \frac{S-T}{S-t} \log P(t,S)$$

(4) 计算债券价格。
$$\mathbb{E}\left[e^{-\int_t^T r_s^T ds}(P(T,S) - K)^+ \Big| \mathcal{F}_t\right] = P(t,T)\, \mathbb{E}_{\tilde{P}}\left[(P(T,S) - K)^+ \Big| \mathcal{F}_t\right]$$
$$0 \leqslant t < T < S$$

第八章　拟合曲线和双因子模型

前几章所介绍的短期利率模型都是单因子模型，也就是说其中的随机变化是仅由一个布朗运动所驱动的。这样的模型给拟合远期曲线带来某些局限，并导致了不同到期日的零息债券价格之间存在过大的相关性。本章的目的是探讨两个随机源驱动的双因子模型，它可使参数有更多的选择去拟合远期曲线。

8.1　曲线拟合

在Vasicek模型中，瞬时远期利率模型用Musiela记号$(x = T - t)$表示为：

$$f(t,T) = \frac{a}{b} - \frac{\sigma^2}{2b^2} + \left(r_t - \frac{a}{b} + \frac{\sigma^2}{b^2}\right)e^{-bx} - \frac{\sigma^2}{2b^2}e^{-2bx} \tag{8.1}$$

因此

$$\frac{\partial f}{\partial T}(t,T) = e^{-b(T-t)}\left(-br_t + a - \frac{\sigma^2}{b} + \frac{\sigma^2}{b}e^{-b(T-t)}\right)$$

且容易验证 f 的导数的符号最多只能改变一次。因此，在Vasicek模型中每条可能的远期曲线最多只能有一次"模式"的改变，就像图8.1中不同的r_t值所展示的一样。

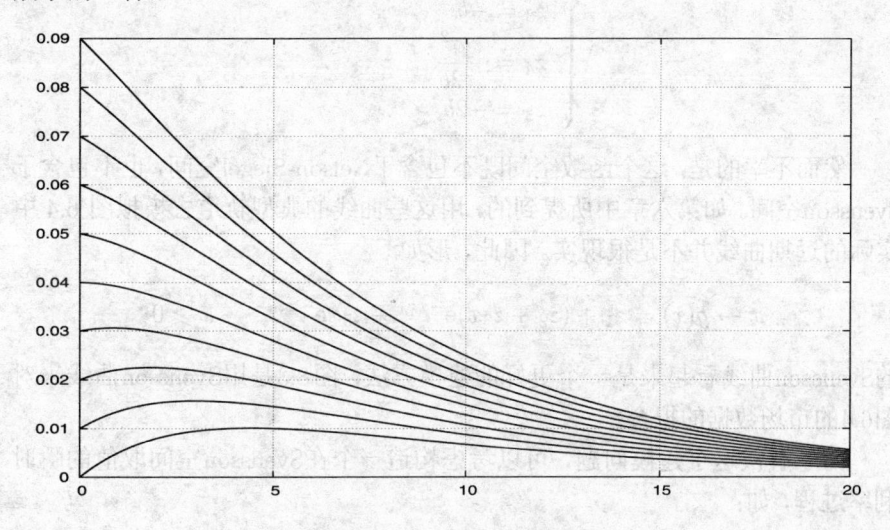

图 8.1　远期利率的图形

例如，图6.3中短期利率的Vasicek路径驱动了在图8.2中所表示的瞬时远期利率，当 x 趋于无穷大时，该瞬时远期利率都收敛于"长期利率"，即：

$$\lim_{x \to \infty} f(t, t+x) = \lim_{T \to \infty} f(t,T) = \frac{a}{b} - \frac{\sigma^2}{2b^2}$$

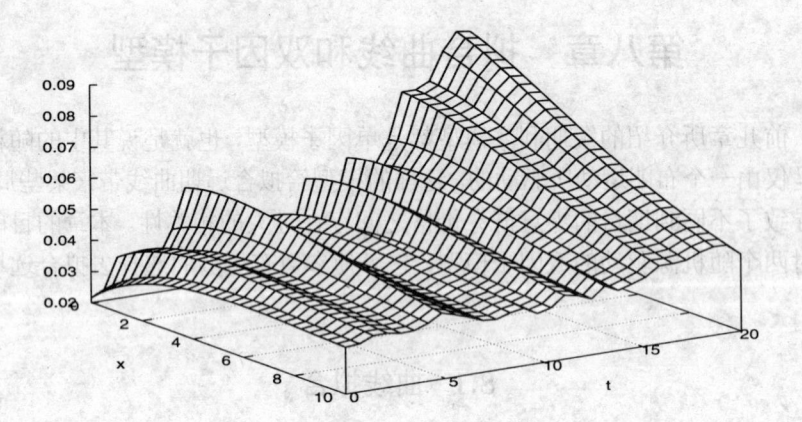

图 8.2 Vasicek模型中的远期瞬时利率曲线 $(t, x) \mapsto f(t, t+x)$

由关系式 (8.1)可知, 在Vasicek模型中瞬时远期曲线"存在于"由

$$x \mapsto z_1 + z_2 e^{z_3 x} + z_4 e^{z_5 x} \tag{8.2}$$

所产生的函数空间, 其中

$$\begin{cases} z_1 = \dfrac{a}{b} - \dfrac{\sigma^2}{2b^2} \\ z_2 = r_t - \dfrac{a}{b} + \dfrac{\sigma^2}{b^2} \\ z_3 = -b \\ z_4 = -\dfrac{\sigma^2}{2b} \\ z_5 = -2b \end{cases}$$

然而不幸的是, 这个函数空间既不包含于Nelson-Siegel空间, 也不包含于Svensson空间。如第六章中所提到的, 用这些曲线的典型轨道去模拟图 6.4 中实际的远期曲线并不是很现实。因此, 形如

$$x \mapsto g(x) = z_1 + (z_2 + z_3 x)e^{-xz_4} + z_5 x e^{-xz_6} \qquad x \geqslant 0$$

的Svensson曲线看起来是一个更好的建模方法, 图8.3是用Svensson曲线来对图6.4的市场数据的拟合。

为了解决这个建模问题, 可以考虑构造一个在Svensson空间取值的瞬时利率过程, 如:

$$\begin{aligned} x \mapsto f(t, T) &= f(t, t+x) \\ &= z_1(t) + (z_2(t) + z_3(t)x)e^{-xz_4(t)} + z_5(t)xe^{-xz_6(t)} \\ & x \geqslant 0 \end{aligned}$$

其中$z_i(t)$, $i = 1, \cdots, 6$ 是适当选取的随机过程且$x = T - t$。图6.1给出了这种方法模拟出来的一个例子。

第八章 拟合曲线和双因子模型

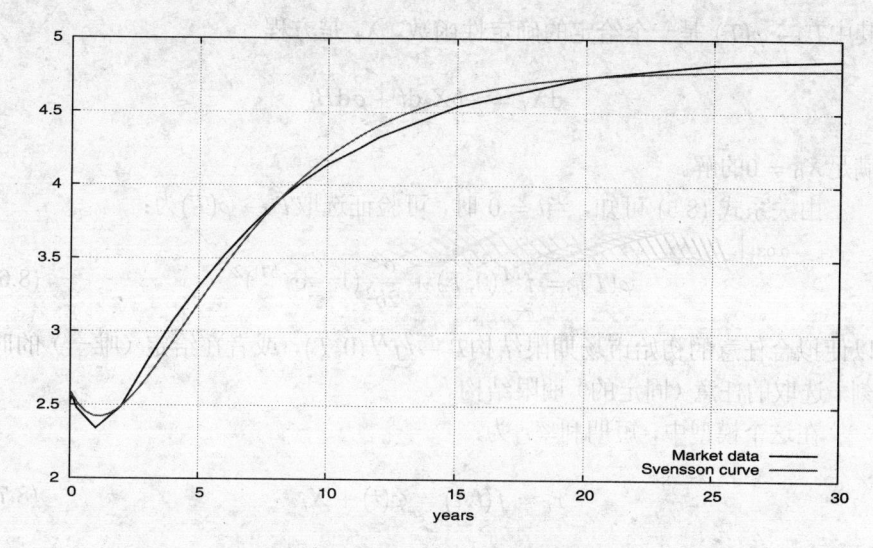

图 8.3 市场数据与Svensson曲线的对比

在这种情况下,短期利率可以定义为:

$$r_t = f(t, t+0) = z_1(t) + z_2(t) \qquad t \in \mathbb{R}_+$$

然而这样的建模方法会出现是否与无套利假设一致的问题,从无套利假设能得到下面的关系式,即:

$$P(t,T) = \exp\left(-\int_t^T f(t,s)\mathrm{d}s\right) \tag{8.3}$$

以及债券定价关系式

$$P(t,T) = \mathbb{E}\left[\exp\left(-\int_t^T r_s \mathrm{d}s\right) \Big| \mathcal{F}_t\right] \tag{8.4}$$

这意味着条件

$$\exp\left(-\int_t^T f(t,s)\mathrm{d}s\right) = \mathbb{E}\left[\exp\left(-\int_t^T f(s,s)\mathrm{d}s\right) \Big| \mathcal{F}_t\right]$$

成立。

这个问题的答案显然是否定的,因为可证明HJM曲线不存在于Nelson-Siegel空间或Svensson空间(参见[Bjö04]中的3.5)。

8.2 确定性函数变换

用确定性函数做变换是一个可能解决曲线拟合问题的方法。在此要再次利用远期利率的Vasicek模型,其中为了行文的简便设$a = 0$,则:

$$f(t,T) := \varphi(T) + X_t \mathrm{e}^{-b(T-t)} - \frac{\sigma^2}{2b^2}(1 - \mathrm{e}^{-b(T-t)})^2 \tag{8.5}$$

其中$T \mapsto \varphi(T)$是一个给定的确定性函数，X_t是方程

$$dX_t = -bX_t dt + \sigma dB_t$$

满足$X_0 = 0$的解。

由关系式 (8.5) 可知，当$t = 0$时，可验证选取$T \mapsto \varphi(T)$为：

$$\varphi(T) := f^M(0,T) + \frac{\sigma^2}{2b^2}(1 - e^{-bT})^2 \tag{8.6}$$

以便拟合任意的初始市场期限结构$T \mapsto f^M(0,T)$，或者在给定（唯一）的时刻t选取的任意（固定的）期限结构。

在这个模型中，短期利率r_t为：

$$r_t = f(t,t) = \varphi(t) + X_t \tag{8.7}$$

这个模型的意义在于获得与无套利假设的一致性以及上面的关系式 (8.3)和(8.4)，因为：

$$\begin{aligned}
P(t,T) &= \mathbb{E}\left[\exp\left(-\int_t^T r_s ds\right) \Big| \mathcal{F}_t\right] \\
&= \mathbb{E}\left[\exp\left(-\int_t^T \varphi(s)ds - \int_t^T X_s ds\right) \Big| \mathcal{F}_t\right] \\
&= \exp\left(-\int_t^T \varphi(s)ds\right) \mathbb{E}\left[\exp\left(-\int_t^T X_s ds\right) \Big| \mathcal{F}_t\right] \\
&= \exp\left(-\int_t^T \varphi(s)ds\right) \exp\left(-\int_t^T \left(X_t e^{-b(s-t)} - \frac{\sigma^2}{2b^2}(1-e^{-b(s-t)})^2\right)ds\right) \\
&= \exp\left(-\int_t^T f(t,s)ds\right)
\end{aligned}$$

其中将债券价格表示为$a = 0$的Vasicek模型中的远期利率积分的指数函数，这个方法只能拟合一条初始曲线。

8.3 相关性问题

当应用仿射模型时，相关性问题便成为要注意的问题。到期日为$T_3 = 30$的债券价格模拟，如图8.4所示；到期日为$T_2 = 20$的另一个债券价格的模拟如图8.5所示；图8.6将这些图形和到期日为$T_1 = 10$的债券价格的模拟相比较，显然，到期日分别为T_1和T_2的债券价格$P(t,T_1)$和$P(t,T_2)$之间满足关系式

$$P(t,T_2) = P(t,T_1)\exp(A(t,T_2) - A(t,T_1) + r_t(C(t,T_2) - C(t,T_1)))$$

这说明不同到期日的债券价格可以相互推出这一论断是不现实的。

第八章 拟合曲线和双因子模型

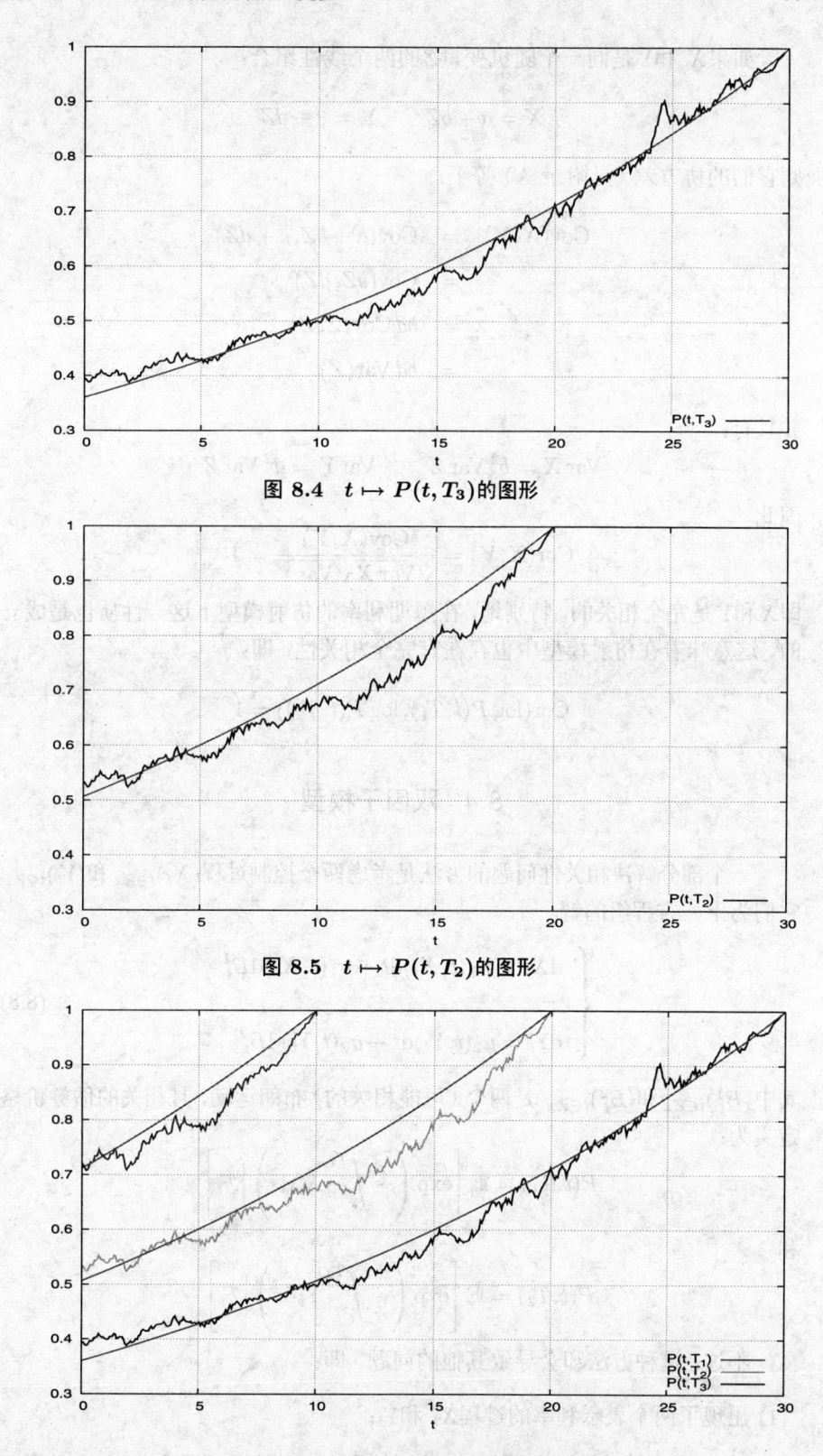

图 8.4 $t \mapsto P(t, T_3)$ 的图形

图 8.5 $t \mapsto P(t, T_2)$ 的图形

图 8.6 $t \mapsto P(t, T_1)$ 的图形

如果 X 和 Y 是同一个随机变量 Z 的两个线性组合：

$$X = a + bZ \qquad Y = c + dZ$$

则它们的协方差（见附录 A）等于：

$$\begin{aligned}
\operatorname{Cov}(X,Y) &= \operatorname{Cov}(a+bZ, c+dZ) \\
&= \operatorname{Cov}(bZ, dZ) \\
&= bd\operatorname{Cov}(Z,Z) \\
&= bd\operatorname{Var}(Z)
\end{aligned}$$

并且有：

$$\operatorname{Var} X = b^2 \operatorname{Var} Z \qquad \operatorname{Var} Y = d^2 \operatorname{Var} Z$$

因此

$$\operatorname{Cor}(X,Y) = \frac{\operatorname{Cov}(X,Y)}{\sqrt{\operatorname{Var} X}\sqrt{\operatorname{Var} Y}} = 1$$

即 X 和 Y 是完全相关的。特别地，在短期利率的仿射模型下这一性质也是成立的，这意味着在仿射模型中也存在有完全相关性，即：

$$\operatorname{Cor}(\log P(t,T_1), \log P(t,T_2)) = 1$$

8.4 双因子模型

一个部分解决相关性问题的方法是考虑两个控制过程 $(X_t)_{t\in\mathbb{R}_+}$ 和 $(Y_t)_{t\in\mathbb{R}_+}$，它们为下一方程组的解

$$\begin{cases} \mathrm{d}X_t = \mu_1(t,X_t)\mathrm{d}t + \sigma_1(t,X_t)\mathrm{d}B_t^1 \\ \\ \mathrm{d}Y_t = \mu_2(t,Y_t)\mathrm{d}t + \sigma_2(t,Y_t)\mathrm{d}B_t^2 \end{cases} \tag{8.8}$$

其中 $(B_t^1)_{t\in\mathbb{R}_+}$ 和 $(B_t^2)_{t\in\mathbb{R}_+}$ 是两个（可能相关的）布朗运动，且相关的债券价格定义为：

$$P(t,T_1) = \mathbb{E}\left[\exp\left(-\int_t^{T_1} X_s \mathrm{d}s\right)\bigg|\mathcal{F}_t\right]$$

和

$$P(t,T_2) = \mathbb{E}\left[\exp\left(-\int_t^{T_2} Y_s \mathrm{d}s\right)\bigg|\mathcal{F}_t\right]$$

不过，这种方法却会导致其他的问题，即：

(1) 出现了两个表示利率的过程 X_t 和 Y_t；

(2) 对每个新的到期日 $T_n(n \geqslant 3)$ 都需要引入一个新的控制过程。

第八章 拟合曲线和双因子模型

假设$(B_t^1)_{t\in\mathbb{R}_+}$和$(B_t^2)_{t\in\mathbb{R}_+}$有相关系数$\rho\in[-1,1]$,即:

$$\mathrm{Cov}(B_s^1, B_t^2) = \rho\min(s,t) \qquad s,t\in\mathbb{R}_+ \tag{8.9}$$

用随机微分表示为:

$$\mathrm{d}B_t^1\mathrm{d}B_t^2 = \rho\mathrm{d}t \tag{8.10}$$

实际上,$(B^1)_{t\in\mathbb{R}_+}$和$(B^2)_{t\in\mathbb{R}_+}$可由两个独立的布朗运动$(W^1)_{t\in\mathbb{R}_+}$和$(W^2)_{t\in\mathbb{R}_+}$来构造,令

$$\begin{cases} B_t^1 = W_t^1 \\ B_t^2 = \rho W_t^1 + \sqrt{1-\rho^2}W_t^2 \qquad t\in\mathbb{R}_+ \end{cases}$$

很容易验证这个构造满足关系式(8.9)和(8.10)。

在双因子模型中可以通过

$$r_t = \varphi(t) + X_t + Y_t \qquad t\in\mathbb{R}_+$$

来构造短期利率r_t,其中函数$\varphi(T)$可如(8.6)式选取为使得拟合初始远期曲线的函数。

运用第四章中的标准套利理论,定义到期日为T的债券价格为:

$$P(t,T) := \mathbb{E}\left[\exp\left(-\int_t^T r_s\mathrm{d}s\right)\Big|\mathcal{F}_t\right] \tag{8.11}$$

作为随机微分方程(8.8)的一个解,$(X_t,Y_t)_{t\in\mathbb{R}_+}$具有马氏性,因此有:

$$P(t,T) = \mathbb{E}\left[\exp\left(-\int_t^T r_s\mathrm{d}s\right)\Big|X_t,Y_t\right] \tag{8.12}$$

然而它将不再直接依赖于短期利率r_t。

不过,$P(t,T)$可写为关于t、X_t和Y_t的函数,即:

$$P(t,T) = F(t,X_t,Y_t)$$

并且根据

$$\begin{aligned} t\mapsto e^{-\int_0^t r_s\mathrm{d}s}P(t,T) &= e^{-\int_0^t r_s\mathrm{d}s}\mathbb{E}\left[\exp\left(-\int_t^T r_s\mathrm{d}s\right)\Big|\mathcal{F}_t\right] \\ &= \mathbb{E}\left[\exp\left(-\int_0^T r_s\mathrm{d}s\right)\Big|\mathcal{F}_t\right] \end{aligned}$$

是一个在测度$\mathbb{P}$下的$\mathcal{F}_t$-鞅这一事实,可以用双变量伊藤公式来推导$\mathbb{R}^2$空间上关于债券价格$P(t,T)$的偏微分方程。

于是有：

$$d\left(e^{-\int_0^t r_s ds}P(t,T)\right) = -r_t e^{-\int_0^t r_s ds}P(t,T)dt + e^{-\int_0^t r_s ds}dP(t,T) \tag{8.13}$$

$$= -r_t e^{-\int_0^t r_s ds}P(t,T)dt + e^{-\int_0^t r_s ds}dF(t,X_t,Y_t)$$

$$= -r_t e^{-\int_0^t r_s ds}P(t,T)dt + e^{-\int_0^t r_s ds}\frac{\partial F}{\partial x}(t,X_t,Y_t)dX_t$$

$$+ e^{-\int_0^t r_s ds}\frac{\partial F}{\partial y}(t,X_t,Y_t)dY_t + \frac{1}{2}e^{-\int_0^t r_s ds}\frac{\partial^2 F}{\partial x^2}(t,X_t,Y_t)\sigma_1^2(t,X_t)dt$$

$$+ \frac{1}{2}e^{-\int_0^t r_s ds}\frac{\partial^2 F}{\partial y^2}(t,X_t,Y_t)\sigma_2^2(t,Y_t)dt$$

$$+ e^{-\int_0^t r_s ds}\rho\frac{\partial^2 F}{\partial x\partial y}(t,X_t,Y_t)\sigma_1(t,X_t)\sigma_2(t,Y_t)dt$$

$$= e^{-\int_0^t r_s ds}\frac{\partial F}{\partial x}(t,X_t,Y_t)\sigma_1(t,X_t)dB_t^1 + e^{-\int_0^t r_s ds}\frac{\partial F}{\partial y}(t,X_t,Y_t)\sigma_2(t,Y_t)dB_t^2$$

$$e^{-\int_0^t r_s ds}\left(-r_t P(t,T) + \frac{\partial F}{\partial x}(t,X_t,Y_t)\mu_1(t,X_t) + \frac{\partial F}{\partial y}(t,X_t,Y_t)\mu_2(t,Y_t)\right.$$

$$+ \frac{1}{2}\frac{\partial^2 F}{\partial x^2}(t,X_t,Y_t)\sigma_1^2(t,X_t) + \frac{1}{2}\frac{\partial^2 F}{\partial y^2}(t,X_t,Y_t)\sigma_2^2(t,Y_t)$$

$$\left. + \rho\frac{\partial^2 F}{\partial x\partial y}(t,X_t,Y_t)\sigma_1(t,X_t)\sigma_2(t,Y_t)\right)dt$$

因此，债券定价的偏微分方程为：

$$-(\varphi(t)+x+y)F(t,x,y) + \mu_1(t,x)\frac{\partial F}{\partial x}(t,x,y)$$

$$+\mu_2(t,y)\frac{\partial F}{\partial y}(t,x,y) + \frac{1}{2}\sigma_1^2(t,x)\frac{\partial^2 F}{\partial x^2}(t,x,y)$$

$$+\frac{1}{2}\sigma_2^2(t,y)\frac{\partial^2 F}{\partial y^2}(t,x,y) + \rho\sigma_1(t,x)\sigma_2(t,y)\frac{\partial^2 F}{\partial x\partial y}(t,x,y) = 0 \tag{8.14}$$

下面来考虑另一个Vasicek型的例子，其中

$$\begin{cases} dX_t = -aX_t dt + \sigma dB_t^1 \\ dY_t = -bY_t dt + \eta dB_t^2 \end{cases} \tag{8.15}$$

在此，利用表达式(8.12)将$P(t,T) = F(t,X_t,Y_t)$作为条件期望来计算，而不直接求解二维偏微分方程(8.14)。

命题8.1 有下面的等式成立：

$$P(t,T) = \exp\left(-\int_t^T \varphi(s)ds - \frac{1}{a}(1-e^{-a(T-t)})X_t - \frac{1}{b}(1-e^{-b(T-t)})Y_t\right)$$

$$\times \exp\left(\frac{\sigma^2}{2a^2}\int_t^T (e^{-a(T-s)}-1)^2 ds + \frac{\eta^2}{2b^2}\int_t^T (e^{-b(T-s)}-1)^2 ds\right)$$

第八章 拟合曲线和双因子模型

$$\times \exp\left(\rho\frac{\sigma\eta}{ab}\int_t^T (e^{-a(T-s)}-1)(e^{-b(T-s)}-1)ds\right)$$

其中，$0 \leqslant t \leqslant T$。

证明：因为

$$\begin{aligned}\int_0^t X_s ds &= \frac{1}{a}\left(\sigma B_t^1 - X_t\right) \\ &= \frac{\sigma}{a}\left(B_t^1 - \int_0^t e^{-a(t-s)}dB_s^1\right) \\ &= \frac{\sigma}{a}\int_0^t (1-e^{-a(t-s)})dB_s^1\end{aligned}$$

因此

$$\begin{aligned}\int_t^T X_s ds &= \int_0^T X_s ds - \int_0^t X_s ds \\ &= \frac{\sigma}{a}\int_0^T (1-e^{-a(T-s)})dB_s^1 - \frac{\sigma}{a}\int_0^t (1-e^{-a(t-s)})dB_s^1 \\ &= -\frac{\sigma}{a}\left(\int_0^t (e^{-a(T-s)}-e^{-a(t-s)})dB_s^1 + \int_t^T (e^{-a(T-s)}-1)dB_s^1\right) \\ &= -\frac{\sigma}{a}(e^{-a(T-t)}-1)\int_0^t e^{-a(t-s)}dB_s^1 - \frac{\sigma}{a}\int_t^T (e^{-a(T-s)}-1)dB_s^1 \\ &= -\frac{1}{a}(e^{-a(T-t)}-1)X_t - \frac{\sigma}{a}\int_t^T (e^{-a(T-s)}-1)dB_s^1\end{aligned}$$

类似地

$$\int_t^T Y_s ds = -\frac{1}{b}(e^{-b(T-t)}-1)Y_t - \frac{\eta}{b}\int_t^T (e^{-b(T-s)}-1)dB_s^2$$

因此，在条件$\mathcal{F}_t$下，随机向量$\left(\int_t^T X_s ds, \int_t^T Y_s ds\right)$是高斯型的，均值为：

$$\begin{pmatrix}\mathbb{E}\left[\int_t^T X_s ds\big|\mathcal{F}_t\right] \\ \mathbb{E}\left[\int_t^T Y_s ds\big|\mathcal{F}_t\right]\end{pmatrix} = \begin{pmatrix}\frac{1}{a}(1-e^{-a(T-t)})X_t \\ \frac{1}{b}(1-e^{-b(T-t)})Y_t\end{pmatrix}$$

条件协方差矩阵为：

$$\mathrm{Cov}\left(\int_t^T X_s ds, \int_t^T Y_s ds\big|\mathcal{F}_t\right) =$$
$$\begin{pmatrix}\frac{\sigma^2}{a^2}\int_t^T (e^{-a(T-s)}-1)^2 ds & \rho\frac{\sigma\eta}{ab}\int_t^T (e^{-a(T-s)}-1)(e^{-b(T-s)}-1)ds \\ \rho\frac{\sigma\eta}{ab}\int_t^T (e^{-a(T-s)}-1)(e^{-b(T-s)}-1)ds & \frac{\eta^2}{b^2}\int_t^T (e^{-b(T-s)}-1)^2 ds\end{pmatrix}$$

由伊藤等距公式(1.4)可得到：

$$P(t,T) = \mathbb{E}\left[\exp\left(-\int_t^T r_s \mathrm{d}s\right)\bigg|\mathcal{F}_t\right]$$

$$= \exp\left(-\int_t^T \varphi(s)\mathrm{d}s\right)\mathbb{E}\left[\exp\left(-\int_t^T X_s\mathrm{d}s - \int_t^T Y_s\mathrm{d}s\right)\bigg|\mathcal{F}_t\right]$$

$$= \exp\left(-\int_t^T \varphi(s)\mathrm{d}s - \mathbb{E}\left[\int_t^T X_s\mathrm{d}s\bigg|\mathcal{F}_t\right] - \mathbb{E}\left[\int_t^T Y_s\mathrm{d}s\bigg|\mathcal{F}_t\right]\right)$$

$$\times \exp\left(\frac{1}{2}\left\langle \mathrm{Cov}\left(\int_t^T X_s\mathrm{d}s, \int_t^T Y_s\mathrm{d}s\bigg|\mathcal{F}_t\right)\begin{bmatrix}1\\1\end{bmatrix}, \begin{bmatrix}1\\1\end{bmatrix}\right\rangle_{\mathbb{R}^2}\right)$$

$$= \exp\left(-\int_t^T \varphi(s)\mathrm{d}s - \frac{1}{a}(1-\mathrm{e}^{-a(T-t)})X_t - \frac{1}{b}(1-\mathrm{e}^{-b(T-t)})Y_t\right)$$

$$\times \exp\left(\frac{\sigma^2}{2a^2}\int_t^T (\mathrm{e}^{-a(T-s)}-1)^2 \mathrm{d}s + \frac{\eta^2}{2b^2}\int_t^T (\mathrm{e}^{-b(T-s)}-1)^2 \mathrm{d}s\right)$$

$$\times \exp\left(\rho\frac{\sigma\eta}{ab}\int_t^T (\mathrm{e}^{-a(T-s)}-1)(\mathrm{e}^{-b(T-s)}-1)\mathrm{d}s\right)$$

另一种证明方法见[BM06]，第四章，附录 A。

由于给定$\mathcal{F}_t$，$\int_t^T X_s\mathrm{d}s + \int_t^T Y_s\mathrm{d}s$的方差等于

$$\left\langle \mathrm{Cov}\left(\int_t^T X_s\mathrm{d}s, \int_t^T Y_s\mathrm{d}s\bigg|\mathcal{F}_t\right)\begin{bmatrix}1\\1\end{bmatrix}, \begin{bmatrix}1\\1\end{bmatrix}\right\rangle_{\mathbb{R}^2}$$

高斯随机向量的Laplace变换(11.2)的细节见附录 A。 □

上一命题特别地表明了二维偏微分方程(8.14)的解为：

$$F(t,x,y) = \exp\left(-\int_t^T \varphi(s)\mathrm{d}s - \frac{1}{a}(1-\mathrm{e}^{-a(T-t)})x - \frac{1}{b}(1-\mathrm{e}^{-b(T-t)})y\right)$$

$$\times \exp\left(\frac{\sigma^2}{2a^2}\int_t^T (\mathrm{e}^{-a(T-s)}-1)^2 \mathrm{d}s + \frac{\eta^2}{2b^2}\int_t^T (\mathrm{e}^{-b(T-s)}-1)^2 \mathrm{d}s\right)$$

$$\times \exp\left(\rho\frac{\sigma\eta}{ab}\int_t^T (\mathrm{e}^{-a(T-s)}-1)(\mathrm{e}^{-b(T-s)}-1)\mathrm{d}s\right)$$

债券价格$P(t,T)$也可写为：

$$P(t,T) = F_1(t,X_t)F_2(t,Y_t)\exp\left(-\int_t^T \varphi(s)\mathrm{d}s + U(t,T)\right) \tag{8.16}$$

第八章 拟合曲线和双因子模型

其中 $F_1(t, X_t)$ 和 $F_2(t, Y_t)$ 是Vasicek模型中与 X_t 和 Y_t 有关的债券价格：

$$F_1(t, X_t) = \mathbb{E}\left[\exp\left(-\int_t^T X_s \mathrm{d}s\right) \Big| X_t\right]$$

$$= \exp\left[\frac{\sigma^2}{a^2}\left(T - t + \frac{2}{a}\mathrm{e}^{-a(T-t)} - \frac{1}{2a}\mathrm{e}^{-2a(T-t)} - \frac{3}{2a}\right) - \frac{1 - \mathrm{e}^{-a(T-t)}}{a}X_t\right],$$

$$F_2(t, Y_t) = \mathbb{E}\left[\exp\left(-\int_t^T Y_s \mathrm{d}s\right) \Big| Y_t\right]$$

$$= \exp\left[\frac{\eta^2}{b^2}\left(T - t + \frac{2}{b}\mathrm{e}^{-b(T-t)} - \frac{1}{2b}\mathrm{e}^{-2b(T-t)} - \frac{3}{2b}\right) - \frac{1 - \mathrm{e}^{-b(T-t)}}{b}Y_t\right]$$

而

$$U(t, T) = \rho\frac{\sigma\eta}{ab}\left(T - t + \frac{\mathrm{e}^{-a(T-t)} - 1}{a} + \frac{\mathrm{e}^{-b(T-t)} - 1}{b} - \frac{\mathrm{e}^{-(a+b)(T-t)} - 1}{a+b}\right)$$

是一个相关项，当 $(B_t^1)_{t\in\mathbb{R}_+}$ 和 $(B_t^2)_{t\in\mathbb{R}_+}$ 独立时，即当 $\rho = 0$ 时消失。

关于 $\log P(t, T)$ 对 T 求偏微分得到瞬时远期利率为：

$$\begin{aligned}f(t, T) &= -\frac{\partial \log P(t, T)}{\partial T} \\ &= \varphi(T) + f_1(t, T) + f_2(t, T) - \rho\frac{\sigma\eta}{ab}(1 - \mathrm{e}^{-a(T-t)})(1 - \mathrm{e}^{-b(T-t)}) \\ &= \varphi(T) + X_t\mathrm{e}^{-a(T-t)} - \frac{\sigma^2}{2a^2}(1 - \mathrm{e}^{-a(T-t)})^2 + Y_t\mathrm{e}^{-b(T-t)} \\ &\quad - \frac{\eta^2}{2b^2}(1 - \mathrm{e}^{-b(T-t)})^2 - \rho\frac{\sigma\eta}{ab}(1 - \mathrm{e}^{-a(T-t)})(1 - \mathrm{e}^{-b(T-t)})\end{aligned} \quad (8.17)$$

其中 $f_1(t, T)$、$f_2(t, T)$ 是分别对应于 X_t 和 Y_t 的瞬时远期利率，即：

$$f_1(t, T) = X_t\mathrm{e}^{-a(T-t)} - \frac{\sigma^2}{2a^2}(1 - \mathrm{e}^{-a(T-t)})^2$$

和

$$f_2(t, T) = Y_t\mathrm{e}^{-b(T-t)} - \frac{\eta^2}{2b^2}(1 - \mathrm{e}^{-b(T-t)})^2$$

显然，瞬时远期利率现在有更多的自由度，特别是，可以独立地选择(8.17)式中在指数项上出现的参数 a 和 b。图8.7为一个通过这种方式得到的远期利率曲线的例子。

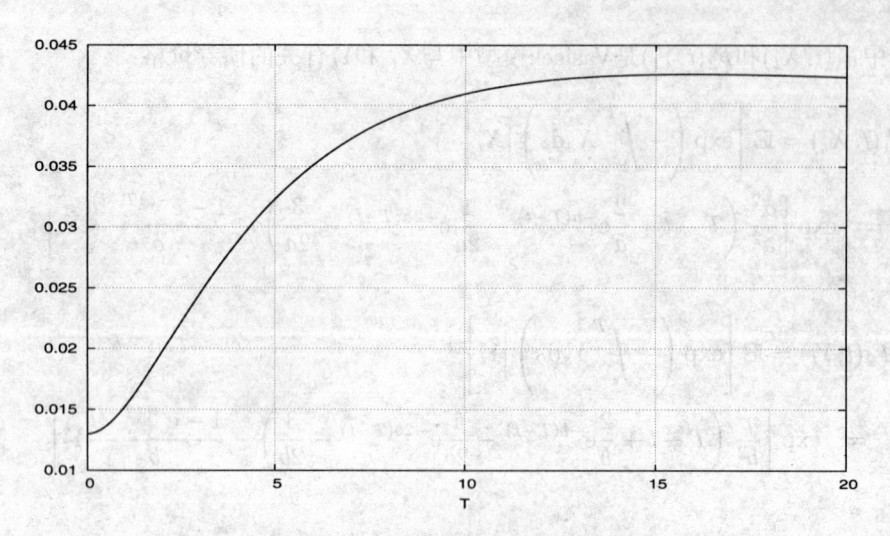

图 8.7 双因子模型中远期利率的图形

8.5 练习

练习 8.1 求出定义于(8.16)式中的$P(t,T)$所满足的随机微分方程。

练习 8.2 因为Hull-White模型，其短期利率过程$(r_t)_{t\in\mathbb{R}_+}$满足方程

$$\mathrm{d}r_t = (\theta(t) - ar_t)\mathrm{d}t + \sigma\mathrm{d}B_t, \tag{8.18}$$

其中$a \in \mathbb{R}$，$\theta(t)$是关于t的确定函数，初始条件r_0也是确定的，且$(B_t)_{t\in\mathbb{R}_+}$是在$\mathbb{P}$下的标准布朗运动，它生成了信息流$(\mathcal{F}_t)_{t\in\mathbb{R}_+}$。设债券价格$P(t,T)$在无套利假设下定义为：

$$P(t,T) = \mathbb{E}\left[\mathrm{e}^{-\int_t^T r_s \mathrm{d}s}\Big|\mathcal{F}_t\right] \qquad 0 \leqslant t \leqslant T$$

由$(r_t)_{t\in\mathbb{R}_+}$的马氏性可得，存在函数

$$(t,x) \mapsto F(t,x)$$

使得

$$F(t,r_t) = P(t,T) \qquad 0 \leqslant t \leqslant T$$

(1) 设$(X_t)_{t\in\mathbb{R}_+}$为如下随机微分方程的解，即：

$$\begin{cases} \mathrm{d}X_t = -aX_t\mathrm{d}t + \sigma\mathrm{d}B_t & t > 0 \\ X_0 = 0 \end{cases} \tag{8.19}$$

第八章 拟合曲线和双因子模型

证明:
$$r_t = r_0 e^{-at} + \varphi(t) + X_t \qquad t > 0$$

其中
$$\varphi(t) = \int_0^t \theta(u) e^{-a(t-u)} du \qquad t \in \mathbb{R}_+$$

(2) 运用伊藤积分,推导函数$(t,x) \mapsto F(t,x)$所满足的偏微分方程。

(3) (参见练习3.2) $\int_t^T X_s ds$在已知$\mathcal{F}_t$的条件下服从高斯分布,且有:

$$\mathbb{E}\left[\int_t^T X_s ds \Big| \mathcal{F}_t\right] = \frac{X_t}{a}(1 - e^{-a(T-t)})$$

和

$$\mathrm{Var}\left[\int_t^T X_s ds \Big| \mathcal{F}_t\right] = \frac{\sigma^2}{a^2} \int_t^T (e^{-a(T-s)} - 1)^2 ds$$

证明债券价格$P(t,T)$可写为:

$$P(t,T) = e^{A(t,T) + X_t C(t,T)}$$

其中$A(t,T)$和$C(t,T)$是待定函数。

(4) 证明:在该模型中,瞬时远期利率

$$f(t,T) = -\frac{\partial \log P(t,T)}{\partial T}$$

满足

$$f(t,T) = r_0 e^{-aT} + \varphi(T) + X_t e^{-a(T-t)} - \frac{\sigma^2}{2a^2}(1 - e^{-a(T-t)})^2 \qquad 0 \leqslant t \leqslant T$$

(5) 计算$d_t f(t,T)$并推导瞬时远期利率$f(t,T)$所满足的随机微分方程。

(6) 证明该方程满足HJM无套利条件。

(7) 设初始利率曲线的市场数据由以下函数给出,即:

$$T \mapsto f^M(0,T)$$

证明:可选取适当的函数$\varphi(t)$使得理论值$f(0,T)$与市场值$f^M(0,T)$相吻合,即:
$$f(0,T) = f^M(0,T) \qquad \forall T > 0$$

(8) 证明:选取

$$\theta(t) = af^M(0,t) + \frac{\partial f^M}{\partial t}(0,t) + \frac{\sigma^2}{2a}(1 - e^{-2at}) \qquad t > 0$$

需要满足
$$f(0,T) = f^M(0,T) \qquad \forall T > 0$$

(9) 证明

$$\frac{\mathrm{d}P(t,T)}{P(t,T)} = r_t \mathrm{d}t + \zeta_t \mathrm{d}B_t$$

和

$$\mathrm{d}\left(\mathrm{e}^{-\int_0^t r_s \mathrm{d}s} P(t,T)\right) = \zeta_t \mathrm{e}^{-\int_0^t r_s \mathrm{d}s} P(t,T) \mathrm{d}B_t \tag{8.20}$$

其中 $(\zeta_t)_{t \in [0,T]}$ 是一个待定过程。

(10) 设远期测度 $\tilde{\mathbb{P}}$ 通过关于测度 $\mathbb{P}$ 的条件密度定义为:

$$\mathbb{E}\left[\frac{\mathrm{d}\tilde{\mathbb{P}}}{\mathrm{d}\mathbb{P}}\bigg|\mathcal{F}_t\right] = \frac{P(t,T)}{P(0,T)}\mathrm{e}^{-\int_0^t r_s \mathrm{d}s}$$

通过解方程 (4.10) 计算 $\mathrm{d}\tilde{\mathbb{P}}/\mathrm{d}\mathbb{P}$。

(11) 运用 Girsanov 定理,在远期测度 $\tilde{\mathbb{P}}$ 下求出 r_t 的动态方程。

(12) 运用伊藤积分,证明:

$$t \mapsto \frac{P(t,S)}{P(t,T)} \qquad 0 \leqslant t \leqslant T \leqslant S$$

在 $\tilde{\mathbb{P}}$ 下是鞅。

(13) 证明:

$$\mathbb{E}_{\tilde{\mathbb{P}}}\left[P(T,S)\big|\mathcal{F}_t\right] = \frac{P(t,S)}{P(t,T)} \qquad 0 \leqslant t \leqslant T \leqslant S$$

且由此等式,得出用 $P(t,S)/P(t,T)$ 表示的下式的值:

$$A(T,S) + C(T,S)\mathbb{E}[X_T \mid \mathcal{F}_t] + \frac{1}{2}|C(T,S)|^2 \operatorname{Var}[X_T \mid \mathcal{F}_t]$$

(14) 计算债券看跌期权在 t 时的价格:

$$\mathbb{E}_{\mathbb{P}}\left[\mathrm{e}^{-\int_t^T r_s \mathrm{d}s}(K - P(T,S))^+ \big|\mathcal{F}_t\right] = P(t,T)\mathbb{E}_{\tilde{\mathbb{P}}}\left[(K - P(T,S))^+ \big|\mathcal{F}_t\right]$$

因为 $x - K = (x-K)^+ - (K-x)^+$,且在给定 $\mathcal{F}_t$ 的条件下,若 X 是高斯随机变量,均值为 m_t,方差为 v_t^2,则有:

$$\mathbb{E}[(\mathrm{e}^X - K)^+ \mid \mathcal{F}_t] = \Phi\left(\frac{v_t}{2} + \frac{1}{v_t}(m_t + v_t^2/2 - \log K)\right)$$
$$- K\Phi\left(-\frac{v_t}{2} + \frac{1}{v_t}(m_t + v_t^2/2 - \log K)\right)$$

其中

$$\Phi(x) = \int_{-\infty}^x \mathrm{e}^{-y^2/2}\frac{\mathrm{d}y}{\sqrt{2\pi}} \qquad x \in \mathbb{R}$$

为高斯分布函数。

第九章　LIBOR模型中利率上限和利率互换期权的定价

本章用关于伦敦银行间同业拆借利率（LIBOR）的远期测度来给利率上限和利率互换期权定价，其中关于LIBOR的远期利率要使用不同的复利方式来定义，同时也会在下一章Brace-Gatarek-Musiela (BGM)模型中用到互换利率。

9.1　利率上限的定价

敲定价格为κ的关于即期利率$f(T,T,S)$的利率上限单元（参见第七章），它是一个收益为
$$(f(T,T,S)-\kappa)^+$$
的合约，在远期测度下，$t \in [0,T]$时刻的价格为：

$$\mathbb{E}\left[\mathrm{e}^{-\int_t^S r_s \mathrm{d}s}(f(T,T,S)-\kappa)^+ \Big| \mathcal{F}_t\right] = P(t,S)\,\mathbb{E}_S\left[(f(T,T,S)-\kappa)^+ \mid \mathcal{F}_t\right]$$

其中$\mathbb{E}_S$表示在测度$\mathbb{P}_S$下的期望，而测度$\mathbb{P}_S$的密度为：

$$\frac{\mathrm{d}\mathbb{P}_S}{\mathrm{d}\mathbb{P}} = \frac{1}{P(0,S)}\mathrm{e}^{-\int_0^S r_s \mathrm{d}s}$$

即：

$$\frac{\mathrm{d}\mathbb{P}_{S|\mathcal{F}_t}}{\mathrm{d}\mathbb{P}_{|\mathcal{F}_t}} = \frac{\mathrm{e}^{-\int_t^S r_s \mathrm{d}s}}{P(t,S)} \quad \text{或} \quad \mathbb{E}_\mathbb{P}\left[\frac{\mathrm{d}\mathbb{P}_S}{\mathrm{d}\mathbb{P}}\Big|\mathcal{F}_t\right] = \frac{P(t,S)}{P(0,S)}\mathrm{e}^{-\int_0^t r_s \mathrm{d}s}$$

$t \in [0,S]$

在实际中，到期日期是根据离散的期限结构

$$\{0 = T_0 < T_1 < T_2 < \cdots < T_n\}$$

来安排的。

图9.1给出了图5.1中远期利率曲线的实例数据，即当t为2003年5月7日，δ为6个月时的$\{f(t,t+T_i,T_i+\delta)\}_{i=1,\cdots,23}$的值。

更一般地，关于给定的利率期限结构$\{T_i,\cdots,T_j\}$，$1 \leqslant i < j \leqslant n$的利率上限而不是利率上限单元的收益为：

$$\sum_{k=i}^{j-1}(T_{k+1}-T_k)(f(T_k,T_k,T_{k+1})-\kappa)^+$$

TimeSerieNb	505
AsOfDate	7-mai-03
2D	2,55
1W	2,53
1M	2,56
2M	2,52
3M	2,48
1Y	2,34
2Y	2,49
3Y	2,79
4Y	3,07
5Y	3,31
6Y	3,52
7Y	3,71
8Y	3,88
9Y	4,02
10Y	4,14
11Y	4,23
12Y	4,33
13Y	4,4
14Y	4,47
15Y	4,54
20Y	4,74
25Y	4,83
30Y	4,86

图 9.1 基于利率期限结构的远期利率

由于利率上限可以分解为利率上限单元的和，类似于利率上限单元的定价很容易推导出利率上限的定价公式。因此利率上限在时刻 $t \in [0, T_i]$ 的价格为：

$$\mathbb{E}\left[\sum_{k=i}^{j-1}(T_{k+1}-T_k)e^{-\int_t^{T_{k+1}} r_s ds}(f(T_k, T_k, T_{k+1})-\kappa)^+ \Big| \mathcal{F}_t\right]$$

$$= \sum_{k=i}^{j-1}(T_{k+1}-T_k)\mathbb{E}\left[e^{-\int_t^{T_{k+1}} r_s ds}(f(T_k, T_k, T_{k+1})-\kappa)^+ \Big| \mathcal{F}_t\right]$$

$$= \sum_{k=i}^{j-1}(T_{k+1}-T_k)P(t, T_{k+1})\mathbb{E}_{k+1}\left[(f(T_k, T_k, T_{k+1})-\kappa)^+ \Big| \mathcal{F}_t\right]$$

其中 $\mathbb{E}_{k+1}$ 表示在定义为：

$$\frac{d\mathbb{P}_{k+1}}{d\mathbb{P}} = \frac{1}{P(0, T_{k+1})}e^{-\int_0^{T_{k+1}} r_s ds} \qquad k=0,\cdots,n-1$$

的远期测度 $\mathbb{P}_{k+1}$ 下的期望（参见定义 7.1）。

9.2 远期利率测度和期限结构

本节将复习多个远期测度 $\mathbb{P}_i$, $i = 1, \cdots, n$ 的构造。再次提及无套利条件是指

$$t \mapsto e^{-\int_0^t r_s ds}P(t, T_i) \qquad 0 \leqslant t \leqslant T_i \quad i=1,\cdots,n$$

是一个在 $\mathbb{P}$ 下的 $\mathcal{F}_t$-鞅。

定义9.1 概率测度 $\mathbb{P}_i$ 定义为：

$$\frac{d\mathbb{P}_i}{d\mathbb{P}} = \frac{1}{P(0, T_i)}e^{-\int_0^{T_i} r_s ds} \qquad i=1,\cdots,n$$

第九章 LIBOR模型中利率上限和利率互换期权的定价

对$i = 1, \cdots, n$，有下式存在：

$$\mathbb{E}\left[\frac{\mathrm{d}\mathbb{P}_i}{\mathrm{d}\mathbb{P}}\Big|\mathcal{F}_t\right] = \frac{1}{P(0,T_i)}\mathbb{E}\left[\mathrm{e}^{-\int_0^{T_i} r_s \mathrm{d}s}\Big|\mathcal{F}_t\right]$$

$$= \frac{P(t,T_i)}{P(0,T_i)}\mathrm{e}^{-\int_0^t r_s \mathrm{d}s} \qquad 0 \leqslant t \leqslant T_i$$

更进一步，对于所有的$i = 1, \cdots, n$，有：

$$\frac{\mathrm{d}\mathbb{P}_{i|\mathcal{F}_t}}{\mathrm{d}\mathbb{P}_{|\mathcal{F}_t}} = \frac{\mathrm{e}^{-\int_t^{T_i} r_s \mathrm{d}s}}{P(t,T_i)} \qquad 0 \leqslant t \leqslant T_i \tag{9.1}$$

实际上，对于所有的有界且$\mathcal{F}_t$-可测的随机变量G，有：

$$\mathbb{E}\left[GF\mathrm{e}^{-\int_t^{T_i} r_s \mathrm{d}s}\right] = P(0,T_i)\,\mathbb{E}_i\left[G\mathrm{e}^{\int_0^t r_s \mathrm{d}s}F\right]$$

$$= P(0,T_i)\,\mathbb{E}_i\left[G\mathrm{e}^{\int_0^t r_s \mathrm{d}s}\mathbb{E}_i[F \mid \mathcal{F}_t]\right]$$

$$= \mathbb{E}\left[G\mathrm{e}^{-\int_t^{T_i} r_s \mathrm{d}s}\mathbb{E}_i[F \mid \mathcal{F}_t]\right]$$

$$= P(t,T_i)\,\mathbb{E}[G\,\mathbb{E}_i[F \mid \mathcal{F}_t]]$$

因此对于所有的可积随机变量F有：

$$\mathbb{E}\left[F\mathrm{e}^{-\int_t^{T_i} r_s \mathrm{d}s}\Big|\mathcal{F}_t\right] = P(t,T_i)\,\mathbb{E}_i[F \mid \mathcal{F}_t] \qquad 0 \leqslant t \leqslant T_i$$

(9.1)得证。

从现在开始，假设债券价格$P(t,T_i), i = 1, \cdots, n$的动态过程服从(7.7)式，即：

$$\frac{\mathrm{d}P(t,T_i)}{P(t,T_i)} = r_t \mathrm{d}t + \zeta_i(t)\mathrm{d}B_t \tag{9.2}$$

下面的命题等价于命题 7.3。

命题9.1 对于$i = 1, \cdots, n$，设：

$$B_t^i := B_t - \int_0^t \zeta_i(s)\mathrm{d}s \qquad 0 \leqslant t \leqslant T_i \tag{9.3}$$

则$(B_t^i)_{t \in [0,T_i]}$是一个$\mathbb{P}_i$下的标准布朗运动。

证明：设：

$$\Phi_i(t) = \mathbb{E}\left[\frac{\mathrm{d}\mathbb{P}_i}{\mathrm{d}\mathbb{P}}\Big|\mathcal{F}_t\right] = \frac{P(t,T_i)}{P(0,T_i)}\mathrm{e}^{-\int_0^t r_s \mathrm{d}s} \qquad 0 \leqslant t \leqslant T_i$$

则$\mathrm{d}\Phi_i(t) = \Phi_i(t)\zeta_i(t)\mathrm{d}B_t$，因此由Girsanov定理，可知：

$$B_t - \int_0^t \frac{1}{\Phi_i(s)}\mathrm{d}\langle\Phi_i, B\rangle_s = B_t - \int_0^t \zeta_i(s)\mathrm{d}s \qquad 0 \leqslant t \leqslant T_i$$

是一个在$\mathbb{P}_i$下的连续鞅。

$\mathbb{P}_i$下的期望用$\mathbb{E}_i$表示。下面的结果是和命题7.2有关的。

命题9.2 对于所有的$1 \leqslant i,j \leqslant n$, 有下式成立：

$$\mathbb{E}_i\left[\frac{\mathrm{d}\mathbb{P}_j}{\mathrm{d}\mathbb{P}_i}\Big|\mathcal{F}_t\right] = \frac{P(0,T_i)}{P(0,T_j)}\frac{P(t,T_j)}{P(t,T_i)} \qquad 0 \leqslant t \leqslant T_i \wedge T_j \tag{9.4}$$

并且特别地，过程

$$t \mapsto \frac{P(t,T_j)}{P(t,T_i)} \qquad 0 \leqslant t \leqslant T_i \wedge T_j$$

是一个$\mathbb{P}_i$下的$\mathcal{F}_t$-鞅, $1 \leqslant i,j \leqslant n$。

证明：对于所有有界$\mathcal{F}_t$-可测的随机变量F, 有[①]：

$$\begin{aligned}
\mathbb{E}_i\left[F\frac{\mathrm{d}\mathbb{P}_j}{\mathrm{d}\mathbb{P}_i}\right] &= \mathbb{E}\left[F\frac{\mathrm{d}\mathbb{P}_j}{\mathrm{d}\mathbb{P}}\right] \\
&= \frac{1}{P(0,T_j)}\mathbb{E}\left[Fe^{-\int_0^{T_j} r_\tau \mathrm{d}\tau}\right] \\
&= \frac{1}{P(0,T_j)}\mathbb{E}\left[Fe^{-\int_0^t r_\tau \mathrm{d}\tau}P(t,T_j)\right] \\
&= \frac{1}{P(0,T_j)}\mathbb{E}\left[Fe^{-\int_0^{T_i} r_\tau \mathrm{d}\tau}\frac{P(t,T_j)}{P(t,T_i)}\right] \\
&= \mathbb{E}_i\left[F\frac{P(0,T_i)}{P(0,T_j)}\frac{P(t,T_j)}{P(t,T_i)}\right]
\end{aligned}$$

则(9.4)式得证。

(9.2)式通过伊藤公式可变形为对于任意的$i,j = 1,\cdots,n$, 有：

$$\begin{aligned}
\mathrm{d}\left(\frac{P(t,T_j)}{P(t,T_i)}\right) &= \frac{P(t,T_j)}{P(t,T_i)}(\zeta_j(t) - \zeta_i(t))(\mathrm{d}B_t - \zeta_i(t)\mathrm{d}t) \\
&= \frac{P(t,T_j)}{P(t,T_i)}(\zeta_j(t) - \zeta_i(t))\mathrm{d}B_t^i
\end{aligned}$$

然后用命题9.1就证明了命题9.2的第二部分，即$P(t,T_j)/P(t,T_i)$的鞅性。

年金计价单位定义为：

$$P(t,T_i,T_j) = \sum_{k=i}^{j-1}(T_{k+1} - T_k)P(t,T_{k+1}) \qquad 0 \leqslant t \leqslant T_i \tag{9.5}$$

其中$1 \leqslant i < j \leqslant n$, 且满足以下的鞅性。

命题9.3 折现的年金计价单位

$$t \mapsto e^{-\int_0^t r_s \mathrm{d}s}P(t,T_i,T_j) \qquad 0 \leqslant t \leqslant T_i$$

是在$\mathbb{P}$下的鞅，$1 \leqslant i < j \leqslant n$。

[①]对于所有有界且$\mathcal{F}_t$-可测的随机变量G重复使用特征函数有$X = \mathbb{E}[F|\mathcal{F}_t] \Leftrightarrow \mathbb{E}[GX] = \mathbb{E}[GF]$, 参见附录A的(11.3)。

第九章 LIBOR模型中利率上限和利率互换期权的定价

证明：这一结果可由线性性和 $t \mapsto e^{-\int_0^t r_s ds} P(t, T_k)$ 对于所有的 $k = i, \cdots, j$ 都是鞅的事实得到。另一方面，设 $\delta_i = T_{i+1} - T_i$, $i = 1, \cdots, n-1$, 对于 $0 \leqslant t \leqslant T \leqslant T_i$，由标准的推导可知：

$$\mathbb{E}\left[e^{-\int_0^T r_s ds} P(T, T_i, T_j) \Big| \mathcal{F}_t\right] = \sum_{k=i}^{j-1} \delta_k \mathbb{E}\left[e^{-\int_0^T r_s ds} P(T, T_{k+1}) \Big| \mathcal{F}_t\right]$$

$$= \sum_{k=i}^{j-1} \delta_k \mathbb{E}\left[e^{-\int_0^T r_s ds} \mathbb{E}\left[e^{-\int_T^{T_{k+1}} r_s ds} \Big| \mathcal{F}_T\right] \Big| \mathcal{F}_t\right]$$

$$= \sum_{k=i}^{j-1} \delta_k \mathbb{E}\left[\mathbb{E}\left[e^{-\int_0^T r_s ds} e^{-\int_T^{T_{k+1}} r_s ds} \Big| \mathcal{F}_T\right] \Big| \mathcal{F}_t\right]$$

$$= \sum_{k=i}^{j-1} \delta_k \mathbb{E}\left[\mathbb{E}\left[e^{-\int_0^{T_{k+1}} r_s ds} \Big| \mathcal{F}_T\right] \Big| \mathcal{F}_t\right]$$

$$= \sum_{k=i}^{j-1} \delta_k \mathbb{E}\left[e^{-\int_0^{T_{k+1}} r_s ds} \Big| \mathcal{F}_t\right]$$

$$= \sum_{k=i}^{j-1} \delta_k P(t, T_{k+1}) e^{-\int_0^t r_s ds}$$

$$= P(t, T_i, T_j) e^{-\int_0^t r_s ds}$$

$\square$

特别地，对于 $1 \leqslant i < n$，有：

$$P(t, T_i, T_{i+1}) = (T_{i+1} - T_i) P(t, T_{i+1}) \qquad 0 \leqslant t \leqslant T_i$$

且有：

$$d\left(e^{-\int_0^t r_s ds} P(t, T_i, T_j)\right) = \sum_{k=i}^{j-1} d\left(e^{-\int_0^t r_s ds} P(t, T_{k+1})\right)$$

$$= e^{-\int_0^t r_s ds} \sum_{k=i}^{j-1} \zeta_{k+1}(t) P(t, T_{k+1}) dB_t$$

$$= e^{-\int_0^t r_s ds} P(t, T_i, T_j) \sum_{k=i}^{j-1} v_{k+1}^{i,j}(t) \zeta_{k+1}(t) dB_t$$

其中

$$v_k^{i,j}(t) := \frac{P(t, T_k)}{P(t, T_i, T_j)} \qquad \begin{array}{l} 0 \leqslant t \leqslant T_i \\ 1 \leqslant i < j \leqslant n \\ i+1 \leqslant k \leqslant j \end{array}$$

这也证明了命题 9.3 的结果。

9.3 互换和互换期权

利率互换使得用一个固定利率 κ 交换浮动远期利率 $f(t,T,S)$ 成为可能。这样的交换将产生一个在时刻 t 价值为

$$\sum_{k=i}^{j-1}(T_{k+1}-T_k)P(t,T_{k+1})(f(t,T_k,T_{k+1})-\kappa)$$

的现金流，抵消了这笔现金流的 κ 的取值 $S(t,T_i,T_j)$ 被称为互换利率，即 $S(t,T_i,T_j)$ 满足:

$$\sum_{k=i}^{j-1}(T_{k+1}-T_k)P(t,T_{k+1})(f(t,T_k,T_{k+1})-S(t,T_i,T_j))=0 \qquad (9.6)$$

并且有:

$$S(t,T_i,T_j)=\frac{1}{P(t,T_i,T_j)}\sum_{k=i}^{j-1}(T_{k+1}-T_k)P(t,T_{k+1})f(t,T_k,T_{k+1}) \qquad (9.7)$$

其中 $P(t,T_i,T_j)$ 是一个在 (9.5) 式中定义的年金计价单位。

特别地，当 $j=i+1$ 时，存在

$$S(t,T_i,T_{i+1})=f(t,T_i,T_{i+1})$$

即在这种情况下远期利率和互换利率是一致的。

一个利率上限期权是一个用来规避利率互换风险的合约，其收益为:

$$\left(\sum_{k=i}^{j-1}(T_{k+1}-T_k)e^{-\int_{T_i}^{T_{k+1}}r_s\mathrm{d}s}(f(T_i,T_k,T_{k+1})-\kappa)\right)^+$$

这个利率上限期权在时刻 $t\in[0,T_i]$ 可定价为:

$$\mathbb{E}\left[e^{-\int_t^{T_i}r_s\mathrm{d}s}\left(\sum_{k=i}^{j-1}(T_{k+1}-T_k)e^{-\int_{T_i}^{T_{k+1}}r_s\mathrm{d}s}(f(T_i,T_k,T_{k+1})-\kappa)\right)^+\bigg|\mathcal{F}_t\right] \qquad (9.8)$$

与利率上限不同，上式中的和式的正部不能写成正部的和。然而利率互换期权的价格是有边界的，即:

$$\mathbb{E}\left[e^{-\int_t^{T_i}r_s\mathrm{d}s}\left(\sum_{k=i}^{j-1}(T_{k+1}-T_k)e^{-\int_{T_i}^{T_{k+1}}r_s\mathrm{d}s}(f(T_i,T_k,T_{k+1})-\kappa)\right)^+\bigg|\mathcal{F}_t\right]$$

$$\leqslant \mathbb{E}\left[e^{-\int_t^{T_i}r_s\mathrm{d}s}\sum_{k=i}^{j-1}(T_{k+1}-T_k)e^{-\int_{T_i}^{T_{k+1}}r_s\mathrm{d}s}(f(T_i,T_k,T_{k+1})-\kappa)^+\bigg|\mathcal{F}_t\right]$$

第九章 LIBOR模型中利率上限和利率互换期权的定价

$$= \sum_{k=i}^{j-1}(T_{k+1}-T_k)\,\mathbb{E}\left[e^{-\int_t^{T_{k+1}}r_s\mathrm{d}s}(f(T_i,T_k,T_{k+1})-\kappa)^+\Big|\mathcal{F}_t\right]$$

$$= \sum_{k=i}^{j-1}(T_{k+1}-T_k)P(t,T_{k+1})\,\mathbb{E}_{k+1}\left[(f(T_i,T_k,T_{k+1})-\kappa)^+\Big|\mathcal{F}_t\right]$$

并且随后在实际中互换期权的价格(9.8)将根据下式计算，即：

$$\mathbb{E}\left[e^{-\int_t^{T_i}r_s\mathrm{d}s}\left(\sum_{k=i}^{j-1}(T_{k+1}-T_k)P(T_i,T_{k+1})(f(T_i,T_k,T_{k+1})-\kappa)\right)^+\Big|\mathcal{F}_t\right] \quad (9.9)$$

这意味着可用其关于 $\mathcal{F}_{T_i}$ 的条件期望 $P(T_i,T_{k+1})$ 来近似折现因子 $e^{-\int_{T_i}^{T_{k+1}}r_s\mathrm{d}s}$，(9.9)式的使用（而不是(9.8)式）将是在计算利率互换期权价格时与LIBOR相联系的关键，参见后面的(9.22)式。

当 $j=i+1$ 时，利率互换期权(9.9)式与在时间间隔为 $\delta_i:=T_{i+1}-T_i$、时间区间为 $[T_i,T_{i+1}]$ 上的利率上限在时刻 t 的价格一致，因为对于任意的 $0\leqslant t\leqslant T_i$，有：

$$\mathbb{E}\left[e^{-\int_t^{T_i}r_s\mathrm{d}s}((T_{i+1}-T_i)P(T_i,T_{i+1})(f(T_i,T_i,T_{i+1})-\kappa))^+\Big|\mathcal{F}_t\right]$$

$$= (T_{i+1}-T_i)\,\mathbb{E}\left[e^{-\int_t^{T_i}r_s\mathrm{d}s}P(T_i,T_{i+1})\left((f(T_i,T_i,T_{i+1})-\kappa)\right)^+\Big|\mathcal{F}_t\right]$$

$$= \delta_i\,\mathbb{E}\left[e^{-\int_t^{T_i}r_s\mathrm{d}s}\,\mathbb{E}\left[e^{-\int_{T_i}^{T_{i+1}}r_s\mathrm{d}s}\Big|\mathcal{F}_{T_i}\right]\left((f(T_i,T_i,T_{i+1})-\kappa)\right)^+\Big|\mathcal{F}_t\right]$$

$$= \delta_i\,\mathbb{E}\left[\mathbb{E}\left[e^{-\int_t^{T_i}r_s\mathrm{d}s}e^{-\int_{T_i}^{T_{i+1}}r_s\mathrm{d}s}\left((f(T_i,T_i,T_{i+1})-\kappa)\right)^+\Big|\mathcal{F}_{T_i}\right]\Big|\mathcal{F}_t\right]$$

$$= \delta_i\,\mathbb{E}\left[e^{-\int_t^{T_{i+1}}r_s\mathrm{d}s}\left((f(T_i,T_i,T_{i+1})-\kappa)\right)^+\Big|\mathcal{F}_t\right]$$

9.4 伦敦银行间同业拆借利率(LIBOR)模型

远期利率 $f(t,T,S)$, $0\leqslant t\leqslant T\leqslant S$，可定义为：

$$P(t,T)-P(t,S)\exp\left((S-T)f(t,T,S)\right)=0 \quad (9.10)$$

或者

$$\exp\left((S-T)f(t,T,S)\right)=\frac{P(t,T)}{P(t,S)}$$

即：

$$f(t,T,S)=-\frac{\log P(t,S)-\log P(t,T)}{S-T}$$

为了计算互换期权的价格，人们更倾向于使用伦敦银行间同业拆借市场中的远期利率，而不是(9.10)式中给出的标准远期利率。

LIBOR市场中 t 时刻的远期利率合约赋予其所有者在未来时间区间 $[T,S]$

内获得利率$L(t,T,S)$。然而，在时间区间$[T,S]$内的债务的远期LIBOR率$L(t,T,S)$是用单利而不是指数复利形式定义的，即在式(9.10)中代入关系式

$$1+(S-T)L(t,T,S) = \frac{P(t,T)}{P(t,S)}$$

等价地可得：

$$P(t,T) - P(t,S) - P(t,S)(S-T)L(t,T,S) = 0$$
$$0 \leqslant t \leqslant T < S$$

由此就得到了以下的定义。

定义9.2 在时刻t关于时间区间$[T,S]$上的贷款的远期LIBOR率$L(t,T,S)$定义为：

$$L(t,T,S) = \frac{1}{S-T}\left(\frac{P(t,T)}{P(t,S)} - 1\right) \qquad 0 \leqslant t \leqslant T < S$$

关于LIBOR率的动态模型（BGM模型）将在第10章中介绍。

如果$1 \leqslant i < j \leqslant n$，则有：

$$P(t,T_j) = P(t,T_i)\prod_{k=i}^{j-1}\frac{1}{1+(T_{k+1}-T_k)L(t,T_k,T_{k+1})} \qquad 0 \leqslant t \leqslant T_i$$

并且如果$1 \leqslant j \leqslant i \leqslant n$，则：

$$P(t,T_j) = P(t,T_i)\prod_{k=j}^{i-1}(1+(T_{k+1}-T_k)L(t,T_k,T_{k+1})) \qquad 0 \leqslant t \leqslant T_j$$

瞬时远期利率$f(t,T)$可以由LIBOR率$L(t,T,S)$得到，如下：

$$\begin{aligned}
f(t,T) &= -\frac{\partial}{\partial T}\log P(t,T) \\
&= -\frac{1}{P(t,T)}\frac{\partial P}{\partial T}(t,T) \\
&= -\frac{1}{P(t,T)}\lim_{S \searrow T}\frac{P(t,S)-P(t,T)}{S-T} \\
&= -\lim_{S \searrow T}\frac{P(t,S)-P(t,T)}{(S-T)P(t,S)} \\
&= \lim_{S \searrow T}L(t,T,S) \\
&= L(t,T,T)
\end{aligned}$$

因此在这个模型中短期利率满足

$$r_t = L(t,t,t) \qquad t \in \mathbb{R}_+$$

图9.2所示的为Vasicek模型的图形计算的单利$t \mapsto L(t,t,T)$的一个模拟。

同样用Vasicek模型中的债券价格计算出来的远期曲线$T \mapsto L(0,T,T+\delta)$在时刻$t=0$时的图形如图9.3所示。

第九章 LIBOR模型中利率上限和利率互换期权的定价

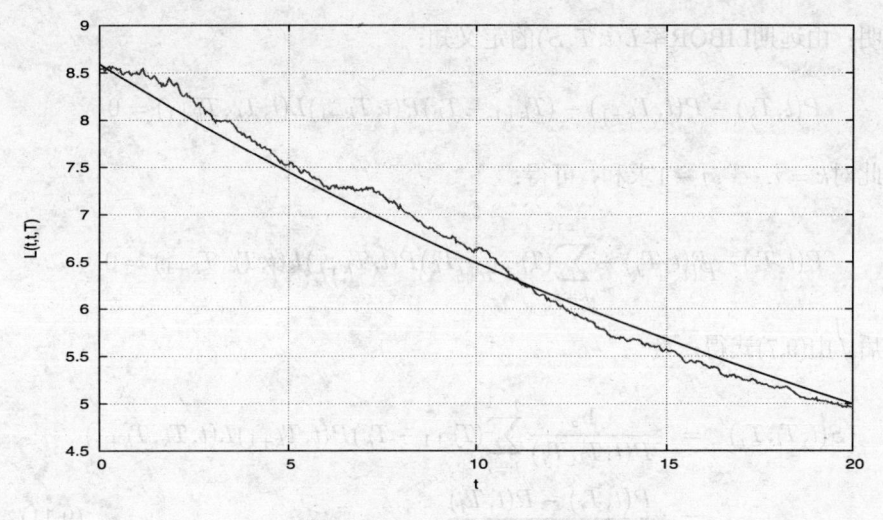

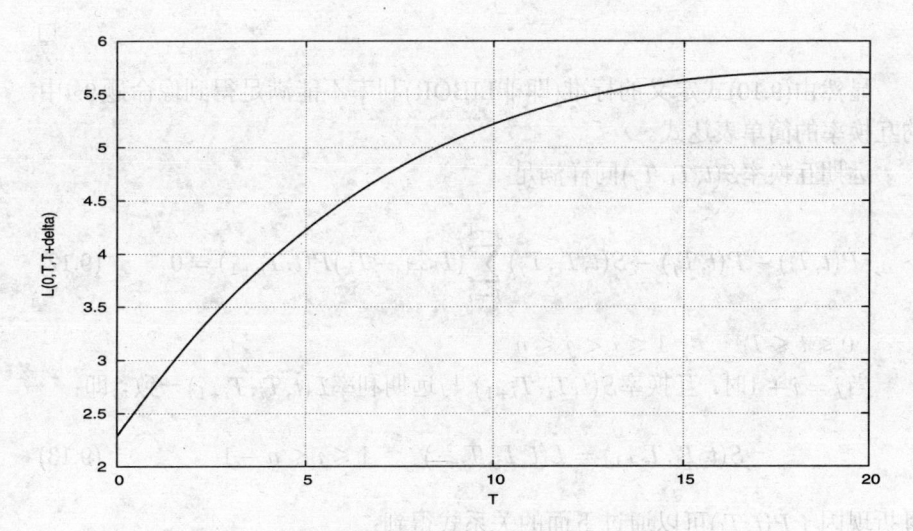

图 9.2 $t \mapsto L(t,t,T)$的图形

图 9.3 $T \mapsto L(0,T,T+\delta)$的图形

9.5 LIBOR市场中的互换率

由(9.6)式LIBOR市场中的远期互换率 $S(t,T_i,T_j)$ 满足：

$$\sum_{k=i}^{j-1}(T_{k+1}-T_k)P(t,T_{k+1})(L(t,T_k,T_{k+1})-S(t,T_i,T_j))=0$$

命题9.4 关系式

$$S(t,T_i,T_j) = \frac{P(t,T_i)-P(t,T_j)}{P(t,T_i,T_j)} \qquad 0 \leqslant t \leqslant T_i \quad 1 \leqslant i < j \leqslant n$$

成立。

证明：由远期LIBOR率$L(t,T,S)$的定义知：

$$P(t,T_k) - P(t,T_{k+1}) - (T_{k+1}-T_k)P(t,T_{k+1})L(t,T_k,T_{k+1}) = 0$$

因此对$k=i,\cdots,j-1$求和，可得：

$$P(t,T_i) - P(t,T_j) - \sum_{k=i}^{j-1}(T_{k+1}-T_k)P(t,T_{k+1})L(t,T_k,T_{k+1}) = 0$$

最后，由(9.7)式得：

$$\begin{aligned} S(t,T_i,T_j) &= \frac{1}{P(t,T_i,T_j)}\sum_{k=i}^{j-1}(T_{k+1}-T_k)P(t,T_{k+1})L(t,T_k,T_{k+1}) \\ &= \frac{P(t,T_i) - P(t,T_j)}{P(t,T_i,T_j)} \end{aligned} \quad (9.11)$$

$\square$

显然由(9.10)式定义的标准(即非LIBOR)利率不能满足得到像命题9.4中的互换率的简单表达式。

远期互换率$S(t,T_i,T_j)$同样满足

$$P(t,T_i) - P(t,T_j) - S(t,T_i,T_j)\sum_{k=i}^{j-1}(T_{k+1}-T_k)P(t,T_{k+1}) = 0 \quad (9.12)$$

$$0 \leqslant t \leqslant T_i \qquad 1 \leqslant i < j \leqslant n$$

当$j=i+1$时，互换率$S(t,T_i,T_{i+1})$与远期利率$L(t,T_i,T_{i+1})$一致，即：

$$S(t,T_i,T_{i+1}) = L(t,T_i,T_{i+1}) \qquad 1 \leqslant i \leqslant n-1 \quad (9.13)$$

且折现因子$P(t,T_i)$可以通过下面的关系式得到：

$$P(t,T_{i+1}) = \frac{P(t,T_i)}{1+(T_{i+1}-T_i)S(t,T_i,T_{i+1})}$$

更一般地，应用关系式(9.10)，债券价格可由远期互换率$S(t,T_i,T_j)$通过关系式

$$P(t,T_j) = \frac{P(t,T_i) - S(t,T_i,T_j)\sum_{k=i}^{j-2}(T_k - T_{k-1})P(t,T_{k+1})}{1+(T_j-T_{j-1})S(t,T_i,T_j)}$$

得到，其中$0 \leqslant t \leqslant T_i, 1 \leqslant i < j \leqslant n$。

9.6 远期互换测度

本节介绍在互换期权定价中用到的远期互换测度，并讨论其相关性质。

第九章 LIBOR模型中利率上限和利率互换期权的定价

定义9.3 远期互换测度 $\mathbb{P}_{i,j}$ 定义为:

$$\frac{d\mathbb{P}_{i,j}}{d\mathbb{P}} = e^{-\int_0^{T_i} r_s ds} \frac{P(T_i, T_i, T_j)}{P(0, T_i, T_j)} \qquad 1 \leqslant i < j \leqslant n$$

由命题 9.3, 有

$$\begin{aligned}
\mathbb{E}\left[\frac{d\mathbb{P}_{i,j}}{d\mathbb{P}}\bigg|\mathcal{F}_t\right] &= \frac{1}{P(0, T_i, T_j)} \mathbb{E}\left[e^{-\int_0^{T_i} r_s ds} P(T_i, T_i, T_j)\bigg|\mathcal{F}_t\right] \\
&= \frac{P(t, T_i, T_j)}{P(0, T_i, T_j)} e^{-\int_0^t r_s ds}
\end{aligned}$$

成立, 其中 $0 \leqslant t \leqslant T_i$。

命题9.5

$$\frac{d\mathbb{P}_{i,j|\mathcal{F}_t}}{d\mathbb{P}_{|\mathcal{F}_t}} = e^{-\int_t^{T_i} r_s ds} \frac{P(T_i, T_i, T_j)}{P(t, T_i, T_j)} \qquad 0 \leqslant t \leqslant T_i \tag{9.14}$$

成立。

证明: 要证明本命题, 只需证明对于所有的可积随机变量 F, 有下式成立:

$$\mathbb{E}_{i,j}[F|\mathcal{F}_t] = \mathbb{E}\left[F e^{-\int_t^T r_s ds} \frac{P(T_i, T_i, T_j)}{P(t, T_i, T_j)}\bigg|\mathcal{F}_t\right] \tag{9.15}$$

现在, 对于任意的有界且 $\mathcal{F}_t$-可测的随机变量 G, 有:

$$\begin{aligned}
\mathbb{E}\left[GFP(T_i, T_i, T_j)e^{-\int_t^T r_s ds}\right] &= P(0, T_i, T_j)\mathbb{E}_{i,j}\left[GFe^{\int_0^t r_s ds}\right] \\
&= P(0, T_i, T_j)\mathbb{E}_{i,j}\left[Ge^{\int_0^t r_s ds}\mathbb{E}_{i,j}[F|\mathcal{F}_t]\right] \\
&= \mathbb{E}\left[GP(T_i, T_i, T_j)e^{-\int_0^{T_i} r_s ds}e^{\int_0^t r_s ds}\mathbb{E}_{i,j}[F|\mathcal{F}_t]\right] \\
&= \mathbb{E}\left[GP(T_i, T_i, T_j)e^{-\int_t^{T_i} r_s ds}\mathbb{E}_{i,j}[F|\mathcal{F}_t]\right] \\
&= \mathbb{E}\left[G\mathbb{E}\left[P(T_i, T_i, T_j)e^{-\int_t^{T_i} r_s ds}\big|\mathcal{F}_t\right]\mathbb{E}_{i,j}[F|\mathcal{F}_t]\right] \\
&= \mathbb{E}[GP(t, T_i, T_j)\mathbb{E}_{i,j}[F|\mathcal{F}_t]]
\end{aligned}$$

这其中应用了命题9.3, 由条件期望的特征(11.3)(见附录A)就证明了(9.15)式。
□

作为命题 9.5 的结果, 同样可得到:

$$\frac{d\mathbb{P}_{i,j|\mathcal{F}_t}}{d\mathbb{P}_{k|\mathcal{F}_t}} = P(t, T_k) e^{-\int_{T_k}^{T_i} r_s ds} \frac{P(T_i, T_i, T_j)}{P(t, T_i, T_j)} \qquad 0 \leqslant t \leqslant T_i \wedge T_k$$

因此, 在 $t = 0$ 时, 有:

$$\frac{d\mathbb{P}_{i,j}}{d\mathbb{P}_k} = \frac{P(0, T_k)}{P(0, T_i, T_j)} e^{-\int_{T_k}^{T_i} r_s ds} P(T_i, T_i, T_j) \tag{9.16}$$

$$1 \leqslant i < j \leqslant n$$

同样得到下面的结果, 它是命题7.2和9.2的推广。

命题9.6 对于所有的 $1 \leqslant i < j \leqslant n$ 和 $1 \leqslant k \leqslant n$ 有下式成立:

$$\mathbb{E}_{i,j}\left[\frac{d\mathbb{P}_k}{d\mathbb{P}_{i,j}}\Big|\mathcal{F}_t\right] = \frac{P(0,T_i,T_j)}{P(0,T_k)}\frac{P(t,T_k)}{P(t,T_i,T_j)} \qquad 0 \leqslant t \leqslant T_i \wedge T_k \quad (9.17)$$

且

$$\mathbb{E}_k\left[\frac{d\mathbb{P}_{i,j}}{d\mathbb{P}_k}\Big|\mathcal{F}_t\right] = \frac{P(0,T_k)}{P(0,T_i,T_j)}\frac{P(t,T_i,T_j)}{P(t,T_k)} \qquad 0 \leqslant t \leqslant T_i \wedge T_k \quad (9.18)$$

特别地,过程

$$t \mapsto v_k^{i,j}(t) := \frac{P(t,T_k)}{P(t,T_i,T_j)}$$

是一个在 $\mathbb{P}_{i,j}$ 下的 $\mathcal{F}_t$-鞅,且

$$t \mapsto v_{i,j}^k(t) := \frac{P(t,T_i,T_j)}{P(t,T_k)}$$

是一个在 $\mathbb{P}_k$ 下的 $\mathcal{F}_t$-鞅。

证明:对于所有有界且 $\mathcal{F}_t$-可测的随机变量 F,则有:

$$\begin{aligned}
\mathbb{E}_{i,j}\left[F\frac{d\mathbb{P}_k}{d\mathbb{P}_{i,j}}\right] &= \mathbb{E}\left[F\frac{d\mathbb{P}_k}{d\mathbb{P}}\right] \\
&= \frac{1}{P(0,T_k)}\mathbb{E}\left[Fe^{-\int_0^{T_k} r_u du}\right] \\
&= \frac{1}{P(0,T_k)}\mathbb{E}\left[Fe^{-\int_0^t r_u du}P(t,T_k)\right] \\
&= \frac{1}{P(0,T_k)}\mathbb{E}\left[Fe^{-\int_0^{T_i} r_u du}P(T_i,T_i,T_j)\frac{P(t,T_k)}{P(t,T_i,T_j)}\right] \\
&= \frac{P(0,T_i,T_j)}{P(0,T_k)}\mathbb{E}_{i,j}\left[F\frac{P(t,T_k)}{P(t,T_i,T_j)}\right]
\end{aligned}$$

这就证明了 (9.17) 式。类似地,有:

$$\begin{aligned}
\mathbb{E}_k\left[F\frac{d\mathbb{P}_{i,j}}{d\mathbb{P}_k}\right] &= \mathbb{E}\left[F\frac{d\mathbb{P}_{i,j}}{d\mathbb{P}}\right] \\
&= \frac{1}{P(0,T_i,T_j)}\mathbb{E}\left[Fe^{-\int_0^{T_i} r_u du}P(T_i,T_i,T_j)\right] \\
&= \frac{1}{P(0,T_i,T_j)}\mathbb{E}\left[Fe^{-\int_0^t r_u du}P(t,T_i,T_j)\right] \\
&= \frac{1}{P(0,T_i,T_j)}\mathbb{E}\left[Fe^{-\int_0^{T_k} r_u du}\frac{P(T_k,T_k)}{P(t,T_k)}P(t,T_i,T_j)\right] \\
&= \frac{P(0,T_k)}{P(0,T_i,T_j)}\mathbb{E}_k\left[F\frac{P(t,T_i,T_j)}{P(t,T_k)}\right]
\end{aligned}$$

这就证明了 (9.18) 式,且过程 $t \mapsto v_k^{i,j}(t)$ 和 $t \mapsto v_{i,j}^k(t)$ 分别为 $\mathbb{P}_{i,j}$ 和 $\mathbb{P}_k$ 下的鞅的事实,可由附录 A 中命题 11.2 后面的注解得到。 □

第九章 LIBOR模型中利率上限和利率互换期权的定价

由命题 9.6可知, 互换率

$$\begin{aligned} S(t,T_i,T_j) &= \frac{P(t,T_i) - P(t,T_j)}{P(t,T_i,T_j)} \\ &= v_i^{i,j}(t) - v_j^{i,j}(t) \qquad 0 \leqslant t \leqslant T_i \end{aligned}$$

是一个在$\mathbb{P}_{i,j}$下的鞅, 这同样也可由附录 A中命题 11.2之后的注解得到。更确切地说, 可以构造一个在$\mathbb{P}_{i,j}$下的标准布朗运动$(B_t^{i,j})_{t\in\mathbb{R}_+}$作为$S(t,T_i,T_j)$随机变化的驱动, 参见命题 9.7和命题9.8, 其中$\delta_k = T_{k+1} - T_k$, $k = 1, \cdots, n-1$。

命题9.7 对于所有的$i,j = 1, \cdots, n$, 过程

$$B_t^{i,j} := B_t - \sum_{l=i}^{j-1} \delta_l \int_0^t v_{l+1}^{i,j}(s)\zeta_{l+1}(s)\mathrm{d}s \qquad 0 \leqslant t \leqslant T_i \tag{9.19}$$

是一个在$\mathbb{P}_{i,j}$下的标准布朗运动。

证明: 根据伊藤积分, 对于所有的$i,j = 1, \cdots, n$,有以下推导成立:

$$\begin{aligned} \mathrm{d}v_k^{i,j}(t) &= \mathrm{d}\left(\frac{P(t,T_k)}{P(t,T_i,T_j)}\right) \\ &= \frac{\mathrm{d}P(t,T_k)}{P(t,T_i,T_j)} - \frac{P(t,T_k)}{P(t,T_i,T_j)^2}\mathrm{d}P(t,T_i,T_j) + \frac{P(t,T_k)}{P(t,T_i,T_j)^3}|\mathrm{d}P(t,T_i,T_j)|^2 \\ &\quad - \frac{1}{P(t,T_i,T_j)^2}\mathrm{d}P(t,T_k)\cdot\mathrm{d}P(t,T_i,T_j) \\ &= \frac{\mathrm{d}P(t,T_k)}{P(t,T_i,T_j)} - \frac{P(t,T_k)}{P(t,T_i,T_j)^2}\sum_{l=i}^{j-1}\delta_l\mathrm{d}P(t,T_{l+1}) + \frac{P(t,T_k)}{P(t,T_i,T_j)^3}|\mathrm{d}P(t,T_i,T_j)|^2 \\ &\quad - \frac{1}{P(t,T_i,T_j)^2}\mathrm{d}P(t,T_k)\cdot\mathrm{d}P(t,T_i,T_j) \\ &= \frac{P(t,T_k)}{P(t,T_i,T_j)}(r_t\mathrm{d}t + \zeta_k(t)\mathrm{d}B_t) \\ &\quad - \frac{P(t,T_k)}{P(t,T_i,T_j)^2}\sum_{l=i}^{j-1}\delta_l P(t,T_{l+1})(r_t\mathrm{d}t + \zeta_{l+1}(t)\mathrm{d}B_t) \\ &\quad + \frac{P(t,T_k)}{P(t,T_i,T_j)^3}\sum_{l,l'=i}^{j-1}\delta_l\delta_{l'}P(t,T_{l+1})P(t,T_{l'+1})\zeta_{l+1}(t)\zeta_{l'+1}(t)\mathrm{d}t \\ &\quad - \frac{P(t,T_k)\zeta_k(t)}{P(t,T_i,T_j)^2}\sum_{l=i}^{j-1}\delta_l\zeta_{l+1}(t)P(t,T_{l+1})\mathrm{d}t \\ &= v_k^{i,j}(t)\Bigg(\zeta_k(t)dB_t - \sum_{l=i}^{j-1}\delta_l v_{l+1}^{i,j}(t)\zeta_{l+1}(t)\mathrm{d}B_t \\ &\quad + \sum_{l,l'=i}^{j-1}\delta_l\delta_{l'}v_{l+1}^{i,j}(t)v_{l'+1}^{i,j}(t)\zeta_{l+1}(t)\zeta_{l'+1}(t)\mathrm{d}t - \zeta_k(t)\sum_{l=i}^{j-1}\delta_l\zeta_{l+1}(t)v_{l+1}^{i,j}(t)\mathrm{d}t\Bigg) \end{aligned}$$

$$\begin{aligned}
&= v_k^{i,j}(t)\left(\sum_{l=i}^{j-1}\delta_l v_{l+1}^{i,j}(t)(\zeta_k(t)-\zeta_{l+1}(t))\mathrm{d}B_t\right.\\
&\quad\left.+\sum_{l,l'=i}^{j-1}\delta_l\delta_{l'}v_{l+1}^{i,j}(t)v_{l'+1}^{i,j}(t)(\zeta_{l+1}(t)-\zeta_k(t))\zeta_{l'+1}(t)\mathrm{d}t\right)\\
&= v_k^{i,j}(t)\sum_{l=i}^{j-1}\delta_l v_{l+1}^{i,j}(t)(\zeta_k(t)-\zeta_{l+1}(t))\left(\mathrm{d}B_t-\sum_{l'=i}^{j-1}\delta_{l'}v_{l'+1}^{i,j}(t)\zeta_{l'+1}(t)\mathrm{d}t\right)\\
&= v_k^{i,j}(t)\left(\sum_{l=i}^{j-1}\delta_l v_{l+1}^{i,j}(t)(\zeta_k(t)-\zeta_{l+1}(t))\right)\mathrm{d}B_t^{i,j}
\end{aligned}$$

由于$t\mapsto v_k^{i,j}(t)$是一个连续鞅, 定义在(9.19)式中的$B_t^{i,j}$是一个在$\mathbb{P}_{i,j}$下的标准布朗运动。 □

当$j=i+1$时, 关系式(9.19)变为:

$$B^{i,i+1}(t)=B_t-\int_0^t\zeta_{i+1}(s)\mathrm{d}s\qquad 0\leqslant t\leqslant T_i$$

由于$v_{i+1}^{i,i+1}(t)=1/\delta_i$, 因此由关系式(9.3)可以得到:

$$(B_t^{i,i+1})_{t\in[0,T_i]}=(B_t^{i+1})_{t\in[0,T_i]} \qquad (9.20)$$

由(9.20)等式在直到时刻T_i时都是成立的, 则有:

$$\mathbb{E}_{i,i+1}\left[\frac{\mathrm{d}\mathbb{P}_{i,i+1}}{\mathrm{d}\mathbb{P}_{i+1}}\bigg|\mathcal{F}_t\right]=1\qquad 0\leqslant t\leqslant T_i \qquad (9.21)$$

显然由(9.16)式可知:

$$\frac{\mathrm{d}\mathbb{P}_{i,i+1}}{\mathrm{d}\mathbb{P}_{i+1}}=P(T_i,T_{i+1})\mathrm{e}^{\int_{T_i}^{T_{i+1}}r_s\mathrm{d}s}$$

因此$\mathbb{P}_{i,i+1}\neq\mathbb{P}_i$。

下面按照[Sch05]17页, 用布朗运动$(B_t^{i,j})_{t\in\mathbb{R}_+}$来计算互换率$S(t,T_i,T_j)$在$\mathbb{P}_{i,j}$下的动态过程。

命题9.8

$$\mathrm{d}S(t,T_i,T_j)=S(t,T_i,T_j)\sigma_{i,j}(t)\mathrm{d}B_t^{i,j}\qquad 0\leqslant t\leqslant T_i$$

成立, 其中互换率波动率为:

$$\sigma_{i,j}(t)=\sum_{l=i}^{j-1}\delta_l v_{l+1}^{i,j}(t)(\zeta_i(t)-\zeta_{l+1}(t))+\frac{P(t,T_j)}{P(t,T_i)-P(t,T_j)}(\zeta_i(t)-\zeta_j(t))$$

$$1\leqslant i,j\leqslant n$$

证明: 由命题9.7的证明, 有:

$$\mathrm{d}v_k^{i,j}(t)=v_k^{i,j}(t)\left(\sum_{l=i}^{j-1}\delta_l v_{l+1}^{i,j}(t)(\zeta_k(t)-\zeta_{l+1}(t))\right)\mathrm{d}B_t^{i,j}$$

第九章 LIBOR模型中利率上限和利率互换期权的定价

因此

$$
\begin{aligned}
\mathrm{d}S(t,T_i,T_j) &= \mathrm{d}\left(\frac{P(t,T_i)-P(t,T_j)}{P(t,T_i,T_j)}\right) \\
&= \mathrm{d}v_i^{i,j}(t) - \mathrm{d}v_j^{i,j}(t) \\
&= \left(\sum_{l=i}^{j-1}\delta_l v_{l+1}^{i,j}(t)(v_i^{i,j}(t)(\zeta_i(t)-\zeta_{l+1}(t)) - v_j^{i,j}(t)(\zeta_j(t)-\zeta_{l+1}(t)))\right)\mathrm{d}B_t^{i,j} \\
&= \left(\sum_{l=i}^{j-1}\zeta_{l+1}(t)\delta_l v_{l+1}^{i,j}(t)(v_j^{i,j}(t)-v_i^{i,j}(t))\right)\mathrm{d}B_t^{i,j} \\
&\quad + \left(v_i^{i,j}(t)\zeta_i(t) - v_j^{i,j}(t)\zeta_j(t)\right)\mathrm{d}B_t^{i,j} \\
&= \left(\sum_{l=i}^{j-1}(\zeta_{l+1}(t)-\zeta_i(t))\delta_l v_{l+1}^{i,j}(t)(v_j^{i,j}(t)-v_i^{i,j}(t))\right)\mathrm{d}B_t^{i,j} \\
&\quad + v_j^{i,j}(t)(\zeta_i(t)-\zeta_j(t))\,\mathrm{d}B_t^{i,j} \\
&= S(t,T_i,T_j)\left(\sum_{l=i}^{j-1}\delta_l v_{l+1}^{i,j}(t)(\zeta_i(t)-\zeta_{l+1}(t)) + \right. \\
&\quad \left. + \frac{P(t,T_j)}{P(t,T_i)-P(t,T_j)}(\zeta_i(t)-\zeta_j(t))\right)\mathrm{d}B_t^{i,j} \\
&= S(t,T_i,T_j)\sigma_{i,j}(t)\mathrm{d}B_t^{i,j}
\end{aligned}
$$

$\square$

作为命题9.8和推论1.1的结果,可以得出互换率$S(t,T_i,T_j)$是远期互换测度$\mathbb{P}_{i,j}$下的鞅的事实。

在第十章中将用命题9.8中得到的互换率动态过程,通过Black-Scholes公式和互换率波动率$\sigma_{i,j}(t)$的近似估计来计算互换期权的价格。

9.7 LIBOR模型中的互换期权定价

由远期互换率$S(t,T_i,T_j)$的定义式

$$
\begin{aligned}
\sum_{k=i}^{j-1}(T_{k+1}-T_k)&P(t,T_{k+1})(L(t,T_k,T_{k+1})-S(t,T_i,T_j)) \\
&= P(t,T_i)-P(t,T_j)-S(t,T_i,T_j)\sum_{k=i}^{j-1}(T_{k+1}-T_k)P(t,T_{k+1}) \\
&= 0
\end{aligned}
$$

和$P(t,T_i,T_j)$的定义(9.5)式可得:

$$\sum_{k=i}^{j-1}(T_{k+1}-T_k)P(t,T_{k+1})L(t,T_k,T_{k+1})$$
$$= S(t,T_i,T_j)\sum_{k=i}^{j-1}(T_{k+1}-T_k)P(t,T_{k+1})$$
$$= P(t,T_i,T_j)S(t,T_i,T_j)$$
$$= P(t,T_i) - P(t,T_j)$$

因此
$$\sum_{k=i}^{j-1}(T_{k+1}-T_k)P(t,T_{k+1})(L(t,T_k,T_{k+1})-\kappa)$$
$$= P(t,T_i,T_j)\left(S(t,T_i,T_j)-\kappa\right)$$

特别地，对于$t = T_i$存在，有：
$$\left(\sum_{k=i}^{j-1}(T_{k+1}-T_k)P(T_i,T_{k+1})(L(T_i,T_k,T_{k+1})-\kappa)\right)^+$$
$$= (P(T_i,T_i) - P(T_i,T_j) - \kappa P(T_i,T_i,T_j))^+$$
$$= P(t,T_i,T_j)\left(S(T_i,T_i,T_j)-\kappa\right)^+$$

由此，LIBOR市场中的互换期权可以通过(9.9)式计算其在时刻$t \in [0, T_i]$的价格，即：

$$\mathbb{E}\left[e^{-\int_t^{T_i} r_s ds}\left(\sum_{k=i}^{j-1}(T_{k+1}-T_k)P(T_i,T_{k+1})(L(T_i,T_k,T_{k+1})-\kappa)\right)^+\bigg|\mathcal{F}_t\right]$$
$$= \mathbb{E}\left[e^{-\int_t^{T_i} r_s ds}(P(T_i,T_i) - P(T_i,T_j) - \kappa P(T_i,T_i,T_j))^+\bigg|\mathcal{F}_t\right]$$
$$= \mathbb{E}\left[e^{-\int_t^{T_i} r_s ds}P(T_i,T_i,T_j)\left(S(T_i,T_i,T_j)-\kappa\right)^+\bigg|\mathcal{F}_t\right]$$
$$= P(t,T_i)\,\mathbb{E}_i\left[P(T_i,T_i,T_j)\left(S(T_i,T_i,T_j)-\kappa\right)^+\bigg|\mathcal{F}_t\right]$$

最后，由命题9.5也可以写出：

$$\mathbb{E}\left[e^{-\int_t^{T_i} r_s ds}\left(\sum_{k=i}^{j-1}(T_{k+1}-T_k)P(T_i,T_{k+1})(L(T_i,T_k,T_{k+1})-\kappa)\right)^+\bigg|\mathcal{F}_t\right]$$
$$= \mathbb{E}\left[e^{-\int_t^{T_i} r_s ds}P(T_i,T_i,T_j)\left(S(T_i,T_i,T_j)-\kappa\right)^+\bigg|\mathcal{F}_t\right]$$
$$= P(t,T_i,T_j)\,\mathbb{E}_{i,j}\left[\left(S(T_i,T_i,T_j)-\kappa\right)^+\bigg|\mathcal{F}_t\right] \tag{9.22}$$

其中远期测度$\mathbb{P}_{i,j}$如(9.14)式所定义。

第九章 LIBOR模型中利率上限和利率互换期权的定价

9.8 练习

练习 9.1 考虑一个市场，其中有三种到期日分别为$T_1 = \delta$, $T_2 = 2\delta$ 和$T_3 = 3\delta$, 价格分别为$P(t, T_1)$, $P(t, T_2)$ 和$P(t, T_3)$的零息债券。远期LIBOR率$L(t, T_1, T_2)$ 和$L(t, T_2, T_3)$的定义为：

$$L(t, T_i, T_{i+1}) = \frac{1}{\delta}\left(\frac{P(t, T_i)}{P(t, T_{i+1})} - 1\right) \quad i = 1, 2$$

假设对于某常数$b > 0$和函数$\gamma_1(t)$，$L(t, T_1, T_2)$ 和$L(t, T_2, T_3)$ 被模拟为：

$$\frac{\mathrm{d}L(t, T_1, T_2)}{L(t, T_1, T_2)} = \gamma_1(t)\mathrm{d}B_t^2 \quad 0 \leqslant t \leqslant T_1 \tag{9.23}$$

和$L(t, T_2, T_3) = b$, $0 \leqslant t \leqslant T_2$，其中$B_t^2$是在定义为

$$\frac{\mathrm{d}\mathbb{P}_2}{\mathrm{d}\mathbb{P}} = \frac{\mathrm{e}^{-\int_0^{T_2} r_s \mathrm{d}s}}{P(0, T_2)}$$

的远期测度$\mathbb{P}_2$下的标准布朗运动。

(1) 通过解方程(9.23)来计算$L(t, T_1, T_2)$, $0 \leqslant t \leqslant T_1$。

(2) 计算敲定价格为κ的利率上限在时刻t的价格：

$$\mathbb{E}\left[\mathrm{e}^{-\int_t^{T_{i+1}} r_s \mathrm{d}s}(L(T_i, T_i, T_{i+1}) - \kappa)^+ \Big| \mathcal{F}_t\right]$$
$$= P(t, T_{i+1})\mathbb{E}_{i+1}\left[(L(T_i, T_i, T_{i+1}) - \kappa)^+ \mid \mathcal{F}_t\right] \quad 0 \leqslant t \leqslant T_i$$

其中$\mathbb{E}_{i+1}$ 表示在远期测度$\mathbb{P}_{i+1}(i = 1, 2)$下的期望。

(3) 计算

$$\frac{P(t, T_1)}{P(t, T_1, T_3)} \quad 0 \leqslant t \leqslant T_1 \quad \text{和} \quad \frac{P(t, T_3)}{P(t, T_1, T_3)} \quad 0 \leqslant t \leqslant T_2$$

用b和$L(t, T_1, T_2)$来表示结果，其中$P(t, T_1, T_3)$ 是年金单位计价

$$P(t, T_1, T_3) = \delta P(t, T_2) + \delta P(t, T_3) \quad 0 \leqslant t \leqslant T_2$$

(4) 计算互换率

$$t \mapsto S(t, T_1, T_3) = \frac{P(t, T_1) - P(t, T_3)}{P(t, T_1, T_3)} \quad 0 \leqslant t \leqslant T_2$$

的动态过程，即证明：

$$\mathrm{d}S(t, T_1, T_3) = \sigma_{1,3}(t)S(t, T_1, T_3)\mathrm{d}B_t^2$$

其中$\sigma_{1,3}(t)$ 是一个待定随机过程。

练习 9.2 设一个市场中有短期利率$(r_t)_{t\in\mathbb{R}_+}$和两个零息债券$P(t,T_1), P(t,T_2)$，到期日分别为$T_1 = \delta$和$T_2 = 2\delta$，其中$P(t,T_i)$是通过

$$\frac{\mathrm{d}P(t,T_i)}{P(t,T_i)} = r_t\mathrm{d}t + \zeta_i(t)\mathrm{d}B_t \quad i = 1,2$$

模拟的，定义为：

$$L(t,T_1,T_2) = \frac{1}{\delta}\left(\frac{P(t,T_1)}{P(t,T_2)} - 1\right) \quad 0 \leqslant t \leqslant T_1$$

的远期LIBOR $L(t,T_1,T_2)$且假设$L(t,T_1,T_2)$如BGM模型被模拟为：

$$\frac{\mathrm{d}L(t,T_1,T_2)}{L(t,T_1,T_2)} = \gamma\mathrm{d}B_t^2 \quad 0 \leqslant t \leqslant T_1 \tag{9.24}$$

其中γ是一个确定的常数，且

$$B_t^2 = B_t - \int_0^t \zeta_2(s)\mathrm{d}s$$

是一个在定义为

$$\frac{\mathrm{d}\mathbb{P}_2}{\mathrm{d}\mathbb{P}} = \exp\left(\int_0^{T_2}\zeta_2(s)\mathrm{d}B_s - \frac{1}{2}\int_0^{T_2}|\zeta_2(s)|^2\mathrm{d}s\right)$$

的远期测度$\mathbb{P}_2$下的标准布朗运动。

(1) 通过解方程 (9.24)计算$L(t,T_1,T_2)$。

(2) 计算敲定价格为κ的利率上限单元在时刻t的价格：

$$P(t,T_2)\mathbb{E}_2\left[(L(T_1,T_1,T_2) - \kappa)^+ \mid \mathcal{F}_t\right] \quad 0 \leqslant t \leqslant T_1$$

其中$\mathbb{E}_2$表示在远期测度$\mathbb{P}_2$下的期望。

练习 9.3 (练习 7.3 续)

(1) 计算互换率过程：

$$S(t,T_1,T_2) = \frac{P(t,T_1) - P(t,T_2)}{(T_2 - T_1)P(t,T_2)} \quad t \in [0,T_1]$$

在$\mathbb{P}_2$下的动态过程。

(2) 利用在远期互换测度$\mathbb{P}_{1,2}$下的期望，计算关于LIBOR利率$L(T_1,T_1,T_2)$的互换期权价格：

$$(T_2 - T_1)\mathbb{E}\left[\mathrm{e}^{-\int_t^{T_1} r_s\mathrm{d}s}P(T_1,T_2)(L(T_1,T_1,T_2) - \kappa)^+ \Big| \mathcal{F}_t\right]$$

第十章 Brace-Gatarek-Musiela (BGM) 模型

本章致力于讲述 BGM 模型，它是一个由漂移几何布朗运动驱动的关于LIBOR率的非线性模型，它保证了利率恒为正数，这与HJM模型不同。在建立了BGM模型之后，将给出根据[Sch05]的方法来校正该模型的要点。

10.1 BGM 模型

BGM 模型在[BGM97]中被引入来对LIBOR市场中如利率上限和互换期权等利率衍生产品进行定价。

在前面章节中所介绍的模型(如HJM模型, 仿射模型等)有以下的缺点：

(1) 能精确计算的模型如Vasicek模型不满足利率恒为正数的性质；

(2) 保证利率恒为正数的模型（如CIR模型）不能得到显式的解析式；

(3) 没有显式的解析式就意味着要用Monte Carlo方法来进行定价，这使得实际应用中难以进行模型的校正；

(4) 在这些模型中，远期利率的拟合都有问题。

因此寻找一个具有以下性质的模型就变得很有意义：

(1) 保证利率恒正；

(2) 可推导出显式的定价公式。

这两个目标可以通过BGM模型来实现。设债券价格$P(t, T_i)$满足

$$\frac{dP(t,T_i)}{P(t,T_i)} = r_t dt + \zeta_i(t) dB_t \quad i=1,\cdots,n \tag{10.1}$$

其中B_t是一个$\mathbb{P}$下的标准的布朗运动。

对于$i=1,\cdots,n$, 过程

$$B_t^i := B_t - \int_0^t \zeta_i(s) ds \quad 0 \leqslant t \leqslant T_i$$

是定义在命题9.1的概率$\mathbb{P}_i$下取值于$\mathbb{R}^d$空间的标准布朗运动。

在BGM模型中，假设$L(t, T_i, T_{i+1})$是$\mathbb{P}_{i+1}$下的标准几何布朗运动，即：

$$\frac{dL(t,T_i,T_{i+1})}{L(t,T_i,T_{i+1})} = \gamma_i(t) dB_t^{i+1} \quad 0 \leqslant t \leqslant T_i \quad i=1,\cdots,n-1 \tag{10.2}$$

对于$\gamma_i(t), i=1,\cdots,n-1$是某个确定函数，其解为：

$$L(u,T_i,T_{i+1}) = L(t,T_i,T_{i+1}) \exp\left(\int_t^u \gamma_i(s) dB_s^{i+1} - \frac{1}{2}\int_t^u |\gamma_i|^2(s) ds\right)$$

对于$u = T_i$, 有:

$$L(T_i, T_i, T_{i+1}) = L(t, T_i, T_{i+1}) \exp\left(\int_t^{T_i} \gamma_i(s) \mathrm{d}B_s^{i+1} - \frac{1}{2}\int_t^{T_i} |\gamma_i|^2(s) \mathrm{d}s\right)$$

由于$L(t, T_i, T_{i+1})$是一个在$\mathbb{P}_{i+1}$, $i = 0, \cdots, n-1$下的几何布朗运动, 标准利率上限单元在时刻$t \in [0, T_i]$的价格可以由Black-Scholes公式计算出来, 参见第10.2节。

再令:

$$\delta_k = T_{k+1} - T_k \qquad k = 1, \cdots, n-1$$

下面来确定$L(t, T_i, T_{i+1})$在$\mathbb{P}$下的动态过程。

命题10.1 当$1 \leqslant i < n$时, 有:

$$\frac{\mathrm{d}L(t, T_i, T_{i+1})}{L(t, T_i, T_{i+1})} = -\gamma_i(t) \sum_{j=i+1}^{n-1} \frac{\delta_j \gamma_j(t) L(t, T_j, T_{j+1})}{1 + \delta_j L(t, T_j, T_{j+1})} \mathrm{d}t + \gamma_i(t) \mathrm{d}B_t^n \quad (10.3)$$

$$0 \leqslant t \leqslant T_i$$

其中$\gamma_i(t)$是一个确定的函数, $(B_t^n)_{t \in \mathbb{R}_+}$是$\mathbb{P}_n$下的标准布朗运动, 且$L(t, T_i, T_{i+1})$, $0 \leqslant t \leqslant T_i$, 是$\mathbb{P}_{i+1}$, $i = 1, \cdots, n-1$下的鞅。

证明: 因为

$$\begin{aligned} \mathrm{d}\left(\frac{P(t, T_i)}{P(t, T_{i+1})}\right) &= \mathrm{d}(1 + \delta_i L(t, T_i, T_{i+1})) \\ &= \delta_i L(t, T_i, T_{i+1}) \gamma_i(t) \mathrm{d}B_t^{i+1} \\ &= \frac{P(t, T_i)}{P(t, T_{i+1})} \frac{\delta_i L(t, T_i, T_{i+1})}{1 + \delta_i L(t, T_i, T_{i+1})} \gamma_i(t) \mathrm{d}B_t^{i+1} \quad (10.4) \end{aligned}$$

另一方面, 利用动态过程

$$\frac{\mathrm{d}P(t, T_i)}{P(t, T_i)} = r_t \mathrm{d}t + \zeta_i(t) \mathrm{d}B_t \qquad i = 1, \cdots, n$$

和伊藤公式, 可得:

$$\begin{aligned} \mathrm{d}\left(\frac{P(t, T_i)}{P(t, T_{i+1})}\right) &= \frac{P(t, T_i)}{P(t, T_{i+1})} (\zeta_i(t) - \zeta_{i+1}(t))(\mathrm{d}B_t - \zeta_{i+1}(t)\mathrm{d}t) \\ &= \frac{P(t, T_i)}{P(t, T_{i+1})} (\zeta_i(t) - \zeta_{i+1}(t)) \mathrm{d}B_t^{i+1} \quad (10.5) \end{aligned}$$

由(10.4)式和(10.5)式可得:

$$\zeta_{i+1}(t) - \zeta_i(t) = -\frac{\delta_i L(t, T_i, T_{i+1}) \gamma_i(t)}{1 + \delta_i L(t, T_i, T_{i+1})} \qquad 0 \leqslant t \leqslant T_i \quad i = 1, \cdots, n-1$$

以及

$$\frac{\mathrm{d}L(t, T_i, T_{i+1})}{L(t, T_i, T_{i+1})} = \gamma_i(t) \mathrm{d}B_t^{i+1}$$

第十章 Brace-Gatarek-Musiela (BGM) 模型

$$= \gamma_i(t)\mathrm{d}B_t^i + \frac{\delta_i L(t,T_i,T_{i+1})|\gamma_i|^2(t)}{1+\delta_i L(t,T_i,T_{i+1})}\mathrm{d}t.$$

又因为

$$\mathrm{d}B_t^{i+1} = \mathrm{d}B_t - \zeta_{i+1}(t)\mathrm{d}t$$

和

$$\mathrm{d}B_t^{i+1} = \mathrm{d}B_t^i - (\zeta_{i+1}(t) - \zeta_i(t))\mathrm{d}t \qquad 1 \leqslant i \leqslant n-1$$

则对于 $0 \leqslant t \leqslant T_i$, $1 \leqslant i < k \leqslant n$, 有:

$$\zeta_k(t) = \zeta_i(t) - \sum_{j=i}^{k-1} \frac{\delta_j L(t,T_j,T_{j+1})\gamma_j(t)}{1+\delta_j L(t,T_j,T_{j+1})} \tag{10.6}$$

并且对于 $k > i$, $0 \leqslant t \leqslant T_i$, 有:

$$\begin{aligned}
\frac{\mathrm{d}L(t,T_i,T_{i+1})}{L(t,T_i,T_{i+1})} &= \gamma_i(t)\mathrm{d}B_t^{i+1} \\
&= \gamma_i(t)\mathrm{d}B_t^k - \gamma_i(t)(\mathrm{d}B_t^k - \mathrm{d}B_t^{i+1}) \\
&= \gamma_i(t)\mathrm{d}B_t^k - \sum_{j=i+1}^{k-1}\gamma_i(t)(\zeta_j(t)-\zeta_{j+1}(t))\mathrm{d}t \\
&= -\sum_{j=i+1}^{k-1}\frac{\delta_j L(t,T_j,T_{j+1})}{1+\delta_j L(t,T_j,T_{j+1})}\gamma_i(t)\gamma_j(t)\mathrm{d}t + \gamma_i(t)\mathrm{d}B_t^k
\end{aligned}$$

类似地, 对于 $1 \leqslant k \leqslant i < n$, 存在:

$$\begin{aligned}
\frac{\mathrm{d}L(t,T_i,T_{i+1})}{L(t,T_i,T_{i+1})} &= \gamma_i(t)\mathrm{d}B_t^k + \gamma_i(t)\sum_{j=k}^{i}(\zeta_j(t)-\zeta_{j+1}(t))\mathrm{d}t \\
&= \gamma_i(t)\mathrm{d}B_t^k + \gamma_i(t)\sum_{j=k}^{i}\frac{\delta_j \gamma_j(t) L(t,T_j,T_{j+1})}{1+\delta_j L(t,T_j,T_{j+1})}\mathrm{d}t
\end{aligned}$$

$\square$

10.2 利率上限定价

作为关系式 (10.2) 和 Black-Scholes 公式的结果, 收益为

$$(L(T_i,T_i,T_{i+1}) - \kappa)^+$$

的利率上限单元在时刻 $t \in [0,T_i]$ 的价格可计算为:

$$\begin{aligned}
&P(t,T_{i+1})\mathbb{E}_{i+1}\left[(L(T_i,T_i,T_{i+1})-\kappa)^+ \mid \mathcal{F}_t\right] \\
&= P(t,T_{i+1})\mathrm{Bl}(\kappa,L(t,T_i,T_{i+1}),\sigma_i(t),0,T_i-t)
\end{aligned}$$

其中 $\mathrm{Bl}(\kappa,x,\sigma,r,\tau)$ 是定义在 2.3 节中的 Black-Scholes 函数, 其中

$$|\sigma_i(t)|^2 = \frac{1}{T_i-t}\int_t^{T_i}|\gamma_i|^2(s)\mathrm{d}s \tag{10.7}$$

反过来，由Black-Scholes公式可计算出市场数据所隐含的利率上限单元的波动率$\sigma_i^B(t)$。图10.1中的表格给出了这种隐含波动率，其中离到期日的时间$T_i - t$为纵坐标，时间段$T_j - T_i$为横坐标。

Vol Cap At the Money	1M	3M	6M	12M	2Y	3Y	4Y	5Y	7Y	10Y
2D	9.25	9	8.85	18.6	18	16.8	15.7	14.7	13	11.3
1M	15.35	15.1	14.95	17.6	18.03	16.83	15.73	14.73	13.03	11.33
2M	15.75	15.5	15.35	18.1	18.41	17.11	16.01	15.01	13.26	11.56
3M	15.55	15.3	15.15	18.6	18.79	17.39	16.29	15.29	13.49	11.79
6M	17.55	17.3	17.15	18.7	18.28	16.98	15.88	14.98	13.48	11.98
9M	18.35	18.1	17.95	18.3	17.76	16.56	15.51	14.66	13.31	12.01
1Y	19.25	19	18.85	17.9	17.25	16.15	15.15	14.35	13.15	12.05
2Y	17.85	17.6	17.45	16.3	15.96	15.16	14.46	13.86	12.96	12.06
3Y	16.8	16.55	16.4	15.2	15.38	14.58	13.98	13.58	12.88	12.18
4Y	15.6	15.35	15.2	14.4	14.79	14.19	13.69	13.29	12.79	12.29
5Y	14.65	14.4	14.25	13.4	14.5	13.97	13.53	13.2	12.8	12.4
6Y	13.8	13.55	13.45	12.85	14.19	13.66	13.17	12.89	12.54	12.14
7Y	13.35	13.1	13	12.3	13.88	13.35	12.81	12.58	12.28	11.88
8Y	13.1	12.85	12.75	11.97	13.65	13.15	12.65	12.42	12.12	11.75
9Y	12.75	12.5	12.4	11.63	13.43	12.96	12.49	12.26	11.96	11.5
10Y	12.4	12.15	12.05	11.3	13.5	13.02	12.53	12.25	11.89	11.5
12Y	11.85	11.6	11.5	10.8	13.22	12.75	12.28	12.01	11.69	11.3
15Y	11.25	11	10.9	10.2	13	12.55	12.1	11.85	11.57	11.15
20Y	10.45	10.2	10.1	9.5	11.9	11.55	11.2	11.05	11.03	10.8
25Y	9.7	9.45	9.35	8.8	11.68	11.33	10.98	10.83	10.88	10.55
30Y	9.05	8.8	8.7	8.1	11.45	11.1	10.75	10.6	10.72	10.3

图 10.1 利率上限单元的隐含波动率

由于利率上限可以分解为利率上限单元之和，因此从利率上限单元的定价可推出收益为

$$\sum_{k=i}^{j-1}(T_{k+1} - T_k)(L(T_k, T_k, T_{k+1}) - \kappa)^+$$

的利率上限在时刻$t \in [0, T_i]$的价格为：

$$\sum_{k=i}^{j-1}\delta_k P(t, T_{k+1})\mathrm{Bl}(\kappa, L(t, T_k, T_{k+1}), \sigma_k(t), 0, T_k - t)$$

10.3 互换期权定价

已知LIBOR市场中收益为

$$\left(\sum_{k=i}^{j-1}\delta_k P(T_i, T_{k+1})(L(T_i, T_k, T_{k+1}) - \kappa)\right)^+$$

的互换期权在时刻$t \in [0, T_i]$的价格为：

$$P(t, T_i)\,\mathbb{E}_i\left[P(T_i, T_i, T_j)\left(S(T_i, T_i, T_j) - \kappa\right)^+\bigg|\mathcal{F}_t\right]$$
$$= P(t, T_i, T_j)\,\mathbb{E}_{i,j}\left[(S(T_i, T_i, T_j) - \kappa)^+\bigg|\mathcal{F}_t\right] \tag{10.8}$$

其中鞅测度$\mathbb{P}_{i,j}$已经在(9.14)式中定义为：

$$\frac{\mathrm{d}\mathbb{P}_{i,j}|\mathcal{F}_t}{\mathrm{d}\mathbb{P}_{|\mathcal{F}_t}} = e^{-\int_t^{T_i} r_s \mathrm{d}s}\frac{P(T_i, T_i, T_j)}{P(t, T_i, T_j)} \tag{10.9}$$
$$0 \leqslant t \leqslant T_i \quad 1 \leqslant i < j \leqslant n$$

第十章 Brace-Gatarek-Musiela (BGM) 模型

参见第9.7节。

互换期权的价格可由$L(t, T_k, T_{k+1})$在$\mathbb{P}_i(1 \leqslant i \leqslant k \leqslant n)$下的动态过程通过Monte Carlo方法计算得到，但市场的实际操作却使用近似公式。

已知互换率$S(t, T_i, T_j)$满足

$$S(t, T_i, T_j) = \frac{1}{P(t, T_i, T_j)} \sum_{k=i}^{j-1} (T_{k+1} - T_k) P(t, T_{k+1}) L(t, T_k, T_{k+1}) \quad (10.10)$$

其中

$$P(t, T_i, T_j) = \sum_{k=i}^{j-1} (T_{k+1} - T_k) P(t, T_{k+1})$$

是年金计价单位。进而，定义为

$$t \mapsto v_k^{i,j}(t) := \frac{P(t, T_k)}{P(t, T_i, T_j)} \qquad 0 \leqslant t \leqslant T_i \wedge T_j$$

的过程$v_k^{i,j}$是一个在$\mathbb{P}_{i,j}(1 \leqslant i, j \leqslant n)$下的$\mathcal{F}_t$-鞅，且由命题9.6和9.7知：

$$dv_k^{i,j}(t) = v_k^{i,j}(t) \left(\sum_{l=i}^{j-1} \delta_l v_{l+1}^{i,j}(t)(\zeta_k(t) - \zeta_{l+1}(t)) \right) dB_t^{i,j}$$

其中对于所有的$i, j = 1, \cdots, n$，过程

$$B_t^{i,j} := B_t - \sum_{k=i}^{j-1} \delta_k \int_0^t v_{k+1}^{i,j}(s) \zeta_{k+1}(s) ds \qquad 0 \leqslant t \leqslant T_i$$

是在$\mathbb{P}_{i,j}$下的标准布朗运动。

由命题9.8，可知：

$$dS(t, T_i, T_j) = S(t, T_i, T_j) \sigma_{i,j}(t) dB_t^{i,j}$$

其中，由关系式(10.6)，互换率波动率$\sigma_{i,j}(t)$可计算为：

$$\sigma_{i,j}(t) = \sum_{l=i}^{j-1} \left(\delta_l v_{l+1}^{i,j}(t)(\zeta_i(t) - \zeta_{l+1}(t)) + \frac{P(t, T_j)}{P(t, T_i) - P(t, T_j)} (\zeta_i(t) - \zeta_j(t)) \right)$$

$$= \sum_{l=i}^{j-1} \delta_l v_{l+1}^{i,j}(t) \sum_{k=i}^{l} \frac{\gamma_k(t) \delta_k L(t, T_k, T_{k+1})}{1 + \delta_k L(t, T_k, T_{k+1})}$$

$$+ \frac{P(t, T_j)}{P(t, T_i) - P(t, T_j)} \sum_{k=i}^{j-1} \frac{\gamma_k(t) \delta_k L(t, T_k, T_{k+1})}{1 + \delta_k L(t, T_k, T_{k+1})}$$

$$\sum_{k=i}^{j-1} \frac{\gamma_k(t) \delta_k L(t, T_k, T_{k+1})}{1 + \delta_k L(t, T_k, T_{k+1})} \sum_{l=k}^{j-1} \left(\delta_l v_{l+1}^{i,j}(t) + \frac{P(t, T_j)}{P(t, T_i) - P(t, T_j)} \right)$$

$$\sum_{k=i}^{j-1} \frac{\gamma_k(t)\delta_k L(t,T_k,T_{k+1})}{1+\delta_k L(t,T_k,T_{k+1})} \sum_{l=k}^{j-1} \left(\delta_l v_{l+1}^{i,j}(t)\frac{P(t,T_i)-P(t,T_j)}{P(t,T_i,T_j)} + \frac{P(t,T_j)}{P(t,T_i,T_j)}\right)$$

$$= \frac{1}{S(t,T_i,T_j)} \sum_{k=i}^{j-1} \gamma_k(t) w_k^{i,j}(t) L(t,T_k,T_{k+1})$$

其中

$$w_k^{i,j}(t) = \frac{\delta_k}{1+\delta_k L(t,T_k,T_{k+1})} \left(\sum_{l=k}^{j-1} \delta_l v_{l+1}^{i,j}(t)\frac{P(t,T_i)-P(t,T_j)}{P(t,T_i,T_j)} + \frac{P(t,T_j)}{P(t,T_i,T_j)}\right)$$

同时 $w_i^{i,i+1}(t) = 1$,因此有:

$$\sigma_{i,j}^2(t) = \frac{1}{S(t,T_i,T_j)^2} \sum_{l=i}^{j-1}\sum_{k=i}^{j-1} \gamma_l(t)\gamma_k(t) w_l^{i,j}(t) w_k^{i,j}(t) L(t,T_l,T_{l+1}) L(t,T_k,T_{k+1}) \tag{10.11}$$

和 $\sigma_{i,i+1}(t) = \gamma_i(t)$, $i=1,\cdots,n-1$。

当 $j=i+1$ 时,虽然

$$\begin{aligned}\frac{d\mathbb{P}_{i,i+1|\mathcal{F}_t}}{d\mathbb{P}_{|\mathcal{F}_t}} &= e^{-\int_t^{T_i} r_s ds}\frac{P(T_i,T_i,T_{i+1})}{P(t,T_i,T_{i+1})}\\ &= e^{-\int_t^{T_i} r_s ds}\frac{P(T_i,T_{i+1})}{P(t,T_{i+1})}\\ &\approx \frac{e^{-\int_t^{T_{i+1}} r_s ds}}{P(t,T_{i+1})}\\ &= \frac{d\mathbb{P}_{i+1|\mathcal{F}_t}}{d\mathbb{P}_{|\mathcal{F}_t}} \qquad 0\leqslant t\leqslant T_i\end{aligned}$$

但由式(9.20)、式(9.21)可知 $(B_t^{i,i+1})_{t\in[0,T_i]}$ 和 $(B_t^{i+1})_{t\in[0,T_i]}$ 一直到时刻 T_i 都是一致的,且根据(9.13)式,互换期权的价格(10.8)式可继续推导如下:

$$\begin{aligned}&P(t,T_i,T_{i+1})\,\mathbb{E}_{i,i+1}\left[(S(T_i,T_i,T_{i+1})-\kappa)^+\Big|\mathcal{F}_t\right]\\ &= (T_{i+1}-T_i)P(t,T_{i+1})\,\mathbb{E}_{i+1}\left[(S(T_i,T_i,T_{i+1})-\kappa)^+\Big|\mathcal{F}_t\right]\\ &= (T_{i+1}-T_i)P(t,T_{i+1})\,\mathbb{E}_{i+1}\left[(L(T_i,T_i,T_{i+1})-\kappa)^+\Big|\mathcal{F}_t\right]\\ &= (T_{i+1}-T_i)P(t,T_{i+1})\mathrm{Bl}(\kappa,L(t,T_i,T_{i+1}),\sigma_i(t),0,T_i-t)\end{aligned} \tag{10.12}$$

其中 $\sigma_i(t)$ 定义于式(10.7),命题10.2将这个关系式推广到一般的指标 $1\leqslant i < j\leqslant n$ 中,被称为是互换期权的近似公式。

命题10.2 互换期权的价格

$$P(t,T_i,T_j)\,\mathbb{E}_{i,j}\left[(S(T_i,T_i,T_j)-\kappa)^+\Big|\mathcal{F}_t\right]$$

可通过

$$P(t,T_i,T_j)\mathrm{Bl}(\kappa,S(t,T_i,T_j),\tilde{\sigma}_{i,j}(t),0,T_i-t) \tag{10.13}$$

第十章 Brace-Gatarek-Musiela (BGM) 模型

来近似，其中

$$|\tilde{\sigma}_{i,j}(t)|^2 \tag{10.14}$$
$$= \frac{1}{T_i - t} \sum_{l,k=i}^{j-1} \frac{\delta_k \delta_l v_{l+1}^{i,j}(t) v_{k+1}^{i,j}(t) L(t, T_l, T_{l+1}) L(t, T_k, T_{k+1})}{|S(t, T_i, T_j)|^2} \int_t^{T_i} \gamma_l(s) \gamma_k(s) \mathrm{d}s$$

证明：近似的过程简要叙述如下（更详细的推导推荐读者参考[Sch05]）：

$$\begin{aligned}
\mathrm{d}S(t, T_i, T_j) &= \mathrm{d}\left(\frac{1}{P(t, T_i, T_j)} \sum_{k=i}^{j-1} (T_{k+1} - T_k) P(t, T_{k+1}) L(t, T_k, T_{k+1})\right) \\
&\approx \frac{1}{P(t, T_i, T_j)} \sum_{k=i}^{j-1} (T_{k+1} - T_k) P(t, T_{k+1}) \mathrm{d}L(t, T_k, T_{k+1}) \\
&= \frac{1}{P(t, T_i, T_j)} \sum_{k=i}^{j-1} \delta_k P(t, T_{k+1}) L(t, T_k, T_{k+1}) \gamma_k(t) \mathrm{d}B_t^{k+1} \\
&= S(t, T_i, T_j) \sum_{k=i}^{j-1} \frac{\delta_k P(t, T_{k+1}) \gamma_k(t)}{S(t, T_i, T_j) P(t, T_i, T_j)} L(t, T_k, T_{k+1}) \mathrm{d}B_t^{k+1} \\
&= S(t, T_i, T_j) \sum_{k=i}^{j-1} \delta_k v_{k+1}^{i,j}(t) \gamma_k(t) \frac{L(t, T_k, T_{k+1})}{S(t, T_i, T_j)} \mathrm{d}B_t^{k+1}
\end{aligned}$$

所以

$$\begin{aligned}
\sigma_{i,j}^2(t)\mathrm{d}t &\approx \left|\frac{dS(t, T_i, T_j)}{S(t, T_i, T_j)}\right|^2 \\
&\approx \frac{1}{S(t, T_i, T_j)^2} \sum_{k=i}^{j-1} \sum_{l=i}^{j-1} \delta_k \delta_l v_{k+1}^{i,j}(t) v_{l+1}^{i,j}(t) \gamma_k(t) \gamma_l(t) L(t, T_l, T_{l+1}) L(t, T_l, T_{l+1}) \mathrm{d}t
\end{aligned}$$

与关系式(10.11)相比，可看出$w_k^{i,j}$能用$\delta_k v_{k+1}^{i,j}$来近似，更多的细节请参考[Sch05]的第一章。

Black波动率

$$|\sigma_{i,j}(t)|^2 \tag{10.15}$$
$$= \frac{1}{T_i - t} \sum_{l,k=i}^{j-1} \int_t^{T_i} \frac{\delta_l \delta_k v_{l+1}^{i,j}(s) v_{k+1}^{i,j}(s) L(s, T_l, T_{l+1}) L(s, T_k, T_{k+1})}{|S(t, T_i, T_j)|^2} \gamma_l(s) \gamma_k(s) \mathrm{d}s$$

$0 \leqslant t \leqslant T_i$，可用

$$|\tilde{\sigma}_{i,j}(t)|^2 \tag{10.16}$$
$$\approx \frac{1}{T_i - t} \sum_{l,k=i}^{j-1} \frac{\delta_k \delta_l v_{l+1}^{i,j}(t) v_{k+1}^{i,j}(t) L(t, T_l, T_{l+1}) L(t, T_k, T_{k+1})}{|S(t, T_i, T_j)|^2} \int_t^{T_i} \gamma_l(s) \gamma_k(s) \mathrm{d}s$$

来近似，这个近似在时刻t"冻结"了随机参数$v_{l+1}^{i,j}(t)$, $v_{k+1}^{i,j}(t)$, $L(t, T_l, T_{l+1})$, $L(t, T_k, T_{k+1})$和$S(t, T_i, T_j)$。 □

这个近似等于说 $S(t, T_i, T_j)$, $t \in [0, T_i]$ 是 $\mathbb{P}_{i,j}$ 下方差函数为 $\tilde{\sigma}_{i,j}(t)$ 的指数鞅。因为 $\tilde{\sigma}_{i,i+1}(t) = \sigma_i(t)$, 因此 (10.13) 式是 (10.12) 式的推广。

10.4 BGM模型的校正

图 10.2 给出了用互换期权价格的近似公式 (10.13) 反推得到的互换期权波动率 $\sigma_{i,j}^B(t)$ 表示的一个市场数据实例。在此，离到期日的时间 $T_i - t$ 为纵坐标，期限结构的区间 $T_j - T_i$ 为横坐标。

Vol Swaption At The Money	1Y	2Y	3Y	4Y	5Y	6Y	7Y	8Y	9Y	10Y	25Y
2D	18.6	18	16.8	15.7	14.7	13.8	13	12.3	11.8	11.3	9.3
1M	17.6	18	16.8	15.7	14.7	13.8	13	12.3	11.8	11.3	9.3
2M	18.1	18.35	17.05	15.95	14.95	14	13.2	12.55	12	11.5	9.45
3M	18.6	18.7	17.3	16.2	15.2	14.2	13.4	12.8	12.2	11.7	9.6
6M	18.7	18.1	16.8	15.7	14.8	13.9	13.3	12.7	12.2	11.8	9.7
9M	18.3	17.5	16.3	15.25	14.4	13.6	13.05	12.55	12.1	11.75	9.7
1Y	17.9	16.9	15.8	14.8	14	13.3	12.8	12.4	12	11.7	9.7
2Y	16.3	15.2	14.4	13.7	13.1	12.6	12.2	11.9	11.6	11.3	9.3
3Y	15.2	14.2	13.4	12.8	12.4	12	11.7	11.5	11.2	11	9.2
4Y	14.4	13.2	12.6	12.1	11.7	11.5	11.2	11	10.8	10.7	8.8
5Y	13.4	12.4	11.9	11.5	11.2	11	10.8	10.7	10.5	10.4	8.6
6Y	12.85	11.95	11.45	11	10.75	10.55	10.4	10.25	10.1	10	8.3
7Y	12.3	11.5	11	10.5	10.3	10.1	10	9.8	9.7	9.6	8
8Y	11.97	11.13	10.67	10.2	10	9.8	9.7	9.53	9.43	9.33	7.83
9Y	11.63	10.77	10.33	9.9	9.7	9.5	9.4	9.27	9.17	9.07	7.67
10Y	11.3	10.4	10	9.6	9.4	9.2	9.1	9	8.9	8.8	7.5
12Y	10.8	10.04	9.58	9.28	9.02	8.92	8.76	8.66	8.56	8.46	7.38
15Y	10.2	9.5	9.1	8.8	8.6	8.5	8.4	8.3	8.2	8.1	7.2
20Y	9.5	8.8	8.5	8.2	8	8	8	8	7.9	7.9	6.9
25Y	8.8	8.1	7.9	7.6	7.4	7.5	7.6	7.7	7.6	7.7	6.6
30Y	8.1	7.4	7.3	7	6.8	7	7.2	7.4	7.3	7.5	6.3

图 10.2 互换期权的波动率

这种数据同样可以用图 10.3 表示，其中指标 i 是指离到期日的时间 $T_i - t$ 而 j 则指期限结构的区间 $T_j - T_i$。

校正的目标是从市场观察到的利率上限和互换期权的价格估计 BGM 模型 (10.2) 中的波动率函数，即：

$$\gamma_i(t) \in \mathbb{R}^d \qquad 1 \leqslant i \leqslant n$$

这个过程涉及一些计算方面和稳定性方面的问题。设：

$$g_i(t) = |\gamma_i|(t) \qquad i = 1, \cdots, n$$

应用 [Reb96] 的参数化方法

$$g_i(t) = g_\infty + [1 + a(T_i - t) - g_\infty]e^{-b(T_i - t)} \quad a, b, g_\infty > 0 \quad i = 1, \cdots, n$$

可以从 (10.15) 式得到 $\sigma_{i,j}(t)$ 的关于 b, g_∞ 函数的表达式 $\sigma_{i,j}(t, b, g_\infty)$, 其中令 $a = 0$, 根据 [Sch02], 就是要使均方距离

$$\mathrm{RMS}(b, g_\infty) := \sqrt{\tfrac{2}{(n-1)(n-2)} \sum_{i=1}^{k} \sum_{j=i+1}^{n} \left(\tfrac{\sigma_{i,j}^B(t) - \sigma_{i,j}(t)}{\sigma_{i,j}^B(t)} \right)^2}$$

最小，其中 n 是

第十章 Brace-Gatarek-Musiela (BGM) 模型

期限结构中期限日期（以年为单位）的数目，k是在校正中用到的互换期权的最大数目，当某个期限日期没有对应的数据时，则该求和项取为零。折扣因子和互换率的数据用$\delta =$半年的定值通过差值补齐数据。

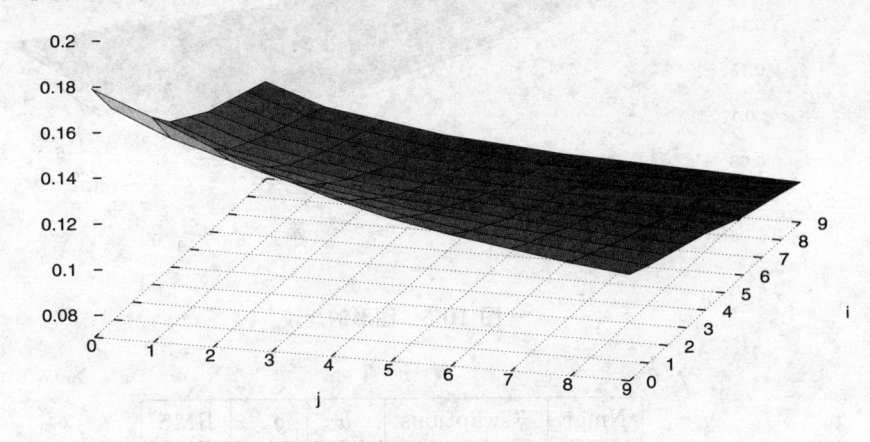

图 10.3　市场互换期权的波动率

图10.4所示为通过这种方法计算得到的波动率，其中指标 i 表示T_i-t，j表示$T_j - T_i$。

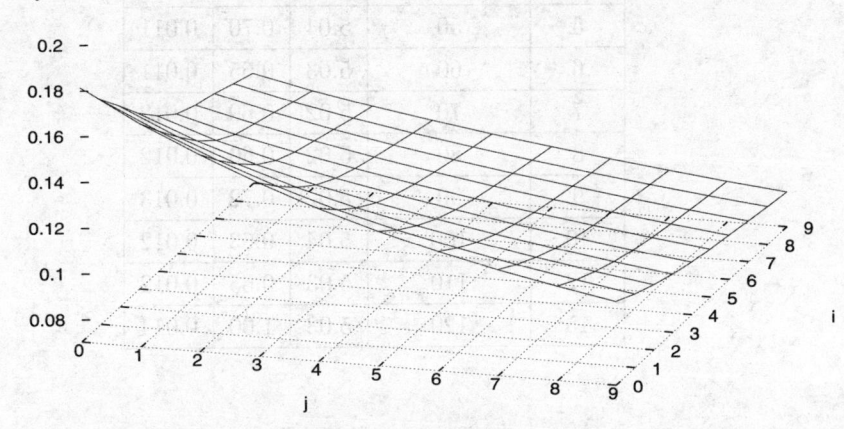

图 10.4　计算出的互换波动率

于是可通过图10.5来比较估计的和计算的波动率。

估计参数(b, g_∞)的一个实例在图10.6所示的表格中给出，其中在校正中用到的互换期权的最大数目k记为Nmat，详见[PW09]，所用的互换期权的最大数目不超过$nk - k(k+1)/2$。

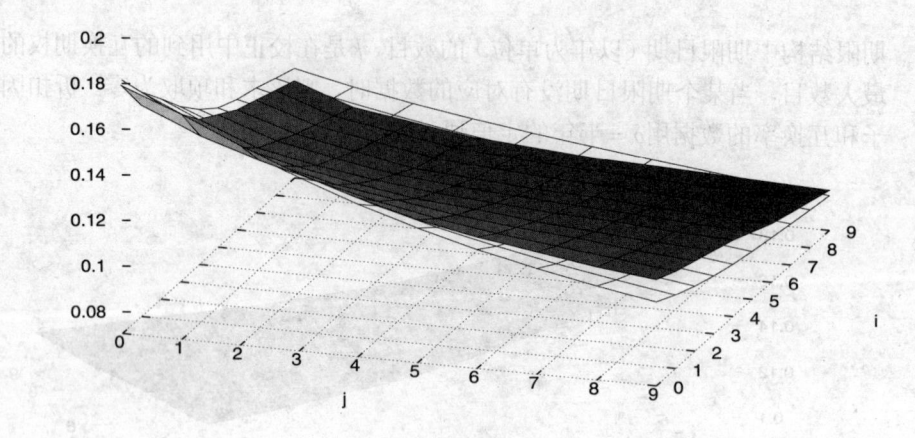

图 10.5 图形的比较

Nmat	#swaptions	b	g_∞	RMS
1	10	5.03	0.85	0.008
2	20	5.03	0.71	0.010
3	30	5.04	0.73	0.010
4	40	5.03	0.72	0.010
5	50	5.04	0.70	0.011
6	60	5.03	0.65	0.011
7	70	5.02	0.60	0.012
8	80	5.02	0.60	0.012
9	90	5.02	0.72	0.013
10	100	5.04	0.63	0.012
12	110	5.03	0.65	0.012
15	120	5.03	1.00	0.014

图 10.6 数值结果

10.5 练习

练习 10.1 (练习 9.1续) 计算敲定价格为κ的关于$S(t,T_1,T_3)$的互换期权在时刻t的价格:

第十章 Brace-Gatarek-Musiela (BGM) 模型

$$\mathbb{E}\left[e^{-\int_t^{T_1} r_s ds} P(T_1,T_1,T_3)(S(T_1,T_1,T_3)-\kappa)^+ \Big| \mathcal{F}_t\right]$$
$$= P(t,T_1,T_3)\mathbb{E}_{1,3}\left[(S(T_1,T_1,T_3)-\kappa)^+ \mid \mathcal{F}_t\right]$$

其中$\mathbb{E}_{1,3}$表示在定义为

$$\frac{d\mathbb{P}_{1,3}}{d\mathbb{P}} = e^{-\int_0^{T_1} r_s ds}\frac{P(T_1,T_1,T_3)}{P(0,T_1,T_3)}$$

的远期互换测度$\mathbb{P}_{1,3}$下的期望。为此需要对$\sigma_{1,3}(s)$近似,而这可通过在时刻t"冻结"在$\sigma_{1,3}(s)$, $s \geqslant t$出现的所有随机项。

练习 10.2 (练习 9.3续)

(1) 推导$P(t,T_1)$所满足的随机微分方程,并由题中的数据确定过程$\zeta_1(t)$。

(2) 证明$L(t,T_1,T_2)$满足随机微分方程:

$$\frac{dL(t,T_1,T_2)}{L(t,T_1,T_2)} = \gamma dB_t - \gamma\zeta_2(t)dt \qquad 0 \leqslant t \leqslant T_1 \tag{10.17}$$

(3) 假设$r_t = r > 0$是一个确定的常数且$\zeta_1(t) = 0$, $t \in \mathbb{R}_+$。计算债券期权价格的近似值:

$$P(t,T_1)\mathbb{E}_\mathbb{P}\left[(P(T_1,T_2)-K)^+ \Big| \mathcal{F}_t\right]$$

将结果表示为关于$L(t,T_1,T_2)$的函数。为了推导近似价格,可以在$\mathbb{P}$下"冻结"$L(s,T_1,T_2)$的漂移项,即假设(10.17)可写为:

$$\frac{dL(s,T_1,T_2)}{L(s,T_1,T_2)} = \gamma dB_s - \gamma\zeta_2(t)ds \qquad t \leqslant s \leqslant T_1$$

最后的结果可以表达为$\mathbb{R}$上的积分,而不需要写出它的显式表达式。

第十一章 附录A:数学工具

本附录涉及本书所用到的一些概率论和测度论中的基本结果,但并不是一个完整的体系,读者可参考概率论的标准教材,如[JP00]、[Pro05]以获得更多的细节。

此后将在概率空间$(\Omega, \mathcal{F}, \mathbb{P})$上讨论,并记$\mathbb{E}$为$\mathbb{P}$下的期望。

11.1 可测性

对于给定的随机变量列$(Y_n)_{n \in \mathbb{N}}$,定义由$(Y_n)_{n \in \mathbb{N}}$生成的自然信息流$(\mathcal{F}_n)_{n \geq -1}$为:

$$\mathcal{F}_n = \sigma(Y_0, \cdots, Y_n) \qquad n \geq 0$$

并且$\mathcal{F}_{-1} = \{\emptyset, \Omega\}$,其中$\sigma(Y_0, \cdots, Y_n)$是使得$Y_0, \cdots, Y_n$可测的最小$\sigma$-代数,称随机变量$F$是$\mathcal{F}_n$-可测的。若它可以写成$Y_0, \cdots, Y_n$的函数,则:

$$F = f_n(Y_0, \cdots, Y_n)$$

其中$f_n : \mathbb{R}^{n+1} \to \mathbb{R}$。

若$\mathbb{E}[|X|] < \infty$,则称随机变量X被称为是可积的。

11.2 协方差和相关性

两个随机变量X和Y的协方差被定义为:

$$\mathrm{Cov}(X, Y) = \mathbb{E}[(X - \mathbb{E}[X])(Y - \mathbb{E}[Y])]$$

且有:

$$\begin{aligned}
\mathrm{Cov}(X, X) &= \mathbb{E}[(X - \mathbb{E}[X])^2] \\
&= \mathbb{E}[X^2] - (\mathbb{E}[X])^2 \\
&= \mathrm{Var}(X)
\end{aligned}$$

更进一步,对于所有$\alpha \in \mathbb{R}$方差满足关系式

$$\begin{aligned}
\mathrm{Var}(\alpha X) &= \mathbb{E}[(\alpha X - \mathbb{E}[\alpha X])^2] \\
&= \mathbb{E}[(\alpha X - \alpha \mathbb{E}[X])^2] \\
&= \mathbb{E}[\alpha(X - \mathbb{E}[X])^2] \\
&= \alpha^2 \mathbb{E}[(X - \mathbb{E}[X])^2] \\
&= \alpha^2 \mathrm{Var}(X)
\end{aligned}$$

第十一章 附录A:数学工具

X 和 Y 的相关系数是

$$c(X,Y) := \frac{\text{Cov}(X,Y)}{\sqrt{\text{Var}(X)}\sqrt{\text{Var}(Y)}}$$

显然当 X 与 Y 独立时,有 $c(X,Y) = 0$,且当 $X = Y$ 时,有 $c(X,Y) = 1$。类似地,也可以定义在给定的 σ-代数 $\mathcal{G}$ 下的条件方差和协方差分别为

$$\text{Var}(X|\mathcal{G}) = \text{Cov}(X,X|\mathcal{G}) = \mathbb{E}[X^2|\mathcal{G}] - (\mathbb{E}[X|\mathcal{G}])^2$$

和

$$\text{Cov}(X,Y|\mathcal{G}) = \mathbb{E}[(X - \mathbb{E}[X|\mathcal{G}])(Y - \mathbb{E}[Y|\mathcal{G}])|\mathcal{G}]$$

若 Y 是平方可积的且 $\mathcal{G}$-可测,则有关系式

$$\begin{aligned}
\text{Var}(X+Y|\mathcal{G}) &= \mathbb{E}[(X+Y-\mathbb{E}[X+Y|\mathcal{G}])^2|\mathcal{G}] \\
&= \mathbb{E}[(X-\mathbb{E}[X|\mathcal{G}])^2|\mathcal{G}] \\
&= \text{Var}(X|\mathcal{G})
\end{aligned}$$

若 $\mathbb{E}[X] = 0$,可积随机变量 X 被称为是中心化的。

11.3 高斯随机变量

一个随机变量 X 被称为均值为 μ,方差为 σ^2 高斯随机变量,若它的特征函数满足

$$\mathbb{E}[e^{i\alpha X}] = e^{i\alpha\mu - \alpha^2\sigma^2/2} \qquad \alpha \in \mathbb{R}$$

即用 Laplace 变换转化为

$$\mathbb{E}[e^{\alpha X}] = e^{\alpha\mu + \alpha^2\sigma^2/2} \qquad \alpha \in \mathbb{R} \tag{11.1}$$

由 [JP00] 的推论 16.1,可以得到下面的结果。

命题 11.1 设 $X_1, \cdots, X_n$ 是一族相互正交的中心高斯随机变量,即:

$$\mathbb{E}[X_i X_j] = 0 \qquad 1 \leqslant i \neq j \leqslant n$$

则随机变量 $X_1, \cdots, X_n$ 是独立的。

一对随机变量 (X,Y) 是均值为 μ,协方差矩阵为 Σ 的高斯随机向量,若其 Laplace 变换满足

$$\mathbb{E}[e^{i\langle X,u\rangle_{\mathbb{R}^2}}] = e^{i\langle \mu,u\rangle_{\mathbb{R}^2} - \frac{1}{2}\langle \Sigma u,u\rangle_{\mathbb{R}^2}} \qquad u \in \mathbb{R}^2 \tag{11.2}$$

最后,若 $X_1, \cdots, X_n$ 是相互独立的高斯随机变量且概率分布为 $\mathcal{N}(m_1, \sigma_1^2), \cdots, \mathcal{N}(m_n, \sigma_n^2)$,则其和 $X_1 + \cdots + X_n$ 是高斯随机变量,概率分布为:

$$\mathcal{N}(m_1 + \cdots + m_n, \sigma_1^2 + \cdots + \sigma_n^2)$$

11.4 条件期望

$\mathcal{G}$为$\mathcal{F}$的子σ-代数。若$\mathcal{G}$已知，$F \in L^2(\Omega, \mathcal{F}, \mathbb{P})$的条件期望$\mathbb{E}[F \mid \mathcal{G}]$可以定义为$F$在$L^2(\Omega, \mathcal{G}, \mathbb{P})$上的正交投影，其中内积定义为$\langle F, G \rangle := \mathbb{E}[FG]$。也就是说，对于所有有界且$\mathcal{G}$-可测的$G$，$\mathbb{E}[F \mid \mathcal{G}]$满足条件

$$\mathbb{E}[G(F - \mathbb{E}[F \mid \mathcal{G}])] = 0$$

或者

$$\mathbb{E}[GF] = \mathbb{E}[G\, \mathbb{E}[F \mid \mathcal{G}]] \tag{11.3}$$

的唯一的$\mathcal{G}$-可测的随机变量。

条件期望具有以下性质：

(1) 若F独立于$\mathcal{G}$，则$\mathbb{E}[F \mid \mathcal{G}] = \mathbb{E}[F]$。

(2) 若$\mathcal{G} \subset \mathcal{F}$，则$\mathbb{E}[\mathbb{E}[F \mid \mathcal{F}] \mid \mathcal{G}] = \mathbb{E}[F \mid \mathcal{G}]$。

(3) 若G是$\mathcal{G}$-可测且充分可积的，则$\mathbb{E}[GF \mid \mathcal{G}] = G\,\mathbb{E}[F \mid \mathcal{G}]$。

(4) 若X与Y独立且Y是$\mathcal{F}$-可测的，则：

$$\mathbb{E}[f(X, Y) \mid \mathcal{F}] = \mathbb{E}[f(X, y)]_{y=Y} \tag{11.4}$$

11.5 离散时间鞅

已知$\mathcal{F}$的一族单调递增的子σ-代数$(\mathcal{F}_n)_{n \in \mathbb{N}}$。关于$(\mathcal{F}_n)_{n \in \mathbb{N}}$的离散时间$L^2$-鞅是一族随机变量$(M_n)_{n \in \mathbb{N}}$，满足：

(1) $M_n \in L^2(\Omega, \mathcal{F}_n, \mathbb{P})$ $n \in \mathbb{N}$

(2) $\mathbb{E}[M_{n+1} \mid \mathcal{F}_n] = M_n$ $n \in \mathbb{N}$

存在过程$(Y_0 + \cdots + Y_n)_{n \geqslant 0}$，因为其增量序列$(Y_n)_{n \in \mathbb{N}}$满足：

$$\mathbb{E}[Y_n \mid \mathcal{F}_{n-1}] = 0 \qquad n \in \mathbb{N} \tag{11.5}$$

所以它是一个关于自身的信息流

$$\mathcal{F}_{-1} = \{\emptyset, \Omega\}$$

第十一章 附录A:数学工具

和
$$\mathcal{F}_n = \sigma(Y_0, \cdots, Y_n) \quad n \geqslant 0$$
的鞅。

特别地,当增量$(Y_n)_{n\in\mathbb{N}}$是独立中心化随机变量时,条件 (11.5) 得到满足。

11.6 连续时间鞅

设$(\mathcal{F}_t)_{t\in\mathbb{R}_+}$为连续时间信息流,即$\mathcal{F}$的一个单增的子$\sigma$-代数族。假设$(\mathcal{F}_t)_{t\in\mathbb{R}_+}$是右连续的,即:

$$\mathcal{F}_t = \bigcap_{s>t} \mathcal{F}_s \quad t \in \mathbb{R}_+$$

随机过程就是一族以时间区间为指标集的随机变量。

定义11.1 满足$\mathbb{E}[|M_t|] < \infty, t \in \mathbb{R}_+$的随机过程$(M_t)_{t\in\mathbb{R}_+}$被称为$\mathcal{F}_t$-鞅,若

$$\mathbb{E}[M_t|\mathcal{F}_s] = M_s \quad 0 \leqslant s < t$$

过程$(X_t)_{t\in\mathbb{R}_+}$被称为具有独立增量性,若对于$0 \leqslant s < t$, $X_t - X_s$独立于$\sigma(X_u : 0 \leqslant u \leqslant s)$。

命题11.2 每一个具有中心独立增量的可积过程$(X_t)_{t\in\mathbb{R}_+}$都是一个关于由它生成的信息流

$$\mathcal{F}_t := \sigma(X_u : u \leqslant t) \quad t \in \mathbb{R}_+$$

的鞅,也就是关于其自然信息流的鞅。

对于所有的平方可积的随机变量F,从条件期望的性质 (b) 可知:

$$\mathbb{E}[\mathbb{E}[F|\mathcal{F}_t]|\mathcal{F}_s] = \mathbb{E}[F|\mathcal{F}_s] \quad 0 \leqslant s \leqslant t$$

所以过程$(\mathbb{E}[F|\mathcal{F}_t])_{t\in\mathbb{R}_+}$是一个鞅。

11.7 马氏过程

设$\mathcal{C}_0(\mathbb{R}^n)$表示一类在无穷远处趋于0的连续函数。已知$f$在无穷远处趋于0,如果对于所有的$\varepsilon > 0$,存在$\mathbb{R}^n$的一个紧子集$K$使得对于所有的$x \in \mathbb{R}^n \setminus K$有$|f(x)| \leqslant \varepsilon$。

定义11.2 一个在$\mathbb{R}^n$上取值的随机过程,即一族$(\Omega, \mathcal{F}, \mathbb{P})$上的随机变量$(X_t)_{t\in\mathbb{R}_+}$是一个马氏过程,如果对于所有的$t \in \mathbb{R}_+$, σ-域

$$\mathcal{F}_t^+ := \sigma(X_s : s \geqslant t)$$

和
$$\mathcal{F}_t := \sigma(X_s : 0 \leqslant s \leqslant t)$$

在X_t已知时是条件独立的。

这一条件可以重新描述为,对于所有的$A \in \mathcal{F}_t^+$和$B \in \mathcal{F}_t$有:

$$\mathbb{P}(A \cap B \mid X_t) = \mathbb{P}(A \mid X_t)\mathbb{P}(B \mid X_t)$$

参见Chung [Chu02]。这一定义要求满足以下两个条件:

(1) $(X_t)_{t \in \mathbb{R}_+}$是关于$(\mathcal{F}_t)_{t \in \mathbb{R}_+}$适应的,即$X_t$是$\mathcal{F}_t$-可测的,$t \in \mathbb{R}_+$。

(2) 给定X_t,对于所有的$u \geqslant t$,X_u条件独立于$\mathcal{F}_t$,即对于$\mathbb{R}^n$上的所有有界可测函数f,有:

$$\mathbb{E}[f(X_u) \mid \mathcal{F}_t] = \mathbb{E}[f(X_u) \mid X_t] \qquad 0 \leqslant t \leqslant u$$

特别地,$\mathbb{P}(X_u \in A \mid \mathcal{F}_t) = \mathbb{E}[\mathbf{1}_A(X_u) \mid \mathcal{F}_t] = \mathbb{E}[\mathbf{1}_A(X_u) \mid X_t] = \mathbb{P}(X_u \in A \mid X_t)$,$A \in \mathcal{B}(\mathbb{R}^n)$。

独立增量过程是马氏过程的一个简单的例子。实际上,对于所有的有界可测函数f和g有:

$$\begin{aligned}
&\mathbb{E}[f(X_{t_1}, \cdots, X_{t_n})g(X_{s_1}, \cdots, X_{s_n}) \mid X_t] \\
&= \mathbb{E}[f(X_{t_1} - X_t + x, \cdots, X_{t_n} - X_t + x) \\
&\quad g(X_{s_1} - X_t + x, \cdots, X_{s_n} - X_t + x)]_{x=X_t} \\
&= \mathbb{E}[f(X_{t_1} - X_t + x, \cdots, X_{t_n} - X_t + x)]_{x=X_t} \\
&\quad \mathbb{E}[g(X_{s_1} - X_t + x, \cdots, X_{s_n} - X_t + x)]_{x=X_t} \\
&= \mathbb{E}[f(X_{t_1}, \cdots, X_{t_n}) \mid X_t]\mathbb{E}[g(X_{s_1}, \cdots, X_{s_n}) \mid X_t]
\end{aligned}$$

$$0 \leqslant s_1 < \cdots < s_n < t < t_1 < \cdots < t_n$$

转移核是满足下列条件的映射$\mathbb{P}(x, dy)$:

(1) 对于每一个$x \in \mathbb{R}^n$,$A \mapsto \mathbb{P}(x, A)$是一个概率测度;

(2) 对于每一个$A \in \mathcal{B}(\mathbb{R}^n)$,映射$x \mapsto \mathbb{P}(x, A)$是一个可测函数。

$(X_t)_{t \in \mathbb{R}_+}$的转移核$\mu_{s,t}$定义为:

$$\mu_{s,t}(x, A) = \mathbb{P}(X_t \in A \mid X_s = x) \qquad 0 \leqslant s \leqslant t$$

且有:

$$\mu_{s,t}(X_s, A) = \mathbb{P}(X_t \in A \mid X_s) = \mathbb{P}(X_t \in A \mid \mathcal{F}_s) \qquad 0 \leqslant s \leqslant t$$

$(X_t)_{t\in\mathbb{R}_+}$的转移算子$(P_{s,t})_{0\leqslant s\leqslant t}$定义为:

$$P_{s,t}f(x) = \mathbb{E}[f(X_t) \mid X_s = x] = \int_{\mathbb{R}^n} f(y)\mu_{s,t}(x,\mathrm{d}y) \qquad x \in \mathbb{R}^n$$

设$p_{s,t}(x)$表示$X_t - X_s$的密度,有:

$$\mu_{s,t}(x,A) = \int_A p_{s,t}(y-x)\mathrm{d}y \qquad A \in \mathcal{B}(\mathbb{R}^n)$$

且

$$P_{s,t}f(x) = \int_{\mathbb{R}^n} f(y)p_{s,t}(y-x)\mathrm{d}y$$

若假设$(X_t)_{t\in\mathbb{R}_+}$是时齐的,即$\mu_{s,t}$仅依赖于差$t-s$,并且记为μ_{t-s},那么$(P_{0,t})_{t\in\mathbb{R}_+}$就记为$(P_t)_{t\in\mathbb{R}_+}$,并定义$(X_t)_{t\in\mathbb{R}_+}$的转移半群为:

$$P_t f(x) = \mathbb{E}[f(X_t) \mid X_0 = x] = \int_{\mathbb{R}^n} f(y)\mu_t(x,\mathrm{d}y) \qquad x \in \mathbb{R}^n$$

它满足半群的性质,即:

$$\begin{aligned} P_t P_s f(x) &= \mathbb{E}[P_s f(X_t) \mid X_0 = x] \\ &= \mathbb{E}[\mathbb{E}[f(X_{t+s}) \mid X_s] \mid X_0 = x] \\ &= \mathbb{E}[\mathbb{E}[f(X_{t+s}) \mid \mathcal{F}_s] \mid X_0 = x] \\ &= \mathbb{E}[f(X_{t+s}) \mid X_0 = x] \\ &= P_{t+s}f(x) \end{aligned}$$

于是导出了Chapman-Kolmogorov方程,即:

$$\mu_{s+t}(x,A) = \mu_s * \mu_t(x,A) = \int_{\mathbb{R}^n} \mu_s(x,\mathrm{d}y)\mu_t(y,A) \tag{11.6}$$

由数学归纳法可以得到,对于$0 < t_1 < \cdots < t_n$和$\mathbb{R}^n$的Borel子集$B_1,\cdots,B_n$,有:

$$\begin{aligned} &\mathbb{P}_x((X_{t_1},\cdots,X_{t_n}) \in B_1 \times \cdots \times B_n) \\ &= \int_{B_1} \cdots \int_{B_n} \mu_{0,t_1}(x,\mathrm{d}x_1)\cdots\mu_{t_{n-1},t_n}(x_{n-1},\mathrm{d}x_n) \end{aligned}$$

若$(X_t)_{t\in\mathbb{R}_+}$是一个时齐的马氏过程且具有独立增量,则X_t的密度$p_t(x)$满足卷积性质,即

$$p_{s+t}(x) = \int_{\mathbb{R}^n} p_s(y-x)p_t(y)\mathrm{d}y, \qquad x \in \mathbb{R}^n,$$

特别是像Lévy过程等具有平稳独立增量的过程都满足这一性质。一个满足卷积性质的密度函数的典型例子是高斯密度,即:

$$p_t(x) = \frac{1}{(2\pi t)^{n/2}} \exp\left(-\frac{1}{2t}\|x\|_{\mathbb{R}^n}^2\right) \qquad x \in \mathbb{R}^n$$

第十二章 附录B: 相关进展

此附录中列举了近年来在相关文献中关注的一些问题。

12.1 无穷维分析

对长期利率进行现代数学建模很大程度上依赖于如无限维李代数和流形等的无限维泛函分析工具，这与标准的资产模型相比就增加了更大的难度。实际上，远期利率$F(t,T,S)$可被看做是一个取值于双变量或者多变量的函数空间上的过程$t \mapsto F(t,\cdot,\cdot)$，因此关于它的建模必然要用到取值于（无限维）函数空间上的随机过程。这种建模方法在近年来有了蓬勃的发展，详情参见[Bjö04]、[DDP05]、[ET05]、[FT04]、[Pra08]、[DP04]。例如，在第六章中介绍的HJM模型可以写为在Banach空间上的随机演进方程（见[CT06]及其参考文献）。在文献中提到的相关问题包括了以下几个方面（见[Bjö04]及其参考文献）：

(1) 流形不变性: 确定包含初始条件$r_0(\cdot)$的函数空间，其中远期利率过程随着时间的演变仍包含其中；

(2) 有限维轨道: 找出$f_t(\cdot)$属于利率曲线的有限维流形的条件；

(3) 一致性: 找出$f_t(\cdot)$属于已有的对远期利率曲线建模的函数空间，如Nelson-Siegel空间的条件；

(4) 对冲与到期日相关的风险（详细情参见[CT06]）。

上述第(3)点的观点是否定的，见[Bjö04]的3.5。实际上由关系式 (6.3) 已经知道Vasicek瞬时远期利率$x \mapsto f(t,t+x)$是在一个既不同于Nelson-Siegel空间也不同于Svensson空间的空间上的。

12.2 推广的利率模型

Vasicek和CIR随机短期利率模型属于所谓的仿射模型族，这个族在很多方面都被推广。例如，通过取值于矩阵的扩散过程构造二次模型（参见[GS03]及其参考文献）；通过李群上的随机微分方程可保持利率的正值性的模型（参见[JW01]的16.4）；近年来LIBOR市场模型也被推广到包括随机波动率的情形（参见[ABR05]、[Pit04]和[WZ06]）。[GK03]和[EÖ05]分别提出用点过程和Lévy过程来建立带跳利率的模型。

12.3 关于利率的奇异的和路径依赖的期权

这些类型的期权越来越受欢迎,下面来举两个例子。

目标兑现票据(TARN):这种期权的支付取决于当所积累的红利

$$\int_0^t (\kappa - F(s,T))^+ \mathrm{d}s$$

达到一定水平的时间,这使得它取决于远期即时利率$F(s,T)$的整个路径。这种类型的期权已经在亚洲市场大受欢迎,并在今后会有更大的发展。

区间积累票据(RAN):这个类型的期权,增加了当参考指标落在事前定好的区间$[m,M]$时所累加的利率,它的收益形式为:

$$\frac{1}{S-T}\int_T^S \mathbf{1}_{\{F(t,T)\in[m,M]\}}\mathrm{d}t$$

其他的奇异期权还有雪球期权和波动率债券等。

12.4 敏感度分析和Malliavin计算

在数理金融中一个实际的问题是价格函数及其关于模型参数的导数(也称为敏感度)的快速数值计算。敏感度的计算在金融交易的对冲和风险管理中是很有用的,其计算的速度尤为关键。资产期权价格对于初始价格、利率、波动率参数等敏感度计算的快速数值方法可以通过变分的随机积分计算(或者Malliavin计算)由如下形式的公式

$$\frac{\partial}{\partial x}E[\Phi(S_T)\mid S_0=x]=E[\Phi(S_T)\Lambda_T\mid S_0=x] \tag{12.1}$$

得到,其中Λ_T是一个通过在u的方向上的随机梯度算子D和它的对偶δ计算出来的随机权重(参见[FLL+99])。变分的随机积分是一个灵活的工具,它不仅在线性路径空间,而且在Riemannian路径空间也有发展,同时包括无限维情形(参见[Mal97]、[MT06])。在[DFM09]中变分的随机积分被用于推导形如(12.1)式的远期利率期权的敏感度计算公式。

12.5 长寿和死亡率风险

最近,始于[MP01]一书,由利率模型导出的随机模型被提出用于模拟长寿和死亡率风险,这一方法可用于构造和定价寿险债券和死亡率衍生品,HJM模型在这一领域找到了新的应用。

第十三章 习题答案

13.1 第一章

练习 1.1 只需验证布朗运动的五个性质：

(1) 在0时刻开始于0；

(2) 独立增量性；

(3) 轨道几乎处处连续；

(4) 平稳增量性；

(5) 增量服从高斯分布。

从(1)到(4)的验证没有什么特别困难，因为时间变换 $t \mapsto c+t$ 和 $t \mapsto t/c^2$ 是确定且连续的。至于(5)，$B_{c+t} - B_c$ 显然有一个方差为 t 的中心高斯分布，且由于 $\mathrm{Var}(cB_{t/c^2}) = c^2\mathrm{Var}(B_{t/c^2}) = c^2 t/c^2 = t$，$cB_{t/c^2}$ 也具有同样的性质。

练习 1.2 $S_t = S_0 \mathrm{e}^{\sigma B_t - \sigma^2 t/2 + \mu t}$

练习 1.3 求出形如

$$X_t = a(t)\left(x_0 + \int_0^t b(s)\mathrm{d}B_s\right)$$

的解，可得：

$$X_t = \mathrm{e}^{-\alpha t}x_0 + \sigma\int_0^t \mathrm{e}^{-\alpha(t-s)}\mathrm{d}B_s \qquad t\in\mathbb{R}_+$$

练习 1.4 由已知的等式，有 $a'(t)/a(t) = t$ 和 $a(t)b(t) = \mathrm{e}^{t^2/2}$，因此可得 $a(t) = \mathrm{e}^{t^2/2}$ 和 $b(t) = 1$，从而得到 $X_t = \mathrm{e}^{t^2/2}(x_0 + B_t)$, $t\in\mathbb{R}_+$。

练习 1.5 设 $X_t = \sqrt{Y_t}$，则有 $\mathrm{d}X_t = \mu X_t \mathrm{d}t + \sigma \mathrm{d}B_t$，所以

$$Y_t = \left(\mathrm{e}^{\mu t}\sqrt{y_0} + \sigma\int_0^t \mathrm{e}^{\mu(t-s)}\mathrm{d}B_s\right)^2$$

练习 1.6 设 $f\in L^2([0,T])$，有：

$$\mathbb{E}\left[\mathrm{e}^{\int_0^T f(s)\mathrm{d}B_s}\bigg|\mathcal{F}_t\right] = \exp\left(\int_0^t f(s)\mathrm{d}B_s + \frac{1}{2}\int_t^T |f(s)|^2\mathrm{d}s\right) \qquad 0\leqslant t\leqslant T$$

第十三章 习题答案

练习 1.7 对于所有的 $\beta < 1/T$，存在

$$
\begin{aligned}
\mathbb{E}\left[\exp\left(\beta\int_0^T B_t \mathrm{d}B_t\right)\right] &= \mathbb{E}\left[\exp\left(\beta(B_T^2 - T)/2\right)\right] \\
&= \mathrm{e}^{-\beta T/2} E\left[\exp\left(\mathrm{e}^{\beta(B_T)^2/2}\right)\right] \\
&= \frac{\mathrm{e}^{-\beta T/2}}{\sqrt{2\pi T}}\int_{-\infty}^{\infty} \mathrm{e}^{(\beta - \frac{1}{T})\frac{x^2}{2}}\mathrm{d}x \\
&= \frac{\mathrm{e}^{-\beta T/2}}{\sqrt{1 - \beta T}}
\end{aligned}
$$

练习 1.8

(1)
$$
\mathrm{d}(X_t^T/(T-t)) = \frac{\mathrm{d}X_t^T}{T-t} + \frac{X_t^T}{(T-t)^2}\mathrm{d}t = \sigma\frac{\mathrm{d}B_t}{T-t}
$$

因此利用初始条件 $X_0 = 0$，由积分可得:

$$
\frac{X_t^T}{T-t} = \sigma\int_0^t \frac{1}{T-s}\mathrm{d}B_s \qquad t \in [0,T]
$$

(2)
$$
\mathbb{E}[X_t^T] = \sigma(T-t)\mathbb{E}\left[\int_0^t \frac{1}{T-s}\mathrm{d}B_s\right] = 0
$$

(3) 利用伊藤公式可得到:

$$
\begin{aligned}
\mathrm{Var}[X_t^T] &= \sigma^2(T-t)^2 \mathrm{Var}\left[\int_0^t \frac{1}{T-s}\mathrm{d}B_s\right] \\
&= \sigma^2(T-t)^2 \int_0^t \frac{1}{(T-s)^2}\mathrm{d}s \\
&= \sigma^2(T-t)^2 \left(\frac{1}{T-t} - \frac{1}{T}\right) \\
&= \sigma^2(1 - t/T)
\end{aligned}
$$

(4) $\mathrm{Var}[X_T^T] = 0$，因此由问题(2)可得到 $X_T^T = \mathbb{E}[X_T^T] = 0$

13.2 第二章

练习 2.1

(1)
$$
X_t^\alpha = \mathrm{e}^{\alpha t}X_0^\alpha + \int_0^t \mathrm{e}^{\alpha(t-s)}\mathrm{d}B_s
$$

且由Girsanov 定理可得：

$$\frac{\mathrm{d}Q}{\mathrm{d}P} = \exp\left(-\alpha \int_0^T X_t^{(\alpha)} \mathrm{d}B_t - \frac{\alpha^2}{2} \int_0^T (X_t^{(\alpha)})^2 \mathrm{d}t\right)$$

(2) 对于所有的 $\beta < 1/T$, 有：

$$\mathbb{E}\left[\exp\left((\beta-\alpha)\int_0^T X_t^{(\alpha)} \mathrm{d}X_t^{(\alpha)} + \frac{\alpha^2}{2}\int_0^T (X_t^{(\alpha)})^2 \mathrm{d}t\right)\right]$$

$$= \mathbb{E}\left[\exp\left(\beta\int_0^T X_t^{(\alpha)} \mathrm{d}X_t^{(\alpha)} - \alpha\int_0^T X_t^{(\alpha)} \mathrm{d}B_t \right.\right.$$
$$\left.\left. -\alpha^2\int_0^T (X_t^{(\alpha)})^2 \mathrm{d}t + \frac{\alpha^2}{2}\int_0^T (X_t^{(\alpha)})^2 \mathrm{d}t\right)\right]$$

$$= \mathbb{E}\left[\exp\left(\beta\int_0^T X_t^{(\alpha)} \mathrm{d}X_t^{(\alpha)} - \alpha\int_0^T X_t^{(\alpha)} \mathrm{d}B_t - \frac{\alpha^2}{2}\int_0^T (X_t^{(\alpha)})^2 \mathrm{d}t\right)\right]$$

$$= \mathbb{E}_Q\left[\exp\left(\beta\int_0^T X_t^{(\alpha)} \mathrm{d}X_t^{(\alpha)}\right)\right]$$

$$= \mathbb{E}\left[\exp\left(\beta\int_0^T B_t \mathrm{d}B_t\right)\right]$$

$$= \frac{\mathrm{e}^{-\beta T/2}}{\sqrt{1-\beta T}}$$

(3) 对于所有的 $\alpha < 1/T$, 令 $\beta = \alpha$ 可得：

$$\mathbb{E}\left[\exp\left(\frac{\alpha^2}{2}\int_0^T (X_t^{(\alpha)})^2 \mathrm{d}t\right)\right] = \frac{\mathrm{e}^{-\alpha T/2}}{\sqrt{1-\alpha T}}$$

练习 2.2

(1) 由Girsanov 定理, 概率 $\mathbb{Q}$ 由其密度

$$\frac{\mathrm{d}\mathbb{Q}}{\mathrm{d}\mathbb{P}} = \exp\left(-\frac{\mu-r}{\sigma}B_T - \frac{(\mu-r)^2 T}{2\sigma^2}\right)$$

给出。

(2) 对于所有的 $t \in [0,T]$, 可知：

$$\begin{aligned} C(t,S_t) &= \mathrm{e}^{-r(T-t)} S_t^2 \, \mathbb{E}_{\mathbb{Q}}\left[\frac{S_T^2}{S_t^2}\bigg|\mathcal{F}_t\right] \\ &= \mathrm{e}^{-r(T-t)} S_t^2 \, \mathbb{E}_{\mathbb{Q}}\left[\mathrm{e}^{2\sigma(\tilde{B}_T-\tilde{B}_t)-\sigma^2(T-t)+2r(T-t)}\bigg|\mathcal{F}_t\right] \\ &= S_t^2 \mathrm{e}^{(r+\sigma^2)(T-t)} \end{aligned}$$

其中 $\tilde{B}_t = B_t + (\mu-r)t/\sigma$, $t \in [0,T]$ 是一个在 $\mathbb{Q}$ 下的标准布朗运动。

(3) 对于所有的 $t \in [0, T]$, 有:
$$\zeta_t = \frac{\partial C}{\partial x}(t, x)_{|x=S_t} = 2S_t \mathrm{e}^{(r+\sigma^2)(T-t)}$$

且
$$\eta_t = \frac{C(t, S_t) - \zeta_t S_t}{A_t} = \frac{\mathrm{e}^{-rt}}{A_0}(S_t^2 \mathrm{e}^{(r+\sigma^2)(T-t)} - 2S_t^2 \mathrm{e}^{(r+\sigma^2)(T-t)})$$
$$= -\frac{S_t^2}{A_0}\mathrm{e}^{\sigma^2(T-t) + r(T-2t)}$$

(4) 对于所有的 $t \in [0, T_0]$, 有:
$$\begin{aligned}
C(t) &= \mathrm{e}^{-r(T-t)} \mathbb{E}_{\mathbb{Q}}\left[\frac{S_T}{S_{T_0}}\Big|\mathcal{F}_t\right] \\
&= \mathrm{e}^{-r(T-t)} \mathbb{E}_{\mathbb{Q}}\left[\frac{S_T}{S_{T_0}}\right] \\
&= \mathrm{e}^{-r(T-t)} \mathbb{E}_{\mathbb{Q}}\left[\mathrm{e}^{\sigma(\tilde{B}_T - \tilde{B}_{T_0}) - \sigma^2(T-T_0)/2 + r(T-T_0)}\right] \\
&= \mathrm{e}^{-r(T-t) + r(T-T_0)} \\
&= \mathrm{e}^{-r(T_0 - t)}
\end{aligned}$$

且对于 $t \in]T_0, T]$, 有:
$$\begin{aligned}
C(t) &= \mathrm{e}^{-r(T-t)} \mathbb{E}_{\mathbb{Q}}\left[\frac{S_T}{S_{T_0}}\Big|\mathcal{F}_t\right] \\
&= \mathrm{e}^{-r(T-t)} \frac{S_t}{S_{T_0}} \mathbb{E}_{\mathbb{Q}}\left[\frac{S_T}{S_t}\Big|\mathcal{F}_t\right] \\
&= \mathrm{e}^{-r(T-t)} \frac{S_t}{S_{T_0}} \mathbb{E}_{\mathbb{Q}}\left[\frac{S_T}{S_t}\right] \\
&= \mathrm{e}^{-r(T-t)} \frac{S_t}{S_{T_0}} \mathbb{E}_{\mathbb{Q}}\left[\mathrm{e}^{\sigma(\tilde{B}_T - \tilde{B}_t) - \sigma^2(T-t)/2 + r(T-t)}\right] \\
&= \frac{S_t}{S_{T_0}}
\end{aligned}$$

(5) 对于所有的 $t \in [0, T_0]$, 可知 $\zeta_t = 0$ 和 $\eta_t = \mathrm{e}^{-rT_0}/A_0$, 并且对于 $t \in [T_0, T]$ 有 $\eta_t = 0$ 和 $\zeta_t = 1/S_{T_0}$ 成立。对于 $t \in [0, T_0]$ 和 $t \in [-T_0, T]$, 存在 $\mathrm{d}\zeta_t = \mathrm{d}\eta_t = 0$, 因此它在这两个时间区间内是自融资投资的。另一方面, 当 $t = T_0$, 我们同样有 $S_{T_0} \mathrm{d}\zeta_{T_0} + A_{T_0} \mathrm{d}\eta_{T_0} = S_{T_0} \times 1/S_{T_0} - A_{T_0} \mathrm{e}^{rT_0}/A_0 = 0$。

练习 2.3

(1)
$$S_t = S_0 \mathrm{e}^{\alpha t} + \sigma \int_0^t \mathrm{e}^{\alpha(t-s)} \mathrm{d}B_s$$

(2) $\alpha_M = r$

(3) 计算条件期望得到:

$$C(t,x) = e^{-r(T-t)} \exp\left[xe^{r(T-t)} + \frac{\sigma^2}{4r}(e^{2r(T-t)} - 1)\right]$$

(4) 对于一般的Black-Scholes定价方法在此适用，且可得到$\zeta_t = \partial C(t, S_t)/\partial x$，也就是

$$\zeta_t = \exp\left[S_t e^{r(T-t)} + \frac{\sigma^2}{4r}(e^{2r(T-t)} - 1)\right]$$

13.3 第三章

练习 3.1

(1) $Y_t = e^{-at}y_0 + \frac{\theta}{a}(1 - e^{-at}) + \sigma \int_0^t e^{-a(t-s)} dB_s$

(2) $dX_t = X_t\left(\theta + \frac{\sigma^2}{2} - a\log X_t\right)dt + \sigma X_t dB_t$

(3) $r_t = \exp\left(e^{-at}\log r_0 + \frac{\theta}{a}(1 - e^{-at}) + \sigma \int_0^t e^{-a(t-s)} dB_s\right)$，其中$\eta = \theta + \sigma^2/2$

(4) 由(11.1)式，附录A中的条件期望的性质(2)和命题1.3，可知:

$\mathbb{E}[r_t \mid \mathcal{F}_u]$
$$= \exp\left(e^{-a(t-u)}\log r_u + \frac{\theta}{a}(1 - e^{-a(t-u)}) + \frac{\sigma^2}{4a}(1 - e^{-2a(t-u)})\right)$$

(5)

$\mathbb{E}[r_t^2 \mid \mathcal{F}_u]$
$$= \exp\left(2e^{-a(t-u)}\log r_u + 2\frac{\theta}{a}(1 - e^{-a(t-u)}) + \frac{\sigma^2}{a}(1 - e^{-2a(t-u)})\right)$$

且$\mathrm{Var}[r_t|\mathcal{F}_u]$可通过上述两个表达式和等式$\mathrm{Var}[r_t|\mathcal{F}_u] = \mathbb{E}[r_t^2|\mathcal{F}_u] - (\mathbb{E}[r_t|\mathcal{F}_u])^2$计算出来。

(6) $\lim_{t\to\infty} \mathbb{E}[r_t] = \exp\left(\frac{\theta}{a} + \frac{\sigma^2}{4a}\right)$ 和 $\lim_{t\to\infty} \mathrm{Var}[r_t] = \exp\left(\frac{2\theta}{a} + \frac{\sigma^2}{a}\right) - \exp\left(\frac{2\theta}{a} + \frac{\sigma^2}{2a}\right)$

第十三章　习题答案

练习 3.2

(1) $r_t = r_0 + \int_0^t (\alpha - \beta r_s)\mathrm{d}s + \sigma \int_0^t \sqrt{r_s}\mathrm{d}B_s$

(2) 利用关于布朗运动的随机积分期望值为零的事实，通过对上一积分方程等号两边同时取期望再求导得到：

$$u'(t) = \alpha - \beta u(t)$$

(3) 对于

$$r_t^2 = f\left(r_0 + \int_0^t (\alpha - \beta r_s)\mathrm{d}s + \sigma \int_0^t \sqrt{r_s}\mathrm{d}B_s\right)$$

应用伊藤公式，其中 $f(x) = x^2$，可得 $\mathrm{d}(r_t)^2 = r_t(\sigma^2 + 2\alpha - 2\beta r_t)\mathrm{d}t + 2r_t\sigma\sqrt{r_t}\mathrm{d}B_t$。

(4) 再次对上一个方程等号两边同时取期望得到：

$$v_t' = (2\alpha + \sigma^2)u(t) - 2\beta v(t)$$

这意味着

$$v_t' = \frac{\alpha}{\beta}(2\alpha + \sigma^2) + (2\alpha + \sigma^2)\left(r_s - \frac{\alpha}{\beta}\right)\mathrm{e}^{-\beta(t-s)} - 2\beta v(t)$$

该方程的解可写为齐次方程 $v'(t) = -2\beta v(t)$ 的解 $v(t) = c\mathrm{e}^{-2\beta t}$ 与原始方程的特解 $p(t)$ 之和，$v(t) = v(t) + p(t)$，形如 $p(t) = \zeta + \xi\mathrm{e}^{-\beta(t-s)}$ 的方程的特解为：

$$p(t) = \frac{\alpha(2\alpha + \sigma^2)}{2\beta^2} + \frac{2\alpha + \sigma^2}{\beta}\left(r_s - \frac{\alpha}{\beta}\right)\mathrm{e}^{-\beta(t-s)}$$

因此

$$v(t) = c\mathrm{e}^{-2\beta(t-s)} + \frac{\alpha(2\alpha + \sigma^2)}{2\beta^2} + \frac{2\alpha + \sigma^2}{\beta}\left(r_s - \frac{\alpha}{\beta}\right)\mathrm{e}^{-\beta(t-s)}$$

且由初始条件 $v(t) = r_s^2$，得：

$$\begin{aligned}v(t) &= r_s^2\mathrm{e}^{-2\beta(t-s)} + \frac{\alpha(2\alpha + \sigma^2)}{2\beta^2}(1 - \mathrm{e}^{-2\beta(t-s)})\\ &\quad + \frac{2\alpha + \sigma^2}{\beta}\left(r_s - \frac{\alpha}{\beta}\right)(\mathrm{e}^{-\beta(t-s)} - \mathrm{e}^{-2\beta(t-s)})\\ &\quad 0 \leqslant s \leqslant t\end{aligned}$$

除此之外，可计算：

$$\begin{aligned}\mathrm{Var}[r_t|r_s] &= E[r_t^2|r_s] - (E[r_t|r_s])^2\\ &= v(t) - (u(t))^2\end{aligned}$$

$$\begin{aligned}
&= r_s^2 e^{-2\beta(t-s)} + \frac{\alpha(2\alpha+\sigma^2)}{2\beta^2}(1-e^{-2\beta(t-s)}) \\
&\quad + \frac{2\alpha+\sigma^2}{\beta}\left(r_s - \frac{\alpha}{\beta}\right)(e^{-\beta(t-s)} - e^{-2\beta(t-s)}) \\
&\quad - \left(\frac{\alpha}{\beta}\left(1-e^{-\beta(t-s)}\right) + r_s e^{-\beta(t-s)}\right)^2 \\
&= r_s^2 e^{-2\beta(t-s)} + \frac{\alpha(2\alpha+\sigma^2)}{2\beta^2}(1-e^{-2\beta(t-s)}) \\
&\quad + \frac{2\alpha+\sigma^2}{\beta}\left(r_s - \frac{\alpha}{\beta}\right)(e^{-\beta(t-s)} - e^{-2\beta(t-s)}) \\
&\quad - \left(\frac{\alpha}{\beta}\left(1-e^{-\beta(t-s)}\right)\right)^2 - r_s^2 e^{-2\beta(t-s)} - 2\frac{\alpha}{\beta}\left(1-e^{-\beta(t-s)}\right)r_s e^{-\beta(t-s)} \\
&= \frac{\alpha(2\alpha+\sigma^2)}{2\beta^2}(1-e^{-2\beta(t-s)}) \\
&\quad + \frac{2\alpha+\sigma^2}{\beta}\left(r_s - \frac{\alpha}{\beta}\right)(e^{-\beta(t-s)} - e^{-2\beta(t-s)}) \\
&\quad - \left(\frac{\alpha}{\beta}\left(1-e^{-\beta(t-s)}\right)\right)^2 - 2\frac{\alpha}{\beta}\left(1-e^{-\beta(t-s)}\right)r_s e^{-\beta(t-s)} \\
&= r_s \frac{\sigma^2}{\beta}\left(e^{-\beta(t-s)} - e^{-2\beta(t-s)}\right) + \frac{\alpha\sigma^2}{\beta^2}(1-e^{-\beta(t-s)})^2
\end{aligned}$$

它满足初始条件 $\text{Var}[r_s|r_s] = 0$。

(5) 直接应用伊藤公式可得到该结果。

(6) 再次由伊藤公式有:

$$\begin{aligned}
dR_t &= 2X_t dX_t + \frac{\sigma^2}{4}dt \\
&= \left(\frac{\sigma^2}{4} - \beta X_t^2\right)dt + \sigma X_t dB_t \\
&= \left(\frac{\sigma^2}{4} - \beta R_t\right)dt + \sigma|X_t|dW_t \\
&= \left(\frac{\sigma^2}{4} - \beta R_t\right)dt + \sigma\sqrt{R_t}dW_t \qquad t > 0
\end{aligned}$$

同样能够证明 $(W_t)_{t\in\mathbb{R}_+}$ 也是一个布朗运动,因此就得到(3.4)式的一个显式解。

13.4 第四章

练习 4.1

(1) 由

第十三章 习题答案

$$F(t,x) = \mathbb{E}\left[\exp\left(-\int_t^T r_s ds\right) \Big| r_t = x\right] \qquad 0 \leqslant t \leqslant T$$

定义的函数 $F(t,x)$, 得到:

$$F(t, r_t) = F(t, r_0 + \theta t + \sigma W_t)$$

因此由标准套利理论, $F(t,x)$ 所满足的偏微分方程为:

$$-xF(t,x) + \frac{\partial F}{\partial t}(t,x) + \theta \frac{\partial F}{\partial x}(t,x) + \frac{1}{2}\sigma^2 \frac{\partial^2 F}{\partial x^2}(t,x) = 0$$

终端条件为 $F(T,x) = 1$

(2)

$$\begin{aligned}
F(t, r_t) &= \mathbb{E}\left[\exp\left(-\int_t^T (r_0 + \theta s + \sigma W_s)ds\right) \Big| \mathcal{F}_t\right] \\
&= \exp\left(-(T-t)r_0 - \theta(T^2 - t^2)/2 - \sigma(T-t)W_t\right) \\
&\quad \times \mathbb{E}\left[\exp\left(\sigma \int_t^T (W_s - W_t)ds\right) \Big| \mathcal{F}_t\right] \\
&= \exp\left(-(T-t)r_0 - \theta(T^2 - t^2)/2 - \sigma(T-t)W_t\right) \\
&\quad \times \mathbb{E}\left[\exp\left(\sigma \int_t^T (W_s - W_t)ds\right)\right] \\
&= \exp\left(-(T-t)r_0 - \theta(T^2 - t^2)/2 - \sigma(T-t)W_t\right) \\
&\quad \times \mathbb{E}\left[\exp\left(\sigma \int_0^{T-t} W_s ds\right)\right] \qquad 0 \leqslant t \leqslant T
\end{aligned}$$

其中

$$\begin{aligned}
\mathbb{E}\left[\exp\left(\sigma \int_0^{T-t} W_s ds\right)\right] &= \mathbb{E}\left[\exp\left(\sigma \int_0^{T-t} \int_0^{T-t} 1_{\{u \leqslant s\}} dW_u ds\right)\right] \\
&= \mathbb{E}\left[\exp\left(\sigma \int_0^{T-t} \int_0^{T-t} 1_{\{u \leqslant s\}} ds dW_u\right)\right] \\
&= \mathbb{E}\left[\exp\left(\sigma \int_0^{T-t} \int_0^{T-t} 1_{\{u \leqslant s\}} ds dW_u\right)\right] \\
&= \mathbb{E}\left[\exp\left(\sigma \int_0^{T-t} \int_u^{T-t} ds dW_u\right)\right] \\
&= \mathbb{E}\left[\exp\left(\sigma \int_0^{T-t} (T-t-u)dW_u\right)\right] \\
&= \exp\left(\frac{\sigma^2}{2} \int_0^{T-t} (T-t-u)^2 du\right)
\end{aligned}$$

$$= \exp\left(\frac{\sigma^2}{2}\int_0^{T-t} u^2 \mathrm{d}u\right)$$
$$= \exp\left(\frac{\sigma^2}{6}(T-t)^3\right)$$

因此
$$\begin{aligned}F(t,r_t) &= \exp\left(-(T-t)r_0 - \theta(T^2-t^2)/2 + \sigma^2(T-t)^3/6 - \sigma(T-t)W_t\right)\\ &= \exp\big(-(T-t)r_0 - \theta(T^2-t^2)/2 \\ &\quad + \sigma^2(T-t)^3/6 - (T-t)(r_t - \theta t - r_0)\big)\end{aligned}$$

从而有：
$$F(t,x) = \exp\left(-x(T-t) - \theta(T-t)^2/2 + \sigma^2(T-t)^3/6\right)$$

(3)
$$\frac{\partial F}{\partial t}(t,x) = (x - \sigma^2(T-t)^2/2 + \theta(T-t))F(t,x),$$
$$\frac{\partial F}{\partial x}(t,x) = -(T-t)F(t,x)$$

且
$$\frac{\partial^2 F}{\partial x^2}(t,x) = (T-t)^2 F(t,x)$$

这就证明了$F(t,x)$满足具有终端条件$F(T,T)=1$的偏微分方程。

练习 4.2

(1)
$$\begin{aligned}\mathrm{d}\left(\mathrm{e}^{-\int_0^t r_s \mathrm{d}s}P(t,T)\right) &= -\mathrm{e}^{-\int_0^t r_s \mathrm{d}s}P(t,T)r_t\mathrm{d}t + \mathrm{e}^{-\int_0^t r_s \mathrm{d}s}\mathrm{d}P(t,T)\\ &= -\mathrm{e}^{-\int_0^t r_s \mathrm{d}s}P(t,T)r_t\mathrm{d}t + \mathrm{e}^{-\int_0^t r_s \mathrm{d}s}\mathrm{d}F(t,X_t)\\ &= -\mathrm{e}^{-\int_0^t r_s \mathrm{d}s}P(t,T)r_t\mathrm{d}t + \mathrm{e}^{-\int_0^t r_s \mathrm{d}s}\frac{\partial F}{\partial t}(t,X_t)\mathrm{d}t\\ &\quad + \mathrm{e}^{-\int_0^t r_s \mathrm{d}s}\frac{\partial F}{\partial x}(t,X_t)\mathrm{d}X_t + \frac{1}{2}\sigma^2\mathrm{e}^{-\int_0^t r_s \mathrm{d}s}\frac{\partial^2 F}{\partial x^2}(t,X_t)\mathrm{d}t\\ &= \sigma\mathrm{e}^{-\int_0^t r_s \mathrm{d}s}\frac{\partial F}{\partial x}(t,X_t)\mathrm{d}B_t\\ &\quad \mathrm{e}^{-\int_0^t r_s \mathrm{d}s}\left(-r_t P(t,T) + \frac{\partial F}{\partial t}(t,X_t) - bX_t\frac{\partial F}{\partial x}(t,X_t) - \frac{\sigma^2}{2}\frac{\partial^2 F}{\partial x^2}(t,X_t)\right)\mathrm{d}t\end{aligned}$$

由于
$$t \mapsto \mathrm{e}^{-\int_0^t r_s \mathrm{d}s}P(t,T) = \mathrm{e}^{-\int_0^t r_s \mathrm{d}s}\mathbb{E}_{\mathbb{P}}\left[\exp\left(-\int_t^T r_s \mathrm{d}s\right)\bigg|\mathcal{F}_t\right]$$

第十三章 习题答案

$$= \mathbb{E}_{\mathbb{P}}\left[\exp\left(-\int_0^T r_s \mathrm{d}s\right) \bigg| \mathcal{F}_t\right]$$

是一个鞅，可得：

$$-r_t P(t,T) + \frac{\partial F}{\partial t}(t,X_t) - bX_t \frac{\partial F}{\partial x}(t,X_t) + \frac{1}{2}\sigma^2 \frac{\partial^2 F}{\partial x^2}(t,X_t) = 0$$

和偏微分方程

$$-(r+x)F(t,x) + \frac{\partial F}{\partial t}(t,x) - bx\frac{\partial F}{\partial x}(t,x) + \frac{1}{2}\sigma^2 \frac{\partial^2 F}{\partial x^2}(t,x) = 0$$

(2)
$$X_t = \sigma \int_0^t \mathrm{e}^{-b(t-s)} \mathrm{d}B_s \qquad t \in \mathbb{R}_+$$

(3) 对定义 $(X_t)_{t\in\mathbb{R}_+}$ 的随机微分方程的等式两边同时积分，得到：

$$X_t = -b\int_0^t X_s \mathrm{d}s + \sigma B_t$$

因此

$$\begin{aligned}
\int_0^t X_s \mathrm{d}s &= \frac{1}{b}(\sigma B_t - X_t) \\
&= \frac{\sigma}{b}\left(B_t - \int_0^t \mathrm{e}^{-b(t-s)}\mathrm{d}B_s\right) \\
&= \frac{\sigma}{b}\int_0^t (1 - \mathrm{e}^{-b(t-s)})\mathrm{d}B_s
\end{aligned}$$

(4)
$$\begin{aligned}
\int_t^T X_s \mathrm{d}s &= \int_0^T X_s \mathrm{d}s - \int_0^t X_s \mathrm{d}s \\
&= \frac{\sigma}{b}\int_0^T (1 - \mathrm{e}^{-b(T-s)})\mathrm{d}B_s - \frac{\sigma}{b}\int_0^t (1 - \mathrm{e}^{-b(t-s)})\mathrm{d}B_s \\
&= -\frac{\sigma}{b}\left(\int_0^t (\mathrm{e}^{-b(T-s)} - \mathrm{e}^{-b(t-s)})\mathrm{d}B_s + \int_t^T (\mathrm{e}^{-b(T-s)} - 1)\mathrm{d}B_s\right)
\end{aligned}$$

(5) 应用推论 1.1，有：

$$\mathbb{E}\left[\int_t^T X_s \mathrm{d}s \bigg| \mathcal{F}_t\right]$$
$$= -\frac{\sigma}{b}\mathbb{E}\left[\int_0^t (\mathrm{e}^{-b(T-s)} - \mathrm{e}^{-b(t-s)})\mathrm{d}B_s + \int_t^T (\mathrm{e}^{-b(T-s)} - 1)\mathrm{d}B_s \bigg| \mathcal{F}_t\right]$$

$$= -\frac{\sigma}{b} \mathbb{E}\left[\int_0^t (e^{-b(T-s)} - e^{-b(t-s)})dB_s \Big| \mathcal{F}_t\right]$$

$$-\frac{\sigma}{b} \mathbb{E}\left[\int_t^T (e^{-b(T-s)} - 1)dB_s \Big| \mathcal{F}_t\right]$$

$$= -\frac{\sigma}{b} \mathbb{E}\left[\int_0^t (e^{-b(T-s)} - e^{-b(t-s)})dB_s \Big| \mathcal{F}_t\right]$$

$$= -\frac{\sigma}{b} \int_0^t (e^{-b(T-s)} - e^{-b(t-s)})dB_s$$

(6)

$$\mathbb{E}\left[\int_t^T X_s ds \Big| \mathcal{F}_t\right] = -\frac{\sigma}{b} \int_0^t (e^{-b(T-s)} - e^{-b(t-s)})dB_s$$

$$= -\frac{\sigma}{b}(e^{-b(T-t)} - 1)\int_0^t e^{-b(t-s)}dB_s$$

$$= \frac{X_t}{b}(1 - e^{-b(T-t)})$$

(7) 由附录 A 中给出的方差和条件方差的性质，可知：

$$\mathrm{Var}\left[\int_t^T X_s ds \Big| \mathcal{F}_t\right]$$

$$= \mathrm{Var}\left[-\frac{\sigma}{b}\left(\int_0^t (e^{-b(T-s)} - e^{-b(t-s)})dB_s + \int_t^T (e^{-b(T-s)} - 1)dB_s\right) \Big| \mathcal{F}_t\right]$$

$$= \frac{\sigma^2}{b^2} \mathrm{Var}\left[\int_t^T (e^{-b(T-s)} - 1)dB_s \Big| \mathcal{F}_t\right]$$

$$= \frac{\sigma^2}{b^2} \mathrm{Var}\left[\int_t^T (e^{-b(T-s)} - 1)dB_s\right]$$

$$= \frac{\sigma^2}{b^2} \int_t^T (e^{-b(T-s)} - 1)^2 ds$$

(8) 给定 $\mathcal{F}_t$，随机变量 $\int_t^T X_s ds$ 服从高斯分布，条件均值为：

$$\mathbb{E}\left[\int_t^T X_s ds \Big| \mathcal{F}_t\right] = \frac{X_t}{b}(1 - e^{-b(T-t)})$$

条件方差为：

$$\mathrm{Var}\left[\int_t^T X_s ds \Big| \mathcal{F}_t\right] = \frac{\sigma^2}{b^2} \int_t^T (e^{-b(T-s)} - 1)^2 ds$$

(9)
$$P(t,T) = \mathbb{E}_{\mathbb{P}}\left[\exp\left(-\int_t^T r_s \mathrm{d}s\right)\Big|\mathcal{F}_t\right]$$
$$= \exp\left(-r(T-t) - \mathbb{E}\left[\int_t^T X_s \mathrm{d}s\Big|\mathcal{F}_t\right] + \frac{1}{2}\mathrm{Var}\left[\int_t^T X_s \mathrm{d}s\Big|\mathcal{F}_t\right]\right)$$
$$= \exp\left(-r(T-t) - \frac{X_t}{b}(1-\mathrm{e}^{-b(T-t)}) + \frac{\sigma^2}{2b^2}\int_t^T (\mathrm{e}^{-b(T-s)}-1)^2 \mathrm{d}s\right)$$

(10)
$$F(t,x) = \exp\left(-r(T-t) - \frac{x}{b}(1-\mathrm{e}^{-b(T-t)}) + \frac{\sigma^2}{2b^2}\int_t^T (\mathrm{e}^{-b(T-s)}-1)^2 \mathrm{d}s\right)$$

因此
$$\frac{\partial F}{\partial t}(t,x) = \left(r + x\mathrm{e}^{-b(T-t)} - \frac{\sigma^2}{2b^2}(\mathrm{e}^{-b(T-t)}-1)^2\right)F(t,x)$$
$$\frac{\partial F}{\partial x}(t,x) = -\frac{1}{b}(1-\mathrm{e}^{-b(T-t)})F(t,x),$$

且
$$\frac{\partial^2 F}{\partial x^2}(t,x) = \frac{1}{b^2}(1-\mathrm{e}^{-b(T-t)})^2 F(t,x)$$

这意味着
$$-(r+x)F(t,x) + \frac{\partial F}{\partial t}(t,x) - bx\frac{\partial F}{\partial x}(t,x) + \frac{1}{2}\sigma^2\frac{\partial^2 F}{\partial x^2}(t,x) = 0$$

练习 4.3 由命题 4.1,债券价格的偏微分方程为:
$$\begin{cases} \frac{\partial F}{\partial t}(t,x) = xF(t,x) - (\alpha - \beta x)\frac{\partial F}{\partial x}(t,x) - \frac{1}{2}\sigma^2 x^2 \frac{\partial^2 F}{\partial x^2}(t,x) \\ F(T,x) = 1 \end{cases}$$

计算形如
$$F(t,x) = \mathrm{e}^{A(T-t)-xB(T-t)}$$
的解,其中$A(0) = B(0) = 0$,这意味着:
$$\begin{cases} A'(s) = 0 \\ B'(s) + \beta B(s) + \frac{1}{2}\sigma^2 B^2(s) = 1 \end{cases}$$

因此$A(s) = 0, s \in \mathbb{R}$,求解Riccatti方程,可得:
$$B(s) = \frac{2(\mathrm{e}^{\gamma s} - 1)}{2\gamma + (\beta + \gamma)(\mathrm{e}^{\gamma s} - 1)}$$

其中$\gamma = \sqrt{\beta^2 + 2\sigma^2}$

练习 4.4

(1)
$$P(t,T) = P(s,T) \exp\left(\int_s^t r_u du + \int_s^t \sigma_u^T dB_u - \frac{1}{2}\int_s^t |\sigma_u^T|^2 du\right)$$
$$0 \leqslant s \leqslant t \leqslant T$$

(2)
$$d\left(e^{-\int_0^t r_s ds} P(t,T)\right) = e^{-\int_0^t r_s ds} P(t,T) \sigma_t^T dB_t$$

由伊藤积分的性质，上式积分后即为鞅。

(3) 由前一个方程的鞅性可知：
$$\mathbb{E}\left[e^{-\int_0^T r_s ds}\Big|\mathcal{F}_t\right] = \mathbb{E}\left[P(T,T)e^{-\int_0^T r_s ds}\Big|\mathcal{F}_t\right]$$
$$= P(t,T)e^{-\int_0^t r_s ds} \quad 0 \leqslant t \leqslant T$$

(4) 由前一个问题我们有：
$$P(t,T) = e^{\int_0^t r_s ds} \mathbb{E}\left[e^{-\int_0^T r_s ds}\Big|\mathcal{F}_t\right]$$
$$= \mathbb{E}\left[e^{\int_0^t r_s ds} e^{-\int_0^T r_s ds}\Big|\mathcal{F}_t\right]$$
$$= \mathbb{E}\left[e^{-\int_t^T r_s ds}\Big|\mathcal{F}_t\right] \quad 0 \leqslant t \leqslant T$$

其中第二个等号是根据$e^{-\int_0^t r_s ds}$是一个$\mathcal{F}_t$-可测的随机变量得到的。

(5)
$$\frac{P(t,S)}{P(t,T)} = \frac{P(s,S)}{P(s,T)} \exp\left(\int_s^t (\sigma_u^S - \sigma_u^T) dB_u - \frac{1}{2}\int_s^t (|\sigma_u^S|^2 - |\sigma_u^T|^2) du\right)$$
$$= \frac{P(s,S)}{P(s,T)} \exp\left(\int_s^t (\sigma_u^S - \sigma_u^T) dB_u^T - \frac{1}{2}\int_s^t (\sigma_u^S - \sigma_u^T)^2 du\right)$$

$0 \leqslant t \leqslant T$，因此在前面的表达式中设$s = t$ 和 $t = T$ 有

$$P(T,S) = \frac{P(t,S)}{P(t,T)} \exp\left(\int_t^T (\sigma_s^S - \sigma_s^T) dB_s^T - \frac{1}{2}\int_t^T (\sigma_s^S - \sigma_s^T)^2 ds\right)$$

练习 4.5 验证$P(T,T) = e^{X_T^T} = 1$

第十三章 习题答案

13.5 第五章

练习 5.1

(1)

$$\log P(t,T) = -(T-t)r_0 - \theta(T^2-t^2)/2 + \sigma^2(T-t)^3/6 - (T-t)(r_t - \theta t - r_0)$$

和

$$\log P(t,S) = -(S-t)r_0 - \theta(S^2-t^2)/2 + \sigma^2(S-t)^3/6 - (S-t)(r_t - \theta t - r_0)$$

因此

$$\log P(t,T) - \log P(t,S)$$
$$= \theta(S^2 - T^2)/2 + \sigma^2(T-t)^3/6 + (S-T)(r_t - \theta t) + \sigma^2(S-t)^3/6$$

且

$$\begin{aligned}
f(t,T,S) &= \frac{1}{S-T}(\log P(t,T) - \log P(t,S)) \\
&= \frac{1}{S-T}(\theta(S^2-T^2)/2 + \sigma^2(T-t)^3/6 \\
&\quad + (S-T)(r_t - \theta t) + \sigma^2(S-t)^3/6)
\end{aligned}$$

(2)

$$\begin{aligned}
f(t,T) &= -\frac{\partial}{\partial T}\log P(t,T) \\
&= r_0 + T\theta - \sigma^2(T-t)^2/2 + (r_t - \theta t - r_0) \\
&= (T-t)\theta - \sigma^2(T-t)^2/2 + r_t \\
&= f(0,T) + \sigma^2 t(T-t/2) + \sigma W_t
\end{aligned}$$

练习 5.2

(1)

$$\begin{aligned}
f(t,T,S) &= -\frac{\log P(t,S) - \log P(t,T)}{S-T} \\
&= -\frac{-r(S-t) - \frac{X_t}{b}(1-e^{-b(S-t)}) - \frac{\sigma^2}{2b^2}\int_t^S(e^{-b(S-s)}-1)^2 ds}{S-T} \\
&\quad + \frac{-r(T-t) - \frac{X_t}{b}(1-e^{-b(T-t)}) - \frac{\sigma^2}{2b^2}\int_t^T(e^{-b(T-s)}-1)^2 ds}{S-T} \\
&= r - \frac{X_t}{b}\frac{e^{-b(S-t)} - e^{-b(T-t)}}{S-T} \\
&\quad + \frac{\sigma^2}{2b^2}\int_t^S \frac{(e^{-b(S-s)}-1)^2 - (e^{-b(T-s)}-1)^2}{S-T}ds
\end{aligned}$$

(2)
$$\begin{aligned}f(t,T) &= \lim_{S\searrow T} f(t,T,S)\\ &= r + X_t e^{-b(T-t)} - \frac{\sigma^2}{b^2}\int_t^T e^{-b(T-s)}(e^{-b(T-s)}-1)ds\\ &= r + X_t e^{-b(T-t)} - \frac{\sigma^2}{2b^2}(1-e^{-b(T-t)})^2\end{aligned}$$

练习 5.3

(1)
$$\begin{aligned}f(t,T,S) &= -\frac{1}{S-T}\left(X_t^S - X_t^T - \mu(S-T)\right)\\ &= \mu - \sigma\frac{1}{S-T}\left((S-t)\int_0^t \frac{1}{S-s}dB_s - (T-t)\int_0^t \frac{1}{T-s}dB_s\right)\\ &= \mu - \sigma\frac{1}{S-T}\int_0^t\left(\frac{S-t}{S-s} - \frac{T-t}{T-s}\right)dB_s\\ &= \mu - \sigma\frac{1}{S-T}\int_0^t \frac{(T-s)(S-t)-(T-t)(S-s)}{(S-s)(T-s)}dB_s\\ &= \mu + \frac{\sigma}{S-T}\int_0^t \frac{(s-t)(S-T)}{(S-s)(T-s)}dB_s\end{aligned}$$

(2)
$$f(t,T) = \mu - \sigma\int_0^t \frac{t-s}{(T-s)^2}dB_s$$

(3)
$$\lim_{T\searrow t} f(t,T) = \mu - \sigma\int_0^t \frac{1}{t-s}dB_s$$

在 $L^2(\Omega)$ 中不存在。

(4) 由伊藤公式知：
$$\begin{aligned}\frac{dP(t,T)}{P(t,T)} &= \sigma dB_t + \frac{1}{2}\sigma^2 dt + \mu dt - \frac{X_t^T}{T-t}dt\\ &= \sigma dB_t + \frac{1}{2}\sigma^2 dt - \frac{\log P(t,T)}{T-t}dt \quad t\in[0,T]\end{aligned}$$

(5) 设
$$\begin{aligned}r_t^S &= \mu + \frac{1}{2}\sigma^2 - \frac{X_t^S}{S-t}\\ &= \mu + \frac{1}{2}\sigma^2 - \sigma\int_0^t \frac{1}{S-s}dB_s\end{aligned}$$

由练习3.5的结果可推出所要的结果。

13.6 第六章

练习 6.1

(1) $d_t f(t,T) = \sigma^2(T-t)dt - \theta dt + dr_t = \sigma^2(T-t)dt + \sigma dW_t$

(2) 由于 $d_t f(t,T)$ 的漂移项等于 $\sigma \int_t^T \sigma ds$，因此满足 HJM 条件。

练习 6.2

(1) $d_t f(t,T) = e^{-b(T-t)}dX_t + bX_t e^{-b(T-t)}dt + \frac{\sigma^2}{b}e^{-b(T-t)}(1-e^{-b(T-t)})dt$

$= \frac{\sigma^2}{b}e^{-b(T-t)}(1-e^{-b(T-t)})dt + \sigma e^{-b(T-t)}dB_t$

(2) $\frac{\sigma^2}{b}e^{-b(T-t)}(1-e^{-b(T-t)}) = \sigma e^{-b(T-t)}\int_t^T \sigma e^{-b(T-s)}ds$

此为 HJM 无套利条件。

13.7 第七章

练习 7.1

(1)
$$dP(t,T) = dF(t,r_t) = r_t P(t,T)dt + \sigma \frac{\partial F}{\partial x}(t,r_t)dW_t$$

其中由 $t \mapsto e^{-\int_0^t r_s ds}P(t,T)$ 的鞅性，dt 项等于零。因此有：

$$dP(t,T) = r_t P(t,T)dt - \sigma(T-t)F(t,x)dW_t$$

从而
$$\frac{dP(t,T)}{P(t,T)} = r_t dt - (T-t)\sigma dW_t$$

(2) 由问题(1)知：

$$d\left(\exp\left(-\int_0^t r_s ds\right)P(t,T)\right)$$
$$= -r_t \exp\left(-\int_0^t r_s ds\right)P(t,T)dt + \exp\left(-\int_0^t r_s ds\right)dP(t,T)$$
$$= \sigma \exp\left(-\int_0^t r_s ds\right)\frac{\partial F}{\partial x}(t,r_t)dW_t$$
$$= -\sigma(T-t)\exp\left(-\int_0^t r_s ds\right)F(t,r_t)dW_t$$

(3)
$$\Psi(t) = \mathbb{E}_{\mathbb{P}}\left[\frac{\mathrm{d}\tilde{\mathbb{P}}}{\mathrm{d}\mathbb{P}}\Big|\mathcal{F}_t\right] = \frac{P(t,T)}{P(0,T)}\mathrm{e}^{-\int_0^t r_s \mathrm{d}s} \qquad t \in [0,T]$$

(4)
$$\mathrm{d}\Psi(t) = \Psi(t)\zeta_t \mathrm{d}W_t$$

其中
$$\zeta_t = -\sigma(T-t)$$

(5)
$$\Psi(t) = \exp\left(\int_0^t \zeta_s \mathrm{d}W_s - \frac{1}{2}\int_0^t \zeta_s^2 \mathrm{d}s\right)$$

因此
$$\mathbb{E}_{\mathbb{P}}\left[\frac{\mathrm{d}\tilde{\mathbb{P}}}{\mathrm{d}\mathbb{P}}\Big|\mathcal{F}_T\right] = \Psi(T) = \exp\left(\int_0^T \zeta_s \mathrm{d}W_s - \frac{1}{2}\int_0^T \zeta_s^2 \mathrm{d}s\right)$$

(6) 由Girsanov定理, 可知:
$$\mathrm{d}\hat{W}_t = \sigma(T-t)\mathrm{d}t + \mathrm{d}W_t$$

是在$\tilde{\mathbb{P}}$下的一个标准布朗运动, 因此在$\tilde{\mathbb{P}}$下得到动态过程, 即:
$$\mathrm{d}r_r = \theta \mathrm{d}t + \sigma \mathrm{d}W_t = (\theta - \sigma^2(T-t))\mathrm{d}t + \sigma \mathrm{d}\hat{W}_t$$

(7)
$$\mathbb{E}\left[\mathrm{e}^{-\int_t^T r_s \mathrm{d}s}(P(T,S)-K)^+\Big|\mathcal{F}_t\right]$$
$$= P(t,T)\tilde{\mathbb{E}}\left[(P(T,S)-K)^+\Big|\mathcal{F}_t\right]$$
$$= P(t,T)\tilde{\mathbb{E}}\left[(\mathrm{e}^{-(S-T)r_0 - \theta(S^2-T^2)/2 + \sigma^2(S-T)^3/6 - \sigma(S-T)W_T} - K)^+\Big|\mathcal{F}_t\right]$$
$$= P(t,T)$$
$$\times \tilde{\mathbb{E}}\left[\left(\mathrm{e}^{-(S-T)r_0 - \frac{\theta}{2}(S^2-T^2) + \frac{\sigma^2}{6}(S-T)^3 - (S-T)\sigma\left(-\sigma\int_0^T (T-t)\mathrm{d}t + \tilde{W}_T\right)} - K\right)^+\Big|\mathcal{F}_t\right]$$
$$= P(t,T)$$
$$\times \tilde{\mathbb{E}}\left[\left(\mathrm{e}^{-(S-T)r_0 - \frac{\theta}{2}(S^2-T^2) + \frac{\sigma^2}{6}(S-T)^3 - (S-T)\sigma\left(-\sigma T^2/2 + \tilde{W}_T\right)} - K\right)^+\Big|\mathcal{F}_t\right]$$
$$= P(t,T)\,\mathbb{E}[(\mathrm{e}^{m+X} - K)^+|\mathcal{F}_t]$$

其中
$$\begin{aligned} m &= -(S-T)r_0 - \frac{\theta}{2}(S^2-T^2) + \frac{\sigma^2}{6}(S-T)^3 \\ &\quad -(S-T)\sigma\left(-\sigma T^2/2 + \tilde{W}_t\right) \end{aligned}$$

第十三章 习题答案

$$\begin{aligned}
&= -(S-T)r_0 - \frac{\theta}{2}(S^2-T^2) + \frac{\sigma^2}{6}(S-T)^3 \\
&\quad + (S-T)\sigma\left(\sigma T^2/2 + \sigma t^2/2 - \sigma tT - W_t\right)
\end{aligned}$$

X 是中心高斯随机变量，且有条件方差为：

$$v^2 = (S-T)^2 \sigma^2 (T-t)$$

因此

$$\mathbb{E}\left[\mathrm{e}^{-\int_t^T r_s \mathrm{d}s}(P(T,S)-K)^+ \Big| \mathcal{F}_t\right]$$
$$= P(t,T)\mathrm{e}^{m+\frac{v^2}{2}}\Phi(v+(m-\log K)/v) - KP(t,T)\Phi((m-\log K)/v)$$

其中

$$\Phi(z) = \int_{-\infty}^{z} \mathrm{e}^{-y^2/2}\frac{\mathrm{d}y}{\sqrt{2\pi}} \qquad z \in \mathbb{R}$$

现在

$$t \mapsto \frac{P(t,S)}{P(t,T)}$$

是在 $\tilde{\mathbb{P}}$ 下的鞅(参见命题 7)，因此

$$\begin{aligned}
\mathbb{E}_{\tilde{\mathbb{P}}}\left[P(T,S)\big|\mathcal{F}_t\right] &= \mathbb{E}_{\tilde{\mathbb{P}}}\left[\frac{P(T,S)}{P(T,T)}\Big|\mathcal{F}_t\right] \\
&= \mathbb{E}_{\tilde{\mathbb{P}}}\left[\frac{P(T,S)}{P(T,T)}\Big|\mathcal{F}_t\right] \\
&= \frac{P(t,S)}{P(t,T)}
\end{aligned}$$

从而

$$\frac{P(t,S)}{P(t,T)} = \mathbb{E}_{\tilde{\mathbb{P}}}\left[P(T,S)\big|\mathcal{F}_t\right] = \mathbb{E}[\mathrm{e}^{m+X}|\mathcal{F}_t]$$

其中 X 是中心高斯随机变量且有方差 v^2，因此

$$m + \frac{1}{2}v^2 = \log\frac{P(t,S)}{P(t,T)} \tag{13.1}$$

作为一个结果，有：

$$\mathbb{E}\left[\mathrm{e}^{-\int_t^T r_s \mathrm{d}s}(P(T,S)-K)^+\Big|\mathcal{F}_t\right]$$
$$= P(t,S)\Phi\left(\frac{v}{2} + \frac{1}{v}\log\frac{P(t,S)}{KP(t,T)}\right) - KP(t,T)\Phi\left(-\frac{v}{2} + \frac{1}{v}\log\frac{P(t,S)}{KP(t,T)}\right)$$

关系式(13.1)可重新通过"直接计算"得到而不是用鞅理论：

$$\log P(t,T) - \log P(t,S)$$
$$= -(T-t)r_0 - \theta(T^2-t^2)/2 + \sigma^2(T-t)^3/6 - \sigma(T-t)W_t$$

$$
\begin{aligned}
& \quad - (-(S-t)r_0 - \theta(S^2-t^2)/2 + \sigma^2(S-t)^3/6 - \sigma(S-t)W_t) \\
&= -(T-S)r_0 - \theta(T^2-S^2)/2 - \sigma(T-S)W_t \\
& \quad + \sigma^2((T-t)^3 - (S-t)^3)/6
\end{aligned}
$$

因此

$$
\begin{aligned}
m &= \log P(t,S) - \log P(t,T) + \sigma^2((T-t)^3 - (S-t)^3)/6 + \frac{\sigma^2}{6}(S-T)^3 \\
& \quad + (S-T)\sigma^2\left(T^2/2 + t^2/2\right) - \sigma^2 tT(S-T) \\
&= \log P(t,S) - \log P(t,T) + \sigma^2(T^3 - 3tT^2 + 3Tt^2 - S^3 + 3tS^2 - 3St^2)/6 \\
& \quad + \frac{\sigma^2}{6}(S-T)^3 + (S-T)\sigma^2\left(T^2/2 + t^2/2\right) - \sigma^2 tT(S-T) \\
&= \log P(t,S) - \log P(t,T) + \sigma^2(-3tT^2 + 3Tt^2 + 3tS^2 - 3St^2)/6 \\
& \quad + \frac{\sigma^2}{6}(-3TS^2 + 3ST^2) + (S-T)\sigma^2\left(T^2/2 + t^2/2\right) - \sigma^2 tT(S-T)
\end{aligned}
$$

$$
\begin{aligned}
m + \frac{v^2}{2} &= \log P(t,S) - \log P(t,T) + \sigma^2(-3tT^2 + 3Tt^2 + 3tS^2 - 3St^2)/6 \\
& \quad + \frac{\sigma^2}{6}(-3TS^2 + 3ST^2) + (S-T)\sigma^2\left(T^2/2 + t^2/2\right) \\
& \quad + \frac{1}{2}\sigma^2(S^2 - 2ST + T^2)(T-t) - \sigma^2 tT(S-T) \\
&= \log P(t,S) - \log P(t,T)
\end{aligned}
$$

练习 7.2

(1) 由练习4.2-(9)的结果可知：

$$
\begin{aligned}
& \mathbb{E}_{\mathbb{P}}\left[\frac{\mathrm{d}\tilde{\mathbb{P}}}{\mathrm{d}\mathbb{P}}\Big|\mathcal{F}_t\right] \\
&= \mathrm{e}^{-\int_0^t r_s \mathrm{d}s}\frac{P(t,T)}{P(0,T)} \\
&= \exp\left(-\int_0^t r_s \mathrm{d}s + rt - \frac{\sigma^2}{2b^2}\int_0^t (\mathrm{e}^{-b(T-s)} - 1)^2 \mathrm{d}s - \frac{X_t}{b}(1 - \mathrm{e}^{-b(T-t)})\right) \\
&= \exp\left(-\int_0^t X_s \mathrm{d}s - \frac{\sigma^2}{2b^2}\int_0^t (\mathrm{e}^{-b(T-s)} - 1)^2 \mathrm{d}s - \frac{X_t}{b}(1 - \mathrm{e}^{-b(T-t)})\right) \\
&= \exp\left(\frac{1}{b}(X_t - \sigma B_t) - \frac{\sigma^2}{2b^2}\int_0^t (\mathrm{e}^{-b(T-s)} - 1)^2 \mathrm{d}s - \frac{X_t}{b}(1 - \mathrm{e}^{-b(T-t)})\right) \\
&= \exp\left(-\frac{\sigma}{b}B_t - \frac{\sigma^2}{2b^2}\int_0^t (\mathrm{e}^{-b(T-s)} - 1)^2 \mathrm{d}s + \frac{X_t}{b}\mathrm{e}^{-b(T-t)}\right) \\
&= \exp\left(-\frac{\sigma}{b}B_t - \frac{\sigma^2}{2b^2}\int_0^t (\mathrm{e}^{-b(T-s)} - 1)^2 \mathrm{d}s + \frac{\sigma}{b}\int_0^t \mathrm{e}^{-b(T-s)}\mathrm{d}B_s\right)
\end{aligned}
$$

第十三章 习题答案

$$= \exp\left(-\frac{\sigma}{b}\int_0^t (1-e^{-b(T-s)})dB_s - \frac{\sigma^2}{2b^2}\int_0^t (e^{-b(T-s)}-1)^2 ds\right)$$

且特别地对于 $t=T$

$$\frac{d\tilde{\mathbb{P}}}{d\mathbb{P}} = \exp\left(-\frac{\sigma}{b}\int_0^T (1-e^{-b(T-s)})dB_s - \frac{\sigma^2}{2b^2}\int_0^T (e^{-b(T-s)}-1)^2 ds\right)$$

(2) 由Girsanov 定理, 可知:

$$\hat{B}_t := B_t + \frac{\sigma}{b}\int_0^t (1-e^{-b(T-s)})ds \qquad 0 \leqslant t \leqslant T$$

是一个在远期测度 $\tilde{\mathbb{P}}$ 下的标准布朗运动, 且有:

$$dr_t = dX_t = -bX_t dt + \sigma dB_t = -bX_t dt - \frac{\sigma^2}{b}(1-e^{-b(T-t)})dt + \sigma d\hat{B}_t$$

(3) 当 $b=0$ 时, 则:

$$P(t,T) = \exp\left(-r(T-t)-(T-t)X_t + \frac{\sigma^2}{2}\int_t^T (T-s)^2 ds\right)$$

且

$$X_T = -\sigma^2 \int_0^T (T-s)ds + \sigma\hat{B}_T = -\frac{\sigma^2}{2}T^2 + \sigma\hat{B}_T$$

因此

$$\mathbb{E}_\mathbb{P}\left[e^{-\int_0^T r_s ds}(P(T,S)-K)^+\right] = P(0,T)\mathbb{E}_{\tilde{\mathbb{P}}}\left[(P(T,S)-K)^+\right]$$

$$= P(0,T)\mathbb{E}_{\tilde{\mathbb{P}}}\left[\left(e^{-r(S-T)-(S-T)X_T+\frac{\sigma^2}{2}\int_T^S (S-s)^2 ds} - K\right)^+\right]$$

$$= P(0,T)\mathbb{E}_{\tilde{\mathbb{P}}}\left[\left(e^{-r(S-T)-(S-T)\left(-\frac{\sigma^2}{2}T^2+\sigma\hat{B}_T\right)+\frac{\sigma^2}{2}\int_T^S (S-s)^2 ds} - K\right)^+\right]$$

$$= P(0,T)\mathbb{E}_{\tilde{\mathbb{P}}}\left[\left(e^{-r(S-T)+\frac{\sigma^2}{2}(S-T)T^2+\frac{\sigma^2}{6}(S-T)^3-(S-T)\sigma\hat{B}_T} - K\right)^+\right]$$

由关系式可知:

$$\mathbb{E}[(e^{m+X}-K)^+] = e^{m+\frac{v^2}{2}}\Phi(v+(m-\log K)/v) - K\Phi((m-\log K)/v)$$

其中 $m = -r(S-T) + \frac{\sigma^2}{2}(S-T)T^2 + \frac{\sigma^2}{6}(S-T)^3$, X是一个方差为 $v^2 = \sigma^2 T(S-T)^2$ 的中心高斯随机变量, 且:

$$\Phi(z) = \int_{-\infty}^z e^{-y^2/2}\frac{dy}{\sqrt{2\pi}} \qquad z\in\mathbb{R}$$

并且:

$$-v^2/2 + \log(P(0,S)/P(0,T)) = -\frac{1}{2}\sigma^2 T(S-T)^2 - rS + \frac{\sigma^2}{6}S^3$$

$$= m \quad \begin{array}{c} -(-rT + \dfrac{\sigma^2}{6}T^3) \\ \end{array} \quad (13.2)$$

最后

$$\mathbb{E}_{\mathbb{P}}\left[e^{-\int_0^T r_s ds}(P(T,S) - K)^+\right]$$
$$= P(0,S)\Phi\left(\frac{1}{v}\log\frac{P(0,S)}{KP(0,T)} + \frac{v}{2}\right) - KP(0,T)\Phi\left(\frac{1}{v}\log\frac{P(0,S)}{KP(0,T)} - \frac{v}{2}\right)$$

另一方面，关系式 (13.2) 可独立地从

$$t \mapsto \frac{P(t,S)}{P(t,T)}$$

是一个在 $\tilde{\mathbb{P}}$ 下的鞅这一事实得到(参见第 7 章)。因此

$$\mathbb{E}_{\tilde{P}}\left[P(T,S)\big|\mathcal{F}_t\right] = \mathbb{E}_{\tilde{P}}\left[\frac{P(T,S)}{P(T,T)}\bigg|\mathcal{F}_t\right] = \frac{P(t,S)}{P(t,T)}$$

并且

$$\frac{P(0,S)}{P(0,T)} = \mathbb{E}_{\tilde{P}}\left[P(T,S)\big|\mathcal{F}_0\right] = \mathbb{E}[(e^{m+X} - K)^+]$$

其中 X 是一个方差为 v^2 的中心高斯随机变量，因此

$$m + \frac{1}{2}v^2 = \log\frac{P(0,S)}{P(0,T)}$$

练习 7.3 由

$$\frac{d\mathbb{P}_{i|\mathcal{F}_t}}{d\mathbb{P}_{|\mathcal{F}_t}} = \frac{e^{-\int_t^{T_i} r_s ds}}{P(t,T_i)} \qquad 0 \leqslant t \leqslant T_i \quad i = 1, 2$$

定义的远期测度满足

$$\mathbb{E}\left[\frac{d\mathbb{P}_i}{d\mathbb{P}}\bigg|\mathcal{F}_t\right] = \frac{P(t,T_i)}{P(0,T_i)}e^{-\int_0^t r_s ds} \qquad 0 \leqslant t \leqslant T_i \quad i = 1, 2$$

远期互换测度定义为：

$$\frac{d\mathbb{P}_{1,2|\mathcal{F}_t}}{d\mathbb{P}_{|\mathcal{F}_t}} = \frac{P(T_1,T_2)}{P(t,T_2)}e^{-\int_t^{T_1} r_s ds} \qquad 0 \leqslant t \leqslant T_1$$

且有

$$\mathbb{E}\left[\frac{d\mathbb{P}_{1,2}}{d\mathbb{P}}\bigg|\mathcal{F}_t\right] = \frac{P(t,T_2)}{P(0,T_2)}e^{-\int_0^t r_s ds} \qquad 0 \leqslant t \leqslant T_1$$

特别地

$$\mathbb{E}\left[\frac{d\mathbb{P}_{1,2}}{d\mathbb{P}}\bigg|\mathcal{F}_{T_1}\right] = \mathbb{E}\left[\frac{d\mathbb{P}_2}{d\mathbb{P}}\bigg|\mathcal{F}_{T_1}\right] = \frac{P(T_1,T_2)}{P(0,T_2)}e^{-\int_0^{T_1} r_s ds}$$

第十三章 习题答案

这意味着

$$\begin{aligned}
\mathbb{E}\left[e^{-\int_0^{T_2} r_s ds} F\right] &= P(0,T_2)\, \mathbb{E}\left[\frac{P(T_1,T_2)}{P(0,T_2)} e^{-\int_0^{T_1} r_s ds} F\right] \\
&= P(0,T_2)\, \mathbb{E}_2[F] \\
&= P(0,T_2)\, \mathbb{E}_{1,2}[F]
\end{aligned}$$

对于所有可积的 $\mathcal{F}_{T_1}$ 可测的 F，更进一步，$dB_t^i := dB_t - \zeta_t^i dt$ 是一个在 $\mathbb{P}_i$ 下 ($i=1,2$) 的标准布朗运动。除此之外 $(B_t^2)_{t\in[0,T_1]}$ 也是一个直到 T_1 为止在 $\mathbb{P}_{1,2}$ 下的标准布朗运动。

$$\mathbb{E}_{1,2}\left[\frac{d\mathbb{P}_k}{d\mathbb{P}_{1,2}}\bigg|\mathcal{F}_t\right] = \frac{P(0,T_2)}{P(0,T_k)} \frac{P(t,T_k)}{P(t,T_2)} \qquad 0\leqslant t\leqslant T_1 \quad k=1,2$$

且过程

$$t \mapsto \frac{P(t,T_1)}{P(t,T_2)} \qquad 0\leqslant t\leqslant T_1$$

是一个在 $\mathbb{P}_2$ 下和 $\mathbb{P}_{1,2}$ 下的 $\mathcal{F}_t$-鞅，而

$$t \mapsto \frac{P(t,T_2)}{P(t,T_1)}, \qquad 0\leqslant t\leqslant T_1,$$

是一个在 $\mathbb{P}_1$ 下的 $\mathcal{F}_t$-鞅。

(1)
$$\frac{dP(t,T_i)}{P(t,T_i)} = r_t dt + \zeta_t^i dB_t \qquad i=1,2$$

和

$$P(T,T_i) = P(t,T_i)\exp\left(\int_t^T r_s ds + \int_t^T \zeta_s^i dB_s - \frac{1}{2}\int_t^T (\zeta_s^i)^2 ds\right)$$

$0\leqslant t\leqslant T\leqslant T_i$, $i=1,2$, 因此

$$\log P(T,T_i) = \log P(t,T_i) + \int_t^T r_s ds + \int_t^T \zeta_s^i dB_s - \frac{1}{2}\int_t^T (\zeta_s^i)^2 ds,$$

$0\leqslant t\leqslant T\leqslant T_i$, $i=1,2$, 和

$$d\log P(t,T_i) = r_t dt + \zeta_t^i dB_t - \frac{1}{2}(\zeta_t^i)^2 dt, \qquad i=1,2.$$

在Vasicek模型中，$dr_t = -br_t dt + \sigma dB_t$，其中 $(B_t)_{t\in\mathbb{R}_+}$ 是一个在 $\mathbb{P}$ 下的标准布朗运动，即：

$$\zeta_t^i = -\frac{\sigma}{b}(1-e^{-b(T_i-t)}) \qquad 0\leqslant t\leqslant T_i \quad i=1,2$$

设

$$dB_t^i = dB_t - \zeta_t^i dt$$

它是一个在$\mathbb{P}_i$, $i=1,2$下的标准布朗运动。

同样

$$\begin{aligned}\frac{P(T,T_1)}{P(T,T_2)} &= \frac{P(t,T_1)}{P(t,T_2)}\exp\left(\int_t^T(\zeta_s^1-\zeta_s^2)\mathrm{d}B_s - \frac{1}{2}\int_t^T((\zeta_s^1)^2-(\zeta_s^2)^2)\mathrm{d}s\right)\\ &= \frac{P(t,T_1)}{P(t,T_2)}\exp\left(\int_t^T(\zeta_s^1-\zeta_s^2)\mathrm{d}B_s^2 - \frac{1}{2}\int_t^T(\zeta_s^1-\zeta_s^2)^2\mathrm{d}s\right)\end{aligned}$$

它是一个在$\mathbb{P}_2$和$\mathbb{P}_{1,2}$下的$\mathcal{F}_t$-鞅,且有:

$$\frac{P(T,T_2)}{P(T,T_1)} = \frac{P(t,T_2)}{P(t,T_1)}\exp\left(-\int_t^T(\zeta_s^1-\zeta_s^2)\mathrm{d}B_s^1 - \frac{1}{2}\int_t^T(\zeta_s^1-\zeta_s^2)^2\mathrm{d}s\right),$$

它是一个在$\mathbb{P}_1$下的$\mathcal{F}_t$-鞅。

(2)

$$f(t,T_1,T_2) = -\frac{1}{T_2-T_1}(\log P(t,T_2) - \log P(t,T_1))$$

且在Vasicek模型下,有:

$$\begin{aligned}f(t,T_1,T_2) = &-\frac{\sigma^2}{2b}\\ &-\frac{1}{T_2-T_1}\left(\left(\frac{r_t}{b}+\frac{\sigma^2}{b^3}\right)(\mathrm{e}^{-b(T_2-t)}-\mathrm{e}^{-b(T_1-t)}) - \frac{\sigma^2}{4b^3}(\mathrm{e}^{-2b(T_2-t)}-\mathrm{e}^{-2b(T_1-t)})\right)\end{aligned}$$

(3)

$$\begin{aligned}\mathrm{d}f(t,T_1,T_2) &= -\frac{1}{T_2-T_1}\mathrm{d}\log\left(P(t,T_2)/P(t,T_1)\right)\\ &= -\frac{1}{T_2-T_1}\left((\zeta_t^2-\zeta_t^1)\mathrm{d}B_t - \frac{1}{2}((\zeta_t^2)^2-(\zeta_t^1)^2)\mathrm{d}t\right)\\ &= -\frac{1}{T_2-T_1}\left((\zeta_t^2-\zeta_t^1)(\mathrm{d}B_t^2+\zeta_t^2\mathrm{d}t) - \frac{1}{2}((\zeta_t^2)^2-(\zeta_t^1)^2)\mathrm{d}t\right)\\ &= -\frac{1}{T_2-T_1}\left((\zeta_t^2-\zeta_t^1)\mathrm{d}B_t^2 - \frac{1}{2}(\zeta_t^2-\zeta_t^1)^2\mathrm{d}t\right)\end{aligned}$$

(4)

$$\begin{aligned}f(T,T_1,T_2) &= -\frac{1}{T_2-T_1}\log\left(P(T,T_2)/P(T,T_1)\right)\\ &= f(t,T_1,T_2) - \frac{1}{T_2-T_1}\left(\int_t^T(\zeta_s^2-\zeta_s^1)\mathrm{d}B_s - \frac{1}{2}((\zeta_s^2)^2-(\zeta_s^1)^2)\mathrm{d}s\right)\\ &= f(t,T_1,T_2) - \frac{1}{T_2-T_1}\left(\int_t^T(\zeta_s^2-\zeta_s^1)\mathrm{d}B_s^2 - \frac{1}{2}\int_t^T(\zeta_s^2-\zeta_s^1)^2\mathrm{d}s\right)\\ &= f(t,T_1,T_2) - \frac{1}{T_2-T_1}\left(\int_t^T(\zeta_s^2-\zeta_s^1)\mathrm{d}B_s^1 + \frac{1}{2}\int_t^T(\zeta_s^2-\zeta_s^1)^2\mathrm{d}s\right)\end{aligned}$$

第十三章 习题答案

因此给定 $\mathcal{F}_t$，分别在 $\mathbb{P}_1$ 和 $\mathbb{P}_2$ 下，$f(T, T_1, T_2)$ 具有高斯分布，其条件均值为：

$$m = f(t, T_1, T_2) + \frac{1}{2(T_2 - T_1)} \int_t^T (\zeta_s^2 - \zeta_s^1)^2 ds$$

条件方差为：

$$v^2 = \frac{1}{(T_2 - T_1)^2} \int_t^T (\zeta_s^2 - \zeta_s^1)^2 ds$$

因此

$$(T_2 - T_1) \mathbb{E}\left[e^{-\int_t^{T_2} r_s ds}(f(T_1, T_1, T_2) - \kappa)^+ \Big| \mathcal{F}_t\right]$$
$$= (T_2 - T_1) P(t, T_2) \mathbb{E}_2\left[(f(T_1, T_1, T_2) - \kappa)^+ \Big| \mathcal{F}_t\right]$$
$$= (T_2 - T_1) P(t, T_2) \mathbb{E}_2\left[(m + X - \kappa)^+ \Big| \mathcal{F}_t\right]$$
$$= (T_2 - T_1) P(t, T_2) \left(\frac{v}{\sqrt{2\pi}} e^{-\frac{(\kappa - m)^2}{2v^2}} + (m - \kappa)\Phi((m - \kappa)/v)\right)$$

练习 7.4

$$P(t, T) \mathbb{E}_T\left[(P(T, S) - \kappa)^+\right]$$
$$= P(t, T) \mathbb{E}_T\left[\left(\frac{P(t, S)}{P(t, T)} \exp\left(\int_t^T (\sigma_s^S - \sigma_s^T) dB_s^T - \frac{1}{2}\int_t^T (\sigma_s^S - \sigma_s^T)^2 ds\right) - \kappa\right)^+\right]$$
$$= P(t, T) \mathbb{E}[(e^X - \kappa)^+ \mid \mathcal{F}_t]$$
$$= e^{m_t + v_t^2/2} \Phi\left(\frac{v_t}{2} + \frac{1}{v_t}(m_t + v_t^2/2 - \log \kappa)\right) - \kappa \Phi\left(-\frac{v_t}{2} + \frac{1}{v_t}(m_t + v_t^2/2 - \log \kappa)\right)$$

其中

$$m_t = \log(P(t, S)/P(t, T)) - \frac{1}{2}\int_t^T (\sigma_s^S - \sigma_s^T)^2 ds$$

和

$$v_t^2 = \int_t^T (\sigma_s^S - \sigma_s^T)^2 ds$$

因此

$$P(t, T) \mathbb{E}_T\left[(P(T, S) - \kappa)^+\right]$$
$$= P(t, S)\Phi\left(\frac{v_t}{2} + \frac{1}{v_t}\log\frac{P(t, S)}{\kappa P(t, T)}\right) - \kappa P(t, T)\Phi\left(-\frac{v_t}{2} + \frac{1}{v_t}\log\frac{P(t, S)}{\kappa P(t, T)}\right)$$

练习 7.5

(1)

$$\mathbb{E}\left[\frac{d\mathbb{P}_T}{d\mathbb{P}} \Big| \mathcal{F}_t\right] = e^{\sigma B_t - \sigma^2 t/2}$$

(2) 由Girsanov 定理，过程 $\tilde{B}_t := B_t - \sigma t$ 是一个在 $\mathbb{P}_T$ 下的标准布朗运动。

(3)
$$\begin{aligned}
\log P(T,S) &= -\mu(S-T) + \sigma(S-T)\int_0^T \frac{1}{S-s}\mathrm{d}B_s \\
&= -\mu(S-T) + \sigma(S-T)\int_0^t \frac{1}{S-s}\mathrm{d}B_s + \sigma(S-T)\int_t^T \frac{1}{S-s}\mathrm{d}B_s \\
&= \frac{S-T}{S-t}\log P(t,S) + \sigma(S-T)\int_t^T \frac{1}{S-s}\mathrm{d}B_s \\
&= \frac{S-T}{S-t}\log P(t,S) + \sigma(S-T)\int_t^T \frac{1}{S-s}\mathrm{d}\tilde{B}_s + \sigma^2(S-T)\int_t^T \frac{1}{S-s}\mathrm{d}s \\
&= \frac{S-T}{S-t}\log P(t,S) + \sigma(S-T)\int_t^T \frac{1}{S-s}\mathrm{d}\tilde{B}_s + \sigma^2(S-T)\log\frac{S-t}{S-T}
\end{aligned}$$
$0 < T < S$

(4)
$$\begin{aligned}
& P(t,T)\,\mathbb{E}_T\left[(P(T,S)-K)^+\big|\mathcal{F}_t\right] \\
&= P(t,T)\,\mathbb{E}[(e^X - \kappa)^+ \mid \mathcal{F}_t] \\
&= P(t,T)e^{m_t + v_t^2/2}\Phi\left[\frac{v_t}{2} + \frac{1}{v_t}(m_t + v_t^2/2 - \log\kappa)\right] \\
&\quad - \kappa P(t,T)\Phi\left(-\frac{v_t}{2} + \frac{1}{v_t}(m_t + v_t^2/2 - \log\kappa)\right) \\
&= P(t,T)e^{m_t + v_t^2/2}\Phi\left(v_t + \frac{1}{v_t}(m_t - \log\kappa)\right) - \kappa P(t,T)\Phi\left[\frac{1}{v_t}(m_t - \log\kappa)\right]
\end{aligned}$$

其中
$$m_t = \frac{S-T}{S-t}\log P(t,S) + \sigma^2(S-T)\log\frac{S-t}{S-T}$$

和
$$\begin{aligned}
v_t^2 &= \sigma^2(S-T)^2\int_t^T \frac{1}{(S-s)^2}\mathrm{d}s \\
&= \sigma^2(S-T)^2\left(\frac{1}{S-T} - \frac{1}{S-t}\right) \\
&= \sigma^2(S-T)\frac{(T-t)}{(S-t)}
\end{aligned}$$

因此
$$\begin{aligned}
& P(t,T)\,\mathbb{E}_T\left[(P(T,S)-K)^+\big|\mathcal{F}_t\right] \\
&= P(t,T)\,(P(t,S))^{(S-T)(S-t)}\left(\frac{S-t}{S-T}\right)^{\sigma^2(S-T)} e^{v_t^2/2}
\end{aligned}$$

$$\times \Phi\left(v_t + \frac{1}{v_t}\log\left(\frac{(P(t,S))^{(S-T)(S-t)}}{\kappa}\left(\frac{S-t}{S-T}\right)^{\sigma^2(S-T)}\right)\right)$$

$$-\kappa P(t,T)\Phi\left(\frac{1}{v_t}\log\left(\frac{(P(t,S))^{(S-T)(S-t)}}{\kappa}\left(\frac{S-t}{S-T}\right)^{\sigma^2(S-T)}\right)\right)$$

13.8 第八章

练习 8.1 利用分解

$$P(t,T) = F_1(t,X_t)F_2(t,Y_t)\exp\left(-\int_t^T \varphi(s)\mathrm{d}s + U(t,T)\right)$$

由(8.13)式可得：

$$\mathrm{d}P(t,T) = P(t,T)r_t\mathrm{d}t + \sigma C_1(t,T)\mathrm{d}B_t^1 + \eta C_2(t,T)\mathrm{d}B_t^2$$

其中

$$C_1(t,T) = \frac{\mathrm{e}^{-a(T-t)}-1}{a} \quad \text{和} \quad C_2(t,T) = \frac{\mathrm{e}^{-b(T-t)}-1}{b}$$

练习 8.2

(1)

$$\begin{aligned}
\mathrm{d}r_t &= -ar_0\mathrm{e}^{-at}\mathrm{d}t + \varphi'(t)\mathrm{d}t + \mathrm{d}X_t \\
&= -ar_0\mathrm{e}^{-at}\mathrm{d}t + \theta(t)\mathrm{d}t - a\int_0^t \theta(u)\mathrm{e}^{-a(t-u)}\mathrm{d}u\mathrm{d}t - aX_t\mathrm{d}t + \sigma\mathrm{d}B_t \\
&= -ar_0\mathrm{e}^{-at}\mathrm{d}t + \theta(t)\mathrm{d}t - a\varphi(t)\mathrm{d}t - aX_t\mathrm{d}t + \sigma\mathrm{d}B_t \\
&= (\theta(t) - ar_t)\mathrm{d}t + \sigma\mathrm{d}B_t
\end{aligned}$$

(2) 由标准讨论可得：

$$-xF(t,x) + (\theta(t)-ax)\frac{\partial F}{\partial x}(t,x) + \frac{1}{2}\sigma^2\frac{\partial^2 F}{\partial x^2}(t,x) + \frac{\partial F}{\partial t}(t,x) = 0 \quad (13.3)$$

终端条件为 $F(T,x) = 1$, $x \in \mathbb{R}$。

(3)

$$\begin{aligned}
P(t,T) &= \mathbb{E}\left[\mathrm{e}^{-\int_t^T r_s\mathrm{d}s}\Big|\mathcal{F}_t\right] \\
&= \mathbb{E}\left[\mathrm{e}^{-\int_t^T (r_0\mathrm{e}^{-as}+\varphi(s)+X_s)\mathrm{d}s}\Big|\mathcal{F}_t\right]
\end{aligned}$$

$$\begin{aligned}
&= \mathrm{e}^{-\int_t^T (r_0 \mathrm{e}^{-as}+\varphi(s))\mathrm{d}s}\, \mathbb{E}\left[\mathrm{e}^{-\int_t^T X_s \mathrm{d}s}\Big|\mathcal{F}_t\right]\\
&= \mathrm{e}^{-\int_t^T (r_0 \mathrm{e}^{-as}+\varphi(s))\mathrm{d}s} \exp\left(-\mathbb{E}\left[\int_t^T X_s \mathrm{d}s\Big|\mathcal{F}_t\right] + \frac{1}{2}\mathrm{Var}\left[\int_t^T X_s \mathrm{d}s\Big|\mathcal{F}_t\right]\right)\\
&= \mathrm{e}^{-\int_t^T (r_0 \mathrm{e}^{-as}+\varphi(s))\mathrm{d}s}\mathrm{e}^{-\frac{X_t}{a}(1-\mathrm{e}^{-a(T-t)})+\frac{1}{2}\frac{\sigma^2}{a^2}\int_t^T (\mathrm{e}^{-a(T-s)}-1)^2\mathrm{d}s}\\
&= \mathrm{e}^{A(t,T)+X_t C(t,T)}
\end{aligned}$$

其中
$$A(t,T) = -\int_t^T (r_0 \mathrm{e}^{-as}+\varphi(s))\mathrm{d}s - \frac{X_t}{a}(1-\mathrm{e}^{-a(T-t)})$$
和
$$C(t,T) = \frac{\sigma^2}{2a^2}\int_t^T (\mathrm{e}^{-a(T-s)}-1)^2\mathrm{d}s$$

(4)
$$f(t,T) = -\frac{\partial \log P(t,T)}{\partial T} = r_0\mathrm{e}^{-aT}+\varphi(T)+X_t\mathrm{e}^{-a(T-t)}-\frac{\sigma^2}{2a^2}(1-\mathrm{e}^{-a(T-t)})^2$$
$$0 \leqslant t \leqslant T$$

(5)
$$\begin{aligned}
\mathrm{d}_t f(t,T) &= aX_t\mathrm{e}^{-a(T-t)}\mathrm{d}t + \mathrm{e}^{-a(T-t)}\mathrm{d}X_t + \frac{\sigma^2}{a}\mathrm{e}^{-a(T-t)}(1-\mathrm{e}^{-a(T-t)})\mathrm{d}t\\
&= aX_t\mathrm{e}^{-a(T-t)}\mathrm{d}t + \mathrm{e}^{-a(T-t)}(-aX_t+\sigma \mathrm{d}B_t) + \frac{\sigma^2}{a}\mathrm{e}^{-a(T-t)}(1-\mathrm{e}^{-a(T-t)})\mathrm{d}t\\
&= \mathrm{e}^{-a(T-t)}\sigma \mathrm{d}B_t + \frac{\sigma^2}{a}\mathrm{e}^{-a(T-t)}(1-\mathrm{e}^{-a(T-t)})\mathrm{d}t
\end{aligned}$$

(6)
$$\sigma^2 \mathrm{e}^{-a(T-t)}\int_t^T \mathrm{e}^{-a(T-s)} = \frac{\sigma^2}{a}\mathrm{e}^{-a(T-t)}(1-\mathrm{e}^{-a(T-t)})$$

(7) 由于 $t=0$，只须设
$$\varphi(T) = -r_0\mathrm{e}^{-aT}+f^M(0,T)+\frac{\sigma^2}{2a^2}(1-\mathrm{e}^{-aT})^2 \qquad T>0$$

就可得到 $f(0,T)=f^M(0,T),\ T>0$

(8) 对等式
$$\varphi(T) = \int_0^T \theta(t)\mathrm{e}^{-a(T-t)}\mathrm{d}t = -r_0\mathrm{e}^{-aT}+f^M(0,T)+\frac{\sigma^2}{2a^2}(1-\mathrm{e}^{-aT})^2 \qquad T>0$$
求导，可得：
$$\theta(T)-a\varphi(T) = ar_0\mathrm{e}^{-aT}+\frac{\partial f^M}{\partial t}(0,T)+\frac{\sigma^2}{a}\mathrm{e}^{-aT}(1-\mathrm{e}^{-aT}) \qquad T>0$$

第十三章 习题答案

因此

$$\begin{aligned}
\theta(t) &= a\varphi(t) + ar_0 e^{-at} + \frac{\partial f^M}{\partial t}(0,t) + \frac{\sigma^2}{a} e^{-at}(1 - e^{-at}) \\
&= af(0,t) + \frac{\partial f^M}{\partial t}(0,t) + \frac{\sigma^2}{2a}(1 - e^{-2at}) \\
&= af^M(0,t) + \frac{\partial f^M}{\partial t}(0,t) + \frac{\sigma^2}{2a}(1 - e^{-2at}) \qquad t > 0
\end{aligned}$$

(9) 由伊藤公式，偏微分方程(13.3)和 $t \mapsto e^{-\int_0^t r_s ds} P(t,T)$ 的鞅性，可得：

$$\begin{aligned}
d\left(e^{-\int_0^t r_s ds} P(t,T)\right) &= d\left(e^{-\int_0^t r_s ds} F(t,r_t)\right) \\
&= \sigma e^{-\int_0^t r_s ds} \frac{\partial F}{\partial x}(t,r_t) dB_t \\
&= \sigma e^{-\int_0^t r_s ds} P(t,T) \frac{\partial \log F}{\partial x}(t,r_t) dB_t
\end{aligned}$$

因此

$$\zeta_t = \sigma \frac{\partial \log F}{\partial x}(t,r_t) = \sigma C(t,T)$$

并且

$$\begin{aligned}
dP(t,T) &= e^{\int_0^t r_s ds} d\left(e^{-\int_0^t r_s ds} P(t,T)\right) + r_t P(t,T) dt \\
&= r_t P(t,T) dt + \zeta_t P(t,T) dB_t
\end{aligned}$$

(10) 由问题(9)

$$e^{\int_0^t r_s ds} P(t,T) = P(0,T) e^{\int_0^t \zeta_s dB_s + \frac{1}{2}\int_0^t \zeta_s^2 ds}$$

因此

$$d\tilde{\mathbb{P}}/d\mathbb{P} = \mathbb{E}\left[\frac{d\tilde{\mathbb{P}}}{d\mathbb{P}}\bigg|\mathcal{F}_T\right] = \frac{1}{P(0,T)} e^{-\int_0^T r_s ds} = e^{\int_0^t \zeta_s dB_s - \frac{1}{2}\int_0^t \zeta_s^2 ds}$$

(11)
$$dr_t = (\theta(t) - ar_t) + \sigma dB_t = (\theta(t) - ar_t) + \sigma(\sigma C(t,T) dt + d\hat{B}_t)$$

其中 $\hat{B}_t$ 是一个在 $\tilde{\mathbb{P}}$ 下的标准布朗运动。

(12)
$$d\frac{P(t,S)}{P(t,T)} = \frac{P(t,S)}{P(t,T)}(\zeta_t^S - \zeta_t^T)(dB_t - \zeta_t^T dt) = \frac{P(t,S)}{P(t,T)}(\zeta_t^S - \zeta_t^T) d\hat{B}_t$$

$$0 \leqslant t \leqslant T$$

(13)
$$\mathbb{E}_{\tilde{\mathbb{P}}}\left[P(T,S)\big|\mathcal{F}_t\right] = \mathbb{E}_{\tilde{\mathbb{P}}}\left[\frac{P(T,S)}{P(T,T)}\bigg|\mathcal{F}_t\right] = \frac{P(t,S)}{P(t,T)} \qquad 0 \leqslant t \leqslant T \leqslant S$$

因此
$$\begin{aligned}\frac{P(t,S)}{P(t,T)} &= \mathbb{E}_{\tilde{\mathbb{P}}}\left[P(T,S)\big|\mathcal{F}_T\right] \\ &= \mathbb{E}_{\tilde{\mathbb{P}}}\left[e^{A(T,S)+X_T C(T,S)}\big|\mathcal{F}_T\right] \\ &= e^{A(T,S)+C(T,S)\mathbb{E}[X_T|\mathcal{F}_t]+\frac{1}{2}|C(T,S)|^2\operatorname{Var}[X_T|\mathcal{F}_t]}\end{aligned}$$

从而
$$A(T,S)+C(T,S)\mathbb{E}[X_T\mid\mathcal{F}_t]+\frac{1}{2}|C(T,S)|^2\operatorname{Var}[X_T\mid\mathcal{F}_t]=\log\frac{P(t,S)}{P(t,T)}$$

(14)
$$\begin{aligned}&P(t,T)\mathbb{E}_{\tilde{\mathbb{P}}}\left[(K-P(T,S))^+\big|\mathcal{F}_t\right] \\ &= P(t,T)\mathbb{E}_{\tilde{\mathbb{P}}}\left[(K-P(T,S))\big|\mathcal{F}_t\right]+P(t,T)\mathbb{E}_{\tilde{\mathbb{P}}}\left[(P(T,S)-K)^+\big|\mathcal{F}_t\right] \\ &= KP(t,T)-P(t,T)\mathbb{E}_{\tilde{\mathbb{P}}}\left[P(T,S)\big|\mathcal{F}_t\right]+P(t,T)\mathbb{E}_{\tilde{\mathbb{P}}}\left[(P(T,S)-K)^+\big|\mathcal{F}_t\right] \\ &= KP(t,T)-P(t,S)+P(t,T)\mathbb{E}_{\tilde{\mathbb{P}}}\left[(e^X-K)^+\big|\mathcal{F}_t\right]\end{aligned}$$

其中X在给定$\mathcal{F}_t$下是一个中心高斯随机变量，均值为：
$$m_t = A(T,S)+C(T,S)\mathbb{E}[X_T\mid\mathcal{F}_t]$$

方差为：
$$v_t^2 = |C(T,S)|^2\operatorname{Var}[X_T\mid\mathcal{F}_t]$$

因此
$$\begin{aligned}&P(t,T)\mathbb{E}_{\tilde{\mathbb{P}}}\left[(K-P(T,S))^+\big|\mathcal{F}_t\right] \\ &= KP(t,T)-P(t,S)+P(t,T)\Phi\left(\frac{v_t}{2}+\frac{1}{v_t}(m_t+v_t^2/2-\log K)\right) \\ &\quad -P(t,T)\Phi\left(-\frac{v_t}{2}+\frac{1}{v_t}(m_t+v_t^2/2-\log K)\right) \\ &= KP(t,T)-P(t,S)+P(t,T)\Phi\left(\frac{v_t}{2}+\frac{1}{v_t}\log\frac{P(t,S)}{KP(t,T)}\right) \\ &\quad -P(t,T)\Phi\left(-\frac{v_t}{2}+\frac{1}{v_t}\log\frac{P(t,S)}{KP(t,T)}\right)\end{aligned}$$

第十三章 习题答案

13.9 第九章

练习 9.1

(1)
$$L(t,T_1,T_2) = L(0,T_1,T_2)e^{\int_0^t \gamma_1(s)dB_s^2 - \frac{1}{2}\int_0^t |\gamma_1(s)|^2 ds} \qquad 0 \leqslant t \leqslant T_1$$

且 $L(t,T_2,T_3) = b$, 因此 $P(t,T_2)/P(t,T_3) = 1 + \delta b$ 且到 T_2 为止有 $\mathbb{P}_2 = \mathbb{P}_3$, 而由(9.21)式, 直到 T_1 为止有 $\mathbb{P}_2 = \mathbb{P}_{1,2}$。

(2)
$$\mathbb{E}\left[e^{-\int_t^{T_2} r_s ds}(L(T_1,T_1,T_2) - \kappa)^+ \Big| \mathcal{F}_t\right]$$
$$= P(t,T_2)\mathbb{E}_2\left[(L(T_1,T_1,T_2) - \kappa)^+ \mid \mathcal{F}_t\right]$$
$$= P(t,T_2)\mathbb{E}_2\left[(L(t,T_1,T_2)e^{\int_t^{T_1}\gamma_1(s)dB_s^2 - \frac{1}{2}\int_t^{T_1}|\gamma_1(s)|^2 ds} - \kappa)^+ \mid \mathcal{F}_t\right]$$
$$= P(t,T_2)\text{Bl}(\kappa, L(t,T_1,T_2), \sigma_1(t), 0, T_1 - t)$$

其中
$$\sigma_1^2(t) = \frac{1}{T_1 - t}\int_t^{T_1} |\gamma_1(s)|^2 ds$$

和
$$\mathbb{E}\left[e^{-\int_t^{T_3} r_s ds}(L(T_2,T_2,T_3) - \kappa)^+ \Big| \mathcal{F}_t\right] = P(t,T_3)\mathbb{E}_3\left[(b-\kappa)^+ \mid \mathcal{F}_t\right]$$
$$= P(t,T_3)(b-\kappa)^+$$

(3)
$$\frac{P(t,T_1)}{P(t,T_1,T_3)} = \frac{P(t,T_1)}{\delta P(t,T_2) + \delta P(t,T_3)}$$
$$= \frac{P(t,T_1)}{\delta P(t,T_2)} \frac{1}{1 + P(t,T_3)/P(t,T_2)}$$
$$= \frac{1+\delta b}{\delta(\delta b + 2)}(1 + \delta L(t,T_1,T_2)) \qquad 0 \leqslant t \leqslant T_1$$

和
$$\frac{P(t,T_3)}{P(t,T_1,T_3)} = \frac{P(t,T_3)}{P(t,T_2) + P(t,T_3)}$$
$$= \frac{1}{1 + P(t,T_2)/P(t,T_3)}$$
$$= \frac{1}{\delta}\frac{1}{\delta b + 2} \qquad 0 \leqslant t \leqslant T_2 \qquad (13.4)$$

(4)
$$S(t,T_1,T_3) = \frac{P(t,T_1)}{P(t,T_1,T_3)} - \frac{P(t,T_3)}{P(t,T_1,T_3)}$$

$$= \frac{1+\delta b}{\delta(2+\delta b)}(1+\delta L(t,T_1,T_2)) - \frac{1}{\delta(2+\delta b)}$$

$$= \frac{1}{2+\delta b}(b + (1+\delta b)L(t,T_1,T_2)) \qquad 0 \leqslant t \leqslant T_2$$

和

$$\begin{aligned}
\mathrm{d}S(t,T_1,T_3) &= \frac{1+\delta b}{2+\delta b}L(t,T_1,T_2)\gamma_1(t)\mathrm{d}B_t^2 \\
&= \left(S(t,T_1,T_3) - \frac{b}{2+\delta b}\right)\gamma_1(t)\mathrm{d}B_t^2 \\
&= S(t,T_1,T_3)\sigma_{1,3}(t)\mathrm{d}B_t^2 \qquad 0 \leqslant t \leqslant T_2
\end{aligned}$$

其中

$$\begin{aligned}
\sigma_{1,3}(t) &= \left(1 - \frac{b}{S(t,T_1,T_3)(2+\delta b)}\right)\gamma_1(t) \\
&= \left(1 - \frac{b}{b + (1+\delta b)L(t,T_1,T_2)}\right)\gamma_1(t) \\
&= \frac{(1+\delta b)L(t,T_1,T_2)}{b + (1+\delta b)L(t,T_1,T_2)}\gamma_1(t) \\
&= \frac{(1+\delta b)L(t,T_1,T_2)}{(2+\delta b)S(t,T_1,T_2)}\gamma_1(t)
\end{aligned}$$

练习 9.2

(1)

$$L(t,T_1,T_2) = L(0,T_1,T_2)\mathrm{e}^{\gamma B_t^2 - \gamma^2 t/2} \qquad 0 \leqslant t \leqslant T_1$$

(2)

$$\begin{aligned}
&P(t,T_2)\,\mathbb{E}_2\left[(L(T_1,T_1,T_2)-\kappa)^+ \mid \mathcal{F}_t\right] \\
&= P(t,T_2)\mathrm{Bl}(\kappa, L(t,T_1,T_2), \gamma, 0, T_1-t) \qquad 0 \leqslant t \leqslant T_1
\end{aligned}$$

练习 9.3

(1)

$$\begin{aligned}
L(T,T_1,T_2) &= S(T,T_1,T_2) \\
&= \frac{1}{T_2-T_1}\left(\frac{P(T,T_1)}{P(T,T_2)} - 1\right) \\
&= \frac{1}{T_2-T_1}\left(\frac{P(t,T_1)}{P(t,T_2)}\exp\left(\int_t^T(\zeta_s^1-\zeta_s^2)\mathrm{d}B_s - \frac{1}{2}\int_t^T((\zeta_s^1)^2-(\zeta_s^2)^2)\mathrm{d}s\right) - 1\right) \\
&= \frac{1}{T_2-T_1}\left(\frac{P(t,T_1)}{P(t,T_2)}\exp\left(\int_t^T(\zeta_s^1-\zeta_s^2)\mathrm{d}B_s^2 - \frac{1}{2}\int_t^T(\zeta_s^1-\zeta_s^2)^2\mathrm{d}s\right) - 1\right)
\end{aligned}$$

第十三章 习题答案

$$= \frac{1}{T_2 - T_1} \left(\frac{P(t,T_1)}{P(t,T_2)} \exp\left(\int_t^T (\zeta_s^1 - \zeta_s^2) \mathrm{d}B_s^1 + \frac{1}{2} \int_t^T (\zeta_s^1 - \zeta_s^2)^2 \mathrm{d}s \right) - 1 \right)$$

由伊藤公式可得:

$$\begin{aligned}
\mathrm{d}S(t,T_1,T_2) &= \frac{1}{T_2 - T_1} \mathrm{d}\left(\frac{P(t,T_1)}{P(t,T_2)} \right) \\
&= \frac{1}{T_2 - T_1} \frac{P(t,T_1)}{P(t,T_2)} \left((\zeta_t^1 - \zeta_t^2) \mathrm{d}B_t + \frac{1}{2}(\zeta_t^1 - \zeta_t^2)^2 \mathrm{d}t - \frac{1}{2}((\zeta_t^1)^2 - (\zeta_t^2)^2) \mathrm{d}t \right) \\
&= \left(\frac{1}{T_2 - T_1} + S(t,T_1,T_2) \right) \left((\zeta_t^1 - \zeta_t^2) \mathrm{d}B_t + \zeta_t^2(\zeta_t^2 - \zeta_t^1) \mathrm{d}t) \mathrm{d}t \right) \\
&= \left(\frac{1}{T_2 - T_1} + S(t,T_1,T_2) \right) \left((\zeta_t^1 - \zeta_t^2) \mathrm{d}B_t^1 + ((\zeta_t^2)^2 - (\zeta_t^1)^2) \mathrm{d}t \right) \\
&= \left(\frac{1}{T_2 - T_1} + S(t,T_1,T_2) \right) (\zeta_t^1 - \zeta_t^2) \mathrm{d}B_t^2 \qquad t \in [0,T_1]
\end{aligned}$$

因此 $\frac{1}{T_2 - T_1} + S(t,T_1,T_2)$ 是一个几何布朗运动，且有：

$$\frac{1}{T_2 - T_1} + S(T,T_1,T_2)$$
$$= \left(\frac{1}{T_2 - T_1} + S(t,T_1,T_2) \right) \exp\left(\int_t^T (\zeta_s^1 - \zeta_s^2) \mathrm{d}B_s^2 - \frac{1}{2} \int_t^T (\zeta_s^1 - \zeta_s^2)^2 \mathrm{d}s \right)$$
$$0 \leqslant t \leqslant T \leqslant T_1$$

(2)

$$\begin{aligned}
&(T_2 - T_1) \mathbb{E}\left[\mathrm{e}^{-\int_t^{T_2} r_s \mathrm{d}s} (L(T_1,T_1,T_2) - \kappa)^+ \Big| \mathcal{F}_t \right] \\
&= (T_2 - T_1) \mathbb{E}\left[\mathrm{e}^{-\int_t^{T_1} r_s \mathrm{d}s} P(T_1,T_2)(L(T_1,T_1,T_2) - \kappa)^+ \Big| \mathcal{F}_t \right] \\
&= P(t,T_1,T_2) \mathbb{E}_{1,2}\left[(S(T_1,T_1,T_2) - \kappa)^+ \Big| \mathcal{F}_t \right]
\end{aligned}$$

由于 $(B_t^2)_{t \in [0,T_1]}$ 是一个直到 T_1 为止的在 $\mathbb{P}_{1,2}$ 下的标准布朗运动，即：

$$\begin{aligned}
L(T,T_1,T_2) &= S(T,T_1,T_2) \\
&= -\frac{1}{T_2 - T_1} \\
&\quad + \left(\frac{1}{T_2 - T_1} + S(t,T_1,T_2) \right) \exp\left(\int_t^T (\zeta_s^1 - \zeta_s^2) \mathrm{d}B_s^2 - \frac{1}{2} \int_t^T (\zeta_s^1 - \zeta_s^2)^2 \mathrm{d}s \right)
\end{aligned}$$

与

$$\frac{1}{T_2 - T_1} \left(\frac{P(t,T_1)}{P(t,T_2)} \mathrm{e}^{X - \frac{1}{2} \mathrm{Var}[X]} - 1 \right)$$

具有相同的分布，其中 X 是给定 $\mathcal{F}_t$ 时在 $\mathbb{P}_2$ 下的中心高斯随机变量，方差为：

$$\int_t^{T_1} (\zeta_s^1 - \zeta_s^2)^2 \mathrm{d}s$$

因此

$$(T_2 - T_1) \mathbb{E}\left[e^{-\int_t^{T_2} r_s ds}(L(T_1, T_1, T_2) - \kappa)^+ \big| \mathcal{F}_t \right]$$
$$= P(t, T_1, T_2)$$
$$\times \text{Bl}\left(\kappa + \frac{1}{T_2 - T_1}, \frac{1}{T_2 - T_1} + S(t, T_1, T_2), \frac{\int_t^{T_1}(\zeta_s^1 - \zeta_s^2)^2 ds}{T_1 - t}, T_1 - t \right)$$

13.10 第十章

练习 10.1 由关系式 (9.17) 和 (13.4),到时刻 T_1 为止,有 $\mathbb{P}_3 = \mathbb{P}_{1,3}$,因此 $(B^3)_{t \in [0, T_1]}$ 是一个在 $\mathbb{P}_{1,3}$ 下的标准布朗运动,且:

$$P(t, T_1, T_3) \mathbb{E}_{1,3} \left[(S(T_1, T_1, T_3) - \kappa)^+ \mid \mathcal{F}_t \right]$$
$$= \text{Bl}(\kappa, S(t, T_1, T_2), \tilde{\sigma}_{1,3}(t), 0, T_1 - t) \qquad 0 \leqslant t \leqslant T_1$$

其中 $\tilde{\sigma}_{1,3}(t)$ 是一个通过在时刻 t "冻结" $\sigma_{1,3}(s)$ 的随机因素得到的近似波动率,即:

$$|\tilde{\sigma}_{1,3}|^2(t) = \frac{1}{T_1 - t} \left| \frac{(1 + \delta b) L(t, T_1, T_2)}{b + (1 + \delta b) L(t, T_1, T_2)} \right|^2 \int_t^{T_1} |\gamma_1(s)|^2 ds$$
$$= \frac{1}{T_1 - t} \frac{(1 + \delta b)^2 L^2(t, T_1, T_2)}{(2 + \delta b)^2 S^2(t, T_1, T_2)} \int_t^{T_1} |\gamma_1(s)|^2 ds$$

练习 10.2

(1)
$$P(t, T_1) = P(t, T_2)(1 + \delta L(t, T_1, T_2)) \qquad 0 \leqslant t \leqslant T_1$$

因此

$$dP(t, T_1) = P(t, T_2) \delta dL(t, T_1, T_2) + (1 + \delta L(t, T_1, T_2)) dP(t, T_2)$$
$$= P(t, T_2) \delta \gamma L(t, T_1, T_2) dB_t^2$$
$$\quad + (1 + \delta L(t, T_1, T_2)) P(t, T_2)(r_t dt + \zeta_2(t) dB_t)$$
$$= P(t, T_2) \delta \gamma L(t, T_1, T_2)(dB_t - \zeta_2(t) dt)$$
$$\quad + (1 + \delta L(t, T_1, T_2)) P(t, T_2)(r_t dt + \zeta_2(t) dB_t)$$
$$= P(t, T_2)(\delta \gamma L(t, T_1, T_2) + \zeta_2(t)(1 + \delta L(t, T_1, T_2))) dB_t$$
$$\quad - \zeta_2(t) P(t, T_2) \delta \gamma L(t, T_1, T_2) dt + P(t, T_2)(1 + \delta L(t, T_1, T_2)) r_t dt$$
$$= \frac{P(t, T_1)}{1 + \delta L(t, T_1, T_2)} (\delta \gamma L(t, T_1, T_2) + \zeta_2(t)(1 + \delta L(t, T_1, T_2))) dB_t$$

第十三章 习题答案

$$-\zeta_2(t)P(t,T_2)\delta\gamma L(t,T_1,T_2)\mathrm{d}t + P(t,T_2)(1+\delta L(t,T_1,T_2))r_t\mathrm{d}t$$
$$= P(t,T_1)\left(\gamma - \frac{\gamma}{1+\delta L(t,T_1,T_2)} + \zeta_2(t)\right)\mathrm{d}B_t$$
$$-\zeta_2(t)P(t,T_2)\delta\gamma L(t,T_1,T_2)\mathrm{d}t + P(t,T_2)(1+\delta L(t,T_1,T_2))r_t\mathrm{d}t$$

因此对 $0 \leqslant t \leqslant T_1$ 有:

$$\zeta_1(t) = \frac{\delta\gamma L(t,T_1,T_2)}{1+\delta L(t,T_1,T_2)} + \zeta_2(t)$$

(2)
$$\frac{\mathrm{d}L(t,T_1,T_2)}{L(t,T_1,T_2)} = \gamma\mathrm{d}B_t^2 = \gamma\mathrm{d}B_t - \gamma\zeta_2(t)\mathrm{d}t \qquad 0 \leqslant t \leqslant T_1 \tag{13.5}$$

(3) 假设
$$\frac{\mathrm{d}L(s,T_1,T_2)}{L(s,T_1,T_2)} = \gamma\mathrm{d}B_s - \gamma\zeta_2(t)\mathrm{d}s \qquad t \leqslant s \leqslant T_1$$

可得到:
$$L(s,T_1,T_2) = L(t,T_1,T_2)\mathrm{e}^{\gamma(B_s-B_t)-\gamma^2(s-t)/2-\gamma\zeta_2(t)(s-t)} \qquad 0 \leqslant t \leqslant s$$

另一方面由于 $\zeta_1 = 0$,有 $\mathbb{P}_1 = \mathbb{P}$,因此 $(B_t)_{t\in\mathbb{R}_+}$ 是一个在 $\mathbb{P}_1$ 下的标准布朗运动,且:

$$P(t,T_1)\,\mathbb{E}_\mathbb{P}\left[(P(T_1,T_2)-K)^+\big|\mathcal{F}_t\right]$$
$$= P(t,T_1)\,\mathbb{E}_\mathbb{P}\left[(P(T_1,T_2)-K)^+\big|\mathcal{F}_t\right]$$
$$= P(t,T_1)$$
$$\times \mathbb{E}_\mathbb{P}\left[((1+\delta L(t,T_1,T_2)\mathrm{e}^{\gamma(B_{T_1}-B_t)-\gamma^2(T_1-t)/2-\gamma\zeta_2(t)(T_1-t)})^{-1} - K)^+\big|\mathcal{F}_t\right]$$
$$= P(t,T_1)\int_{-\infty}^{\infty}((1+\delta L(t,T_1,T_2)\mathrm{e}^{\gamma x-\gamma^2(T_1-t)/2-\gamma\zeta_2(t)(T_1-t)})^{-1} - K)^+$$
$$\frac{\mathrm{e}^{-x^2/(2(T_1-t))}}{\sqrt{2(T_1-t)\pi}}\mathrm{d}x$$

参考文献

[ABR05] L. Andersen and R. Brotherton-Ratcliffe. Extended LIBOR market models with stochastic volatility. *Journal of Computational Finance*, 9(1), Fall 2005.

[Bas日] L. Bass. Brave new world for the equities-shy. 星期日南华早报, p. 20, 2007 10.7.

[BGM97] A. Brace, D. Gatarek, and M. Musiela. The market model of interest rate dynamics. *Math. Finance*, 7(2):127–155, 1997.

[Bjö04] T. Björk. On the geometry of interest rate models. In *Paris-Princeton Lectures on Mathematical Finance 2003*, volume 1847 of *Lecture Notes in Math.*, pages 133–215. Springer, Berlin, 2004.

[BM06] D. Brigo and F. Mercurio. *Interest rate models—theory and practice*. Springer Finance. Springer-Verlag, Berlin, second edition, 2006.

[Chu02] K.L. Chung. *Green, Brown, and probability & Brownian motion on the line*. World Scientific Publishing Co. Inc., River Edge, NJ, 2002.

[CIR85] J. C. Cox, J. E. Ingersoll, and S. A. Ross. A theory of the term structure of interest rates. *Econometrica*, 53:385–407, 1985.

[CT06] R. A. Carmona and M. R. Tehranchi. *Interest rate models: an infinite dimensional stochastic analysis perspective*. Springer Finance. Springer-Verlag, Berlin, 2006.

[DDP05] M. De Donno and M. Pratelli. A theory of stochastic integration for bond markets. *Ann. Appl. Probab.*, 15(4):2773–2791, 2005.

[DFM09] J. Da Fonseca and M. Messaoud. LIBOR market in Premia: Bermudan pricer, stochastic volatility and Malliavin calculus. Bankers, Markets & Investors, 99:44–57, 2009.

[Dot78] L.U. Dothan. On the Term Structure of Interest Rates. *Jour. of Fin. Ec.*, 6:59–69, 1978.

[DP04] G. Da Prato. *Kolmogorov equations for stochastic PDEs*. Advanced Courses in Mathematics. CRM Barcelona. Birkhäuser Verlag, Basel, 2004.

[EÖ05] E. Eberlein and F. Özkan. The Lévy LIBOR model. *Finance and Stochastics*, 9:327–348, 2005.

[ET05] I. Ekeland and E. Taflin. A theory of bond portfolios. *Ann. Appl. Probab.*, 15(2):1260–1305, 2005.

参考文献

[FLL+99] E. Fournié, J.M. Lasry, J. Lebuchoux, P.L. Lions, and N. Touzi. Applications of Malliavin calculus to Monte Carlo methods in finance. *Finance and Stochastics*, 3(4):391–412, 1999.

[FT04] D. Filipović and J. Teichmann. On the geometry of the term structure of interest rates. *Proc. R. Soc. Lond. Ser. A Math. Phys. Eng. Sci.*, 460(2041):129–167, 2004.

[GK03] P. Glasserman and S.G. Kou. The term structure of simple forward rates with jump risk. *Math. Finance*, 13(3):383–410, 2003.

[GS03] C. Gourieroux and R. Sufana. Wishart quadratic term structure models. Working paper, 2003.

[HJM92] D. Heath, R. Jarrow, and A. Morton. Bond pricing and the term structure of interest rates: a new methodology. *Econometrica*, 60:77–105, 1992.

[HW90] J. Hull and A. White. Pricing interest rate derivative securities. *The Review of Financial Studies*, 3:537–592, 1990.

[IW89] N. Ikeda and S. Watanabe. *Stochastic Differential Equations and Diffusion Processes*. North-Holland, 1989.

[JP00] J. Jacod and Ph. Protter. *Probability essentials*. Springer-Verlag, Berlin, 2000.

[JW01] J. James and N. Webber. *Interest rate modelling*, volume XVIII of *Wileys Series in Financial Engineering*. Cambridge University Press, 2001.

[Kij03] M. Kijima. *Stochastic processes with applications to finance*. Chapman & Hall/CRC, Boca Raton, FL, 2003.

[Mal97] P. Malliavin. *Stochastic analysis*, volume 313 of *Grundlehren der Mathematischen Wissenschaften*. Springer-Verlag, Berlin, 1997.

[Mik98] T. Mikosch. *Elementary stochastic calculus—with finance in view*, volume 6 of *Advanced Series on Statistical Science & Applied Probability*. World Scientific Publishing Co. Inc., River Edge, NJ, 1998.

[MP01] Moshe A. Milevsky and S. David Promislow. Mortality derivatives and the option to annuitise. *Insurance Math. Econom.*, 29(3):299–318, 2001. 4th IME Conference (Barcelona, 2000).

[MT06] P. Malliavin and A. Thalmaier. *Stochastic calculus of variations in mathematical finance*. Springer Finance. Springer-Verlag, Berlin, 2006.

[Øks03] B. Øksendal. *Stochastic differential equations*. Universitext. Springer-Verlag, Berlin, sixth edition, 2003.

[Pit04]   V. Piterbarg. A stochastic volatility forward LIBOR model with a term structure of volatility smiles. Preprint, 2004.

[PP09]   C. Pintoux and N. Privault. The Dothan model revisited. Mathematical Finance, 2009. 23 pages.

[Pra08]   M. Pratelli. Generalizations of Merton's mutual fund theorems in infinite-dimensional financial models. In R. Dalang, M. Dozzi, and F. Russo, editors, *Seminar on Stochastic Analysis, Random Fields and Applications (Ascona, 2005)*, volume 59 of *Progress in Probability*, pages 511–524, Basel, 2008. Birkhäuser.

[Pro01]   Ph. Protter. A partial introduction to financial asset pricing theory. *Stochastic Process. Appl.*, 91(2):169–203, 2001.

[Pro05]   Ph. Protter. *Stochastic integration and differential equations*, volume 21 of *Stochastic Modelling and Applied Probability*. Springer-Verlag, Berlin, 2005.

[PW09]   N. Privault and X. Wei. Calibration of the LIBOR market model - implementation in PREMIA. Bankers, Markets & Investors, 99:20–28, 2009.

[Reb96]   R. Rebonato. *Interest-Rate Option Models*. John Wiley & Sons, 1996.

[Sch02]   J. Schoenmakers. Calibration of LIBOR models to caps and swaptions: a way around intrinsic instabilities via parsimonious structures and a collateral market criterion. WIAS Preprint No 740, Berlin, 2002.

[Sch05]   J. Schoenmakers. *Robust LIBOR modelling and pricing of derivative products*. Chapman & Hall/CRC Financial Mathematics Series. Chapman & Hall/CRC, Boca Raton, FL, 2005.

[Vaš77]   O. Vašiček. An equilibrium characterisation of the term structure. *Journal of Financial Economics*, 5:177–188, 1977.

[WZ06]   L. Wu and F. Zhang. LIBOR market model with stochastic volatility. *Journal of Industrial and Management Optimization*, 2(2):199–227, 2006.

[Yol05]   Y. Yolcu. One-factor interest rate models: analytic solutions and approximations. Master Thesis, Middle East Technical University, 2005.

索 引

BGM 模型, 105
Black-Scholes
    公式, 15, 106
    偏微分方程, 15

CEV 模型, 26
CIR model, 26

Delta, 15

Girsanov定理, 17

HJM
    model, 54
    条件, 57
Hull-White 模型, 60

LIBOR
    率, 94
    模型, 93
    市场, 93

Musiela记号, 46

Nelson-Siegel, 46

Svensson 参数化, 46

Vasicek 模型, 26

短期利率, 45
对冲策略, 20

风险中性概率, 18

高斯
    随机变量, 117
    向量, 117
高斯分布, 15

互换, 92
互换测度, 97

互换率, 95
互换期权, 101, 108

简单可料过程, 3

可测的, 116
可料表达, 19, 21

利率, 87
利率上限定价, 107
利率上限期权, 92

马氏
    过程, 119
    性, 30

年金计价单位, 90

平方变差, 7
期权, 12
期限结构, 87

曲线拟合, 73

确定性函数变换, 75

适应过程, 2
收益函数, 12

双因子模型, 79
瞬时远期利率, 43
随机微分方程, 10

条件期望, 118

投资组合, 14
投资组合自融资, 14

无风险资产, 13
无套利, 29

相关系数, 117
相关性问题, 76